UX 심리학

UX 심리학

UX 디자이너와 개발자가
알아야 할 사용자 심리의 모든 것

데이비드 에반스 지음
김종명 옮김

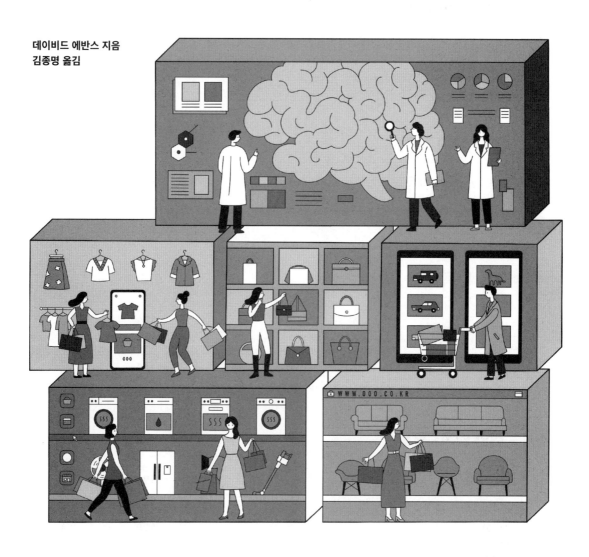

유엑스 리뷰

차례

프롤로그 : 밈적 적합도

Prologue: Memetic Fitness

　이 책은 특정 디지털 제품과 서비스가 다른 경쟁 제품보다 사람들에게 더 널리 퍼지고 자주 사용되는 이유에 대해 지난 100년간 심리학 분야의 연구 결과를 중심으로 살펴본다.

　이 책의 핵심 주장은, 디지털 제품은 사용자가 가진 주의, 인지, 기억, 취향, 동기, 사회적 영향력 같은 다양한 심리적 병목 구간을 통과할 수 있느냐에 의해 성공이 판가름 난다는 것이다. 당신의 창작물을 사용할지와 더불어 다른 사람에게 추천하게 되는 것 모두 결국 "우리"의 수용성(receptivity)에 달려 있다는 것이다.

　여기서 "우리"는 누구인가? "우리"는 "당신"의 고객, 사용자, 관객이다. 그렇다면 "당신"은 사업가, 디자이너, 개발자, 출판사, 광고회사가 되겠다. 사용자인 "우리"가 일인칭 복수의 목소리로 개발자인 "당신"과 직접 대화를 할 수 있게 될 때 이 책이 도움이 될 것이다. 또 이 책은 당신이 늘 원했던 제품 사용성(usability)에 대한 고객들의 직접적 피드백이라고도 할 수 있다. 사용자들의 모든 행동은 심리학과 밀접하게 관련되어 있다. 개발자로서 당신은 그동안 기숙사 방에서 코딩하느라 바빴거나, 자퇴하고 벤처 시작에 필요한 자금을 모으는 데 정신이 없었을 수도 있다. 하지만 지금 이 책을 읽고 있다는 것은 이미 사용자들의 심리적 수용성이 창작물의 성공과 실패를 가늠하는 중요한 척도라는 사실을 깨달았기 때문일 것이다. 훌륭한 요리를 가능하게 해 주는 과학적 배경이 화학이라면, 훌륭한 디자인을 가능하게 해 주는 과학적 배경은 바로 심리학이다.

이 책의 핵심은 인간의 신경계에는 극도로 좁은 병목 구간이 존재한다는 사실이다. 이 병목 구간 중 가장 첫 번째로 통과하는 것은 우리의 망막이다. 인간에게는 많은 밈을 담을 수 있는 넓고도 깊은 저장 공간이 있다. 하지만 이 저장 공간으로 들어가기 위해서는 한 번에 하나씩 매우 좁은 피펫(실험실에서 소량의 액체를 잴 때 쓰는 가는 유리 모세관)을 통과해야만 한다. 이 과정은 스스로 보호하기 위한 진화의 결과물이라고 할 수 있다. 주는 것보다 뺏어 가는 것이 많은 밈이 우리 뇌를 꽉 채우도록 내버려 둘 수는 없기 때문이다. 요즘 같은 정보의 홍수 시대에도 우리 두뇌를 차지하고 있는 밈의 숫자를 일정하게 유지할 수 있는 것은, 형편없는 밈은 무시하도록 진화된 인간의 놀라운 능력 덕분이다. 인간이 보유한 이와 같은 심리적 병목 현상은 당신이 성공하기 위해 극복해야 할 관문이기도 하지만 동시에 외부 밈들의 착취로부터 당신을 보호하기 위한 방어막이 될 수도 있다는 점을 이해하길 바란다.

■ 핵심 포인트_ "우리"는 누구인가? "우리"는 "당신"의 고객, 사용자, 관객이다. "당신"은 사업가, 디자이너, 개발자, 출판사, 광고회사 등일 것이다. "우리"가 일인칭 복수의 목소리로 "당신"과 직접 대화를 할 수 있을 때 이 책이 도움이 될 것이다.

자, 이제 한번 본격적으로 논의를 시작해 보자. 우선 밈(meme)의 정의부터 내려야 한다. 밈이란 아이디어, 창작물, 문화의 한 조각 등을 의미한다. 아주 단순하기도 하고 매우 복잡하기도 하며, "관찰되는 사람들을 통해 확산"이 된다. 이 단어가 이미 익숙한 사람도 있을 것이다. 하지만 지금은 원래의 의미에서 많이 벗어나 있다. 유튜브, 인스타그램 같은 소셜 미디어에서 유행하는 이미지나 짤막한 영상 정도의 의미에서 그치지 않고, 사람들에 의해 창작되는 거의 모든 것을 포함하도록 밈의 범위가 확장되었다. 원래 이 용어는 1976년 사회생물학자인 리처드 도킨스(Richard Dawkins)에 의해 탄생했다. 좀 더 자세하게 이 단어의 탄생 과정을 살펴보자.

모든 생명체는 복제된 개체의 생존율 차이에 의해 진화한다.

지금 지구를 가득 채우고 있는 복제 개체는 DNA 분자로 이루어진

유전자이다. 물론 유전자 외에 다른 복제 개체도 있을 수 있다.

만약 앞으로 그런 복제 개체들이 선호하는 특별한 조건이 갖춰진다면

유전자 대신 이것들이 지구상 모든 진화의 기초 단위가 될 것이다.

최근에는 새로운 종류의 복제 개체가 출현했다. 새롭게 등장한 이 복제 개체에 의해 인류 문화가 탄생했으며 계속 진화하고 있다. 이 새로운 복제 개체에 붙여 줄 이름이 필요하다. 문화 전파 혹은 모방(imitation)의 단위라는 의미를 가진 명사가 되어야 한다. "Mimeme"은 이런 의미를 지닌 적당한 그리스어 단어이다.

하지만 나는 "gene"처럼 한 음절의 단어가 되길 원했다. 그래서 mimeme을 meme으로 축약했다. 부디 나의 고전주의자 친구들이 화내지 않고 이해해 주었으면 한다. 밈의 예로는 곡조, 아이디어, 캐치프레이즈(catchphrase, 광고에서 다른 사람의 주의를 끌기 위한 문구), 의류패션, 도자기 굽는 법, 아치형 건물의 건축법 등이 있다. 유전자가 정액이나 난자를 통해 몸에서 몸으로 이동하며 유전자 풀(gene pool, 어떤 생물집단 속에 있는 유전 정보의 총량) 내에서 전파되는 것처럼 밈은 넓은 의미에서 모방이라고 불리는 과정을 통해 한 사람의 뇌에서 다른 사람의 뇌로 이동하면서 밈 풀(meme pool) 내에서 전파되었다.

지금부터는 밈이라는 단어에 도킨스가 의도했던 만큼의 중요도를 부여하면서(도킨스는 밈을 정의한 후 종교에서 밈이 갖는 의미에 관한 설명을 이어 갔다), 당신이 심혈을 기울여 퍼트리고자 하는 모든 창작물이나 작업 결과물에 이 단어를 사용하려 한다. 당신이 만든 앱, 웹 사이트, 봇, 게임, 블로그, 디자인, 인터페이스, 트윗, 뉴스레터, 영화, 책, 노래 등은 밈이 될 수 있다. 또한 모든 광고, 로고, 차트, 인포그래픽, 툴, 보고서, 스프레드시트 그리고 당신 회사나 고객을 위해 만든 솔루션도 밈이다. 디지털 신분증, 게시글, 사진, 데이팅 사이트의 프로필, 이력서 역시 밈이다.

과거에는 밈을 확산시키려면 TV, 라디오, 레코드 스튜디오, 출판사 등 비용이 많이 들고 접근이 제한된 커뮤니케이션 채널을 사용해야 했다. 그 당시 이런 비용을 지불할 수 있는 사람들은 많지 않았다. 이런 이유로 당시에는 밈 확산을 결정하는 병목 구간이 밈의 전달 수단인 미디어 쪽에 있었다. 하지만 지금은 그렇지 않다. 모든 사람이 인터넷에 대한 접근이 가능해졌기 때문이다. 즉 밈을 확산하는 일이 쉽고 큰 비용이 들지 않게 된 것이다. 인터넷의 등장으로 구식 방송 채널의 가치는 계속 떨어지고 있다. 반면 인터넷상의 콘텐츠는 폭발적인 성장을 거듭해 왔다. 한 가지 플랫폼을 사례로 들어 보자. 2015년 스마트폰 앱의 경우 구글 플레이에는 160만 개, 애플 앱스토어에는 140만 개가 등록되어 있었다. 어떤 통계에 의하면 페이스북의 개발자 플랫폼에는 무려 900만 개의 앱과 웹 사이트가 등록되었다고 한다. 이렇게 수많은 정보가 몰리면서 이제는 밈 확산의 병목 구간이 완전히 사용자 쪽으로 이동했다. 의미 있는 밈과 그렇지 않은 밈을 걸러내는 데 사용자의 감각 신경망이 중요한 역할을 하는 시대가 도래한 것이다.

역사적으로 볼 때 (심지어 고대에도) 혁신적인 것들이 폭발적으로 등장하는 사건들은 반복적으로 나타났다. 이 때문에 학자들은 이 과정에서 어떤 일이 일어나는지도 매우 잘 알고 있다. 암석 내 고대 화석을 이용해 초기 다세포 생물을 연구해 온 고생물학자 스티븐 제이 굴드(Stephen Jay Gould)는 오래전에 캄브리아 대폭발이라고 불리는 사건이 있었음을 발견했다. 이것은 지금으로부터 5억 7천만 년 전 매우 짧은 기간 동안 일어난 종의 폭발적 진화 사건을 일컫는 용어이다. 이 시기에는 지금까지 지구상에서 본 적 없었던 수많은 흥미롭고 멋진 그리고 때로는 기이하기까지 한 종들이 앞다투어 출현하였다(그림 1). "이 시기는 전무후무한 기회의 시대였다."라고 굴드는 묘사하였다.

그림 1. 캄브리아 대폭발 시대에 등장했다가 멸종된 초기 생명체의 예

"천지 만물 모두에게 생존할 자리가 허락된 시기였다. 비어 있는 공간들은 생명체로 채워졌고 그들은 기하급수적으로 번식할 수 있었다. 실질적으로 생존 경쟁이란 것이 존재하지 않는 시대였기 때문이었다."

하지만 그 후 어떤 일이 일어났을까? 불행히도 대부분의 생물이 멸종했다. 오늘날 우리가 알고 있는 몇몇 척추동물과 절지동물만 살아남았다. 굴드에 의하면 몇몇 종들만 그 당시 존재했던 치명적인 생태적 병목 구간을 통과할 수 있었다고 한다. 대부분의 종은 이를 통과하지 못하고 멸종해 버린 것이다.

이번에는 시간을 빨리 돌려 페이스북 시대로 가 보자. 페이스북에서 데이터 사이언스 팀을 개척했던 카메론 말로우(Cameron Marlow)는 페이스북 플랫폼에 등장했던 앱의 역사를 캄브리아 대폭발 사건에 비유했다(그림 2). 2007년 이 새로운 시장이 오픈되고 몇 달이 채 되지 않는 기간 동안 개발자들은 수십만 건의 앱과 게임을 페이스북 플랫폼에 등록했다. 하지만 이들 대부분은 관심을 받지 못하거나 사용되지 않은 채 사라졌다. 이 와중에 살아남은 몇몇 앱과 게임은 전체 시장을 지배했다.

원래 굴드는 선사시대 바다 벌레를 연구했었다. 하지만 다음과 같은 이야기를 할 때쯤에는 더 큰 스케일의 어떤 패턴을 발견했음이 틀림없다. "빠르게 등장했다가 순식간에 사라지는 현상이 모든 영역에서 나타났다. 이런 현상은

그림 2. 페이스북 플랫폼에서 폭발적으로 등장한 앱들

부분이 전체를 닮는 자기 유사성 프랙탈(fractal) 패턴과 비슷한 특징을 가지
고 있었다." 이와 유사한 메타패턴은 역사적으로도 많이 찾아볼 수 있다. 초
기 월드 와이드 웹(후에 AOL, Yahoo!, Lycos가 지배했다), 소셜 네트워킹(페이스
북), 생산성 프로그램(마이크로소프트 오피스), 블로그 플랫폼(워드프레스), 음악
스트리밍(아이튠즈), 동영상 스트리밍(유튜브), 메시지 앱(스카이프, 위챗), 스마
트폰 운영 시스템(안드로이드, 애플) 등이 있다. 이런 전례들에 비춰 보면 현재

새롭게 등장하고 있는 플랫폼에서도 "빠르게 등장했다 순식간에 사라지는" 현상이 반복되어 나타날 것이라고 예상하는 것은 너무도 자연스러운 일이다. 새롭게 등장하고 있는 플랫폼의 예로는 메시지와 보이스 기반의 봇과 챗봇, 차량 내 인포테인먼트 시스템, 사물 인터넷, 증강 현실 콘텐츠와 같은 것들이 있다.

이와 같은 사례를 참고한다면 밈 개발자들은 자신의 밈을 사용할 사람들이 누구인지 정확히 파악하는 것은 물론 그들의 심리적 병목 현상까지 이해해야 한다. 사용자들은 심리적 병목 현상을 이용하여 자신들에게 도움이 되는 밈에만 귀중한 시간과 에너지를 할애하기 때문이다. 사용자들의 수용성에 최적화되어 설계된 밈만이 시장을 지배할 수 있다는 의미이다. 그렇지 않고 인간의 본성에 반하는 밈은 심리적 병목 구간을 통과하지 못하고 사라지게 된다. 대부분의 디지털 창작물들은 사용자들의 관심을 받지 못한 채 조용히 죽음을 맞이하게 되는 것이 현실이다.

도킨스는 유전 현상에 유전자가 필요하듯 문화 전파에는 밈이 필요하다고 말했다. 그리고 유전자에 비유하여 밈 디자인에 왜 그렇게 노력을 기울여야 하는지, 밈은 어떤 도전에 직면하게 될지를 설명하고 있다. 그렇다면 유전적 적합도(genetic fitness)를 갖춘다는 것은 무엇인가? 필요한 자원을 모으고, 짝을 유혹하고, 자식들을 키우며 친척들을 보살피는 데 필사적인 노력을 기울이는 것을 의미한다. 도킨스는 "밈적 적합도(memetic fitness)"를 최대한 확보하기 위해서도 그와 유사한 수준의 노력이 필요하다고 주장한다. 당신의 창작물을 인간의 문화 속으로 퍼트리려면 사용자들이 밈에 관심을 갖게 해야 하고, 반복해서 사용하고, 나아가 지인들에게 권유하게 만들어야 한다. 지금 당신은 각기 다른 테이블을 오가며 동시에 도박을 하는 도박사처럼 서로 다른 이 두 가지 생태계에 맞는 적합도를 동시에 개발하고 있는 중이다. 디지털 시대에는 가족뿐만 아니라 사회적 명성에 의해서도 적합도가 결정된다. 당신으로서는 하루 중 시간을 어디에 배분할 것인지를 통해 매번 두 테이블 중 하나를 선택을 하고 있는 셈이다.

 밈에 대한 도킨스의 또 다른 주장도 있다. 이는 흔히 간과하는 시각으로서 당신의 창작품을 전파하기 위해 무엇이 필요한지 이해하는 데 도움을 줄 수 있는 개념이다. 그는 당신의 창작물을 에너지와 의미라는 패킷(packet, 데이터 전송에 사용되는 데이터 묶음)으로 분할할 수 있다고 했다. 유전 가능한 형질이 패킷 단위로 쪼개져서 유전자에 정보화되는 것과 같은 원리로 이해하면 되겠다. 이렇게 밈을 패킷화하면 그 전파 과정을 추적하는 데 큰 도움이 된다. 부모로부터 자식에게 유전되는 현상을 추적함에 있어 패킷화된 유전자가 큰 도움이 되는 것과 같은 원리이다.

 이 책에서는 당신의 밈이 스크린을 떠나 사용자의 망막에 맺히고 이것이 두뇌로 전달되어 의미가 부여되고, 이후 기억으로 다시 소환되어 반복 사용되는 과정을 개념적으로 따라가 보겠다. 반면 주의를 끌지 못하고 폐기되거나 방치되는 밈이 가진 문제에 대해서도 살펴보려 한다. 당신의 밈이 사용자의 취향과 일치하여 그들의 욕구를 만족시키고 결국 다른 사람들에게까지 추천될 수 있도록 하는 힘이 무엇인지에 대해 이야기하고자 한다. 반면 사용자의 취향과 동떨어져서 실망감을 주고 그로 인해 온라인 댓글상에서 무자비하게 비판을 받는 정반대의 경우에 대해서도 다루겠다. 결국에 관건은 당신의 밈이 이러한 병목 구간들을 통과하여 살아남느냐 하는 것이다. 그 과정에서 밈적 적합도가 결정되고 한 사람의 머리에서 다른 사람의 머리로 전달되며 전 지구상으로 퍼져 나가게 되기 때문이다.

■ **핵심 포인트_** 디지털 창작물은 사용자의 심리적 병목 구간을 통과해야 살아남을 수 있다. 주의, 인지, 기억, 취향, 동기, 사회적 영향력과 같은 심리적 관문을 통과한 밈은 널리 전파될 수 있다. 훌륭한 요리를 가능하게 해 주는 과학적 배경이 화학이라면, 훌륭한 디자인을 가능하게 해 주는 과학적 배경은 심리학이다.

사용자가 다양한 심리적 병목 구간으로 무장하고 있다는 것이 우리 주장의 기본적 출발점이라면, 충분히 확산되어도 좋을 훌륭한 밈들이 단지 사람들의 신경 시스템과 조화를 이루지 못했다는 이유로 실패하고 있다는 것이 우리의 기본 가정이다. 이 책에서 다루고자 하는 것은 제대로 작동하지 않는 앱이나

불평으로 가득 찬 블로그가 아니다. 이런 것들은 "사용자 선택" 과정을 통해 자연스럽게 걸러지기 때문이다. 대신 우리가 다루고자 하는 것은 수많은 훌륭한 밈들이 설계상의 사소한 결함이나 오류로 인해, 도움되지 않는 정보를 차단하는 용도로 작동하고 있는 사용자 병목 구간을 통과하지 못하는 현상이다. 당신이 여기에 해당하는 밈의 제작자라면 이 책을 다 읽었을 즈음에는 사용자에게 좀 더 수용적인 밈을 디자인하는 확실한 기법들을 깨닫게 될 것이다.

이 책의 이론들이 단지 사용자에게 도움을 주자는 이타주의에 근거한 것은 아니다. 사용자들은 스스로 인생이 걸린 목표 달성을 위해 필요한 디지털 틀이나 환경을 밈을 통해 얻는다. 즉 당신의 밈을 이용하여 자신뿐만 아니라 사랑하는 사람들의 욕구를 충족시키고, 지인들과 연결되며, 다른 사람들의 창작물을 즐기는 동시에 스스로 창의력도 표현하게 되는 것이다. 또한 당신의 밈은 사용자들의 출생에서 죽음까지 동반하며 그들의 유한한 생을 규정짓는 격자무늬와도 같다. 하지만 당신이 성취하고자 하는 비즈니스 목표는 사용자들의 삶의 목표와 일치하는 경우에만 그 성공이 보장되고 상호 도움이 된다는 점을 반드시 기억하자.

이 책을 통해 혁신적인 디자인 방향을 제시하거나, 좋은 연구 결실을 맺는 데 도움이 될 가설을 던져 줄 수 있게 되기를 바란다. 허락을 받은 상황에는 함께 참여했던 연구의 실제 결과도 소개하겠다. 이 중에는 거대 인터넷 기업들과 함께 진행한 연구도 있었고 신생 벤처 기업과 함께한 연구도 있었다. 모두 중요한 이슈가 되는 주제와 관련된 연구들이라는 점에서는 같다. 또 한 가지 이야기하고 싶은 것은 밈 사용자들이 어느 순간에는 밈 제작자도 될 수 있다는 것이다. 대학 지원을 도와주는 간단한 앱에서부터 큰 히트와 성공을 이룬 앱에 이르기까지 어떤 것이든 사람들의 주목을 받기 위해 노력해 본 적이 있는 사람들이라면 이 책에 수록된 훈련 과정을 통해 많은 것을 배울 수 있을 것이다.

그런 의도에서 이 책을 다음과 같이 구성하였다.

당신이 제작한 밈은 아래의 병목 구간들을 성공적으로 통과해야만 한다.

1부
주의 병목 구간

중심와 시선 (1장) - 우리 망막에서 형태, 색상, 깊이를 감지하는 기능을 하는 좁은 영역

과업 지향성 (2장) - 사용자가 목표를 가지고 있는지와 아닌지에 따른 일치

주의 집중 (3장) - 사용자 관심 방향의 배타적 특성

2부
인지 병목 구간

게슈탈트 인지 (4장) - 의미와 기능의 즉각적이고 사전 인지적 유추

심도 인지 (5장) - 입체의 현실적 표현

운동 인지 (6장) - 움직임의 현실적 표현

3부
기억 병목 구간

작업 기억 (7장) - 정보의 빠른 소멸과 대체

신호 탐지 (8장) - 의미 있는 신호에 집중하기 위한 불필요한 잡음 무시

장기 기억 (9장) - 이미 처리한 정보 무시

부호화와 인출 (10장) - 재활성화할 수 없는 정보의 기억 소환 불능

4부
취향 병목 구간

성격 (11장) - 사용자의 확고한 취향과 선호도와의 일치

발달 단계 (12장) - 삶의 각 단계별 존재론적 문제 해결

욕구 (13장) - 안전, 소속, 지위 또는 창의성 제공

재미 (14장) - 만족감과 즐거움의 제공

5부
동기 부여 병목 구간

강화 계획 (15장) - 참여도를 극대화하기 위한 보상 타이밍

몰입 상승 (16장) - 기브 앤 테이크의 점진적 증가

접근과 회피 (17장) - 사용자가 적극적인지 뒤로 물러서는지에 따른 일치

설득의 경로 (18장) - 사용자가 사고하는지 감정적인지에 따른 일치

6부
사회적 영향력 병목 구간

사회적 자산 (19장) – 추천을 하기 위해 자신의 신뢰도를 거는 것

집단 극단화 (20장) – 온라인 논쟁에서 의견의 극단화

사회적 영향력 (21장) – 추천에 의해 실제 영향을 받음

7부
수용성

이런 과정을 거치면 사용자들은 당신의 밈에 대해 최대한 수용적이게 될 것이며,

인터넷상 모든 사람에게 전파될 수 있도록 엄청난 입소문의 기회를 제공하게 될 것이다.

수용성의 한계 (22장) – 연결성 이상으로 밈을 전달하고자 하는 의지

6단계 추천 (23장) – 네트워크상의 누구에게나 100% 닿을 수 있는 확률

The Bottlenecks of Attention

1부

주의 병목 구간

1장
중심와 시선

Foveal Acuity

지금까지 당신은 자신의 아이디어를 디지털화하고, 이것을 영상과 음향으로 바꾸기 위해 혼신의 노력을 기울여 왔다. 하지만 그뿐만 아니라 당신이 만든 앱이 인기를 얻거나 당신의 비즈니스 모델이 성공하려면 당신의 아이디어를 사용자의 두뇌를 자극하는 신호로 바꿔야 한다. 비즈니스의 관점에서 보자면 두뇌로 전달되지 않는 밈은 아무도 들어 주지 않는 텅 빈 숲 속에서 쓰러지는 나무와 같다. 존재하지 않는 것과 다를 바 없는 것이다.

외부 정보가 우리 신체의 유기적 경계를 뚫고 들어와 신경계로 전달되기 위해서는 일단 우리의 시각 범위 내로 들어와야 한다. 언뜻 듣기에는 너무나 당연한 이야기이다. 하지만 동시에 대단히 풀기 힘든 난제이기도 하다. 만약 당신이 만든 밈이 우리 눈의 주변시(peripheral vision)에만 포착된다면 소기의 목적을 달성할 수 없기 때문이다. 주변시로는 색상을 인지할 수도, 글자를 읽을 수도 없다.

여기에 경제적으로 수십억 달러 가치에 달하는 문제들이 숨어 있다. 운전 중 내비게이션 사용, 화상 통화, 웹 사이트 광고와 같은 문제들이다. 차량 내비게이션에 표시되는 관심장소 아이콘들은 차량을 운전하는 동안에는 운전자의 눈에 들어오거나 관심을 끌지 못한다(그림 1-1). 이런 밈들도 누군가의 노력에 의해 만들어졌다. 하지만 불행히도 이렇게 열심히 만들어진 햄버거 아이콘과 한국, 이태리, 미국 식당을 표시하는 국기들이 화면을 넘어 운전자의 뇌로 전달되는 것은 거의 불가능에 가깝다.

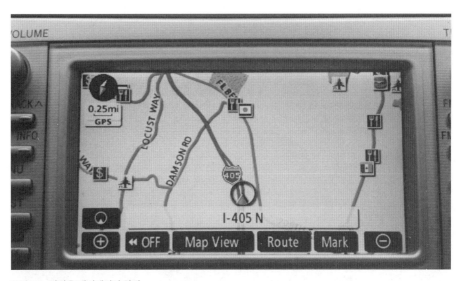

그림 1-1. 차량용 내비게이션 화면

밈 개발자로서 실제로 어떤 문제와 마주하고 있는지 이해하려면 사용자의 안구 뒷면을 자세히 들여다보아야 한다. 우리의 망막(retinae)에는 빛을 감지하기 위해 수많은 신경 세포(neuron)들이 분포되어 있다. 사물의 형태나 색상을 감지하는 원추 세포는 안구 중에서도 매우 좁은 영역에만 분포되어 있는 세포이다. 이 세포들은 주로 눈동자와 정반대 지점에 위치하고 있는 중심와(fovea) 영역에 분포되어 있다(그림 1-2). 중심와는 초점 내로 진입하는 사물에 대해 놀라울 만큼 높은 해상도를 지니고 있다. 이는 80m 밖에 떨어져 있는 사람이 동전을 들고 있는지 아닌지를 식별할 수 있는 정도다. 하지만 문제는 조금만 초점 범위를 벗어나면 식별 능력이 초점 범위 내에 있을 때의 30% 수준으로 떨어지게 된다는 점이다. 조금 더 벗어나면 식별 능력은 10% 수준으로 확연히 떨어진다.

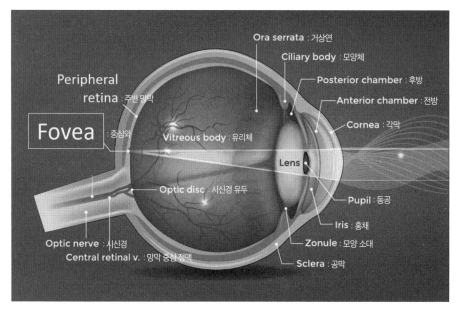

그림 1-2. 중심와 도해

이런 중심와의 특징은 당신이 디자인한 밈에게는 매우 중요한 의미이다. 사용자가 시선을 6도 정도 왼쪽이나 오른쪽에 두기만 해도 당신의 밈이 더는 보이지 않게 되기 때문이다. 즉 스크린에서 일반적인 거리를 기준으로 초점에서 알파벳 5개쯤 떨어진 지점에 있는 시각적 기호는 눈에 들어오지 않게 된다는 것을 의미한다. 지금 이 문장 끝에 있는 마침표에 초점을 맞추고 그 주위로 몇 개까지 단어가 눈에 들어오는지 테스트해 보라. 아마 몇 개 되지 않을 것이다. 물론 글자의 크기를 키우면 주변시로도 밈을 읽을 수는 있다. 대신 초점에서 6도 이상 벗어나도 주변시로 밈을 인식할 수 있으려면 글자 크기를 400%는 키워야 한다. 그리고 20도를 벗어나면 3000%, 30도를 벗어나면 9000%를 키워야 한다. 스마트폰 화면이나 차량 내비게이션 화면이라면? 일찌감치 포기하는 편이 나을 것이다.

■ **핵심 포인트_** 당신이 디자인한 밈이 사용자의 주변시에 잡힐 때 색상이나 글자를 인식할 수 없게 된다.

아무리 중요한 밈이라도 인간의 해부학적 한계를 고려하여 디자인되지 않으면 사용자에게 인식되지 못하는 결과가 벌어지게 되는 것이다. 많은 인간공학자들은 화상 통화가 기술 발전 역사상 가장 느리게 대중화되는 밈이라고 말한다(그림 1-3). 사실 화상 통화는 인류 역사상 전자레인지나 캠코더보다 더 오래된 기술이다. 화상 통화를 제외한 다른 기술들은 이미 선진국에서 대

중화되어 사용되고 있다. 문자 메시지와 같은 통신 수단도 이미 대중화된지 오래됐다. 하지만 여전히 화상 통화를 매일 혹은 매달 정기적으로 사용하고 있는 사람은 별로 없다.

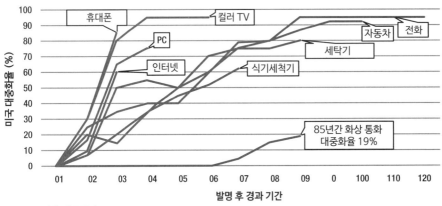

그림 1-3. 기술 대중화 속도

　왜 이런 현상이 발생하는지는 여러 가지 요인을 들 수 있다. 그중 하나로 웹 카메라와 통화하는 사람의 시선 사이에 존재하는 20도 정도의 각도 차를 꼽을 수 있겠다. 지금까지 누구도 모니터 바로 뒤편에 설치할 수 있는 웹 카메라를 발명한 사람은 없다. 모두 모니터 위나 옆에 설치되는 모델들이다. 이런 웹 카메라의 경우 대화를 나누는 친구나 가족들의 눈을 정면으로 응시할 수 없다는 문제가 발생한다(그림 1-4). 물론 상대방도 마찬가지이다. 서로의 눈을 정면으로 응시하려면 양쪽 모두 카메라를 보고 있어야 한다. 하지만 이럴 때 화면에 보이는 상대방의 얼굴을 쳐다볼 수 없게 된다. 아무리 화면을 작게 줄여도 이런 문제는 사라지지 않는다. 이것은 모두 우리의 중심와 시선의 초점 범위가 너무 좁아서 발생하는 문제이다(그림 1-5).

　따라서 우리가 85년간 해 오고 있는 화상 통화는 서로의 눈과 눈이 마주 보는 것이 아니라 얼굴과 얼굴이 마주 보며 하는 통화 방식이다. 지금까지 존재하는 모든 화상 통화 앱은 통화하는 동안 다른 곳을 응시하고 있는 상대방을 보여 주고 있다(재밌는 것은 화상 통화 앱 광고에는 이런 모습이 나오지 않는다). 화상 통화는 인간의 본능에 배치되는 이런 특성 때문에 음성 통화보다 대중화 속도가 느려질 수밖에 없지 않았을까.

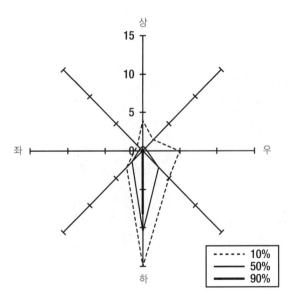

그림 1-4. 시선 방향에 따른 인식률. "등고선 표시는 카메라에서 시선을 떼지 않고 상하좌우로 인식할 수 있는 최대 시선 각도를 표시한 것이다. 세 가지 선은 카메라에 시선이 머무는 시간이 각각 10%, 50%, 90%인 것을 나타내고 있다. 이 수치는 실험 대상자 16명의 평균이다. 여기에서 카메라는 그래프의 중심에 위치한다."

그림 1-5. (a) 화상 통화를 할 때 상대방의 얼굴을 바라보고 있으면 화면의 내 얼굴은 다른 곳을 보고 있는 것처럼 보인다. (b) 제대로 정면을 응시하는 것으로 화면에 보이려면 카메라를 쳐다봐야 한다. 하지만 이 경우 나는 상대방의 얼굴을 바라볼 수 없다. 화상 통화 서비스 광고에는 억지로 연출한 이러한 장면이 사용됐다.

이번에는 웹 사이트 광고를 생각해 보자. 2016년 미국 기업들은 연간 300조 원을 인터넷 광고에 쏟았다. 그중 반 이상은 사용자들이 미처 알아차리기도 전에 화면에서 사라진다. 그런 광고의 반 이상은 1초보다 짧은 시간 동안 디스플레이될 것을 염두에 두고 디자인되어 있다. 이런 광고는 웹 사이트의 다른 내용을 읽는 동안 우리 눈의 주변시에 잠시 나타났다 사라진다. 문제는 우리 눈의 주변시로는 광고 내용을 알아차릴 수 없다는 것에 있다. 광고로부터 알파벳 5개 정도의 거리만큼만 초점을 이동해도 광고는 우리 눈에서 사라진다. 이런 믿기 어려울 정도로 강력한 심리적 병목 구간을 통과하지 못해서 수많은 광고가 사장되고 있다. 그리고 광고 투자 효과도 낮아진다. 이런 면에서 현재의 광고 통계는 매우 부정확하다고 할 수 있다. 단순히 해당 광고가 서버로부터 몇 번이나 호출되어 화면에 표시되는지만 따지기 때문이다. 광고가 사람들의 중심와에 잡히는지 혹은 주변시에 잡히는지는 알 길이 없다. 광고로 마케팅이 성공하고 순이익이 증가하는 것은 제쳐 두더라도 밈적 적합도 측면에서도 전혀 동떨어진 방향으로 가고 있다.

다음으로는 자동차에 대해 살펴보자. 차세대 기술 패권을 차지하기 위한 거대한 싸움이 벌어지고 있는 곳이다. 하지만 운전 중에는 중심와 초점을 전방 유리창 너머에 고정하는 수밖에 없다는 한계가 존재하기도 한다. 아마도 이를 고려한 디자인 해법을 내놓는 쪽이 이 싸움에서 승리할 것이다. 우리의 중심와 초점은 거리를 인식하는 데 사용된다. 주변시로는 해낼 수 없는 일이다. 미국의 많은 주에서 가다 서다를 반복하는 교통 체증 시 앞쪽 교통 상황에 주의를 기울이도록 법으로 강제하고 있는 것도 이런 이유에서이다. 이런 측면에서 지금까지의 차량 내 모니터 위치는 다시 고려해 볼 필요가 있다. 현재는 라디오가 위치한 곳에 모니터가 있거나 운전자가 손에 들고 있는 스마트폰이 내비게이션 역할을 하고 있다. 즉 위치상으로 볼 때 운전하고 있는 운전자의 시선과 너무 멀리 떨어져 있게 된다. 지금으로서는 모니터에 표시되는 밈을 보려면 상당한 안전상 위험을 감수해야만 하는 상황이다(그림 1-6).

2014년 미국의 국가 교통 안전 위원회(National Transporation Safety Board, NTSB) 보고서는 교통사고를 줄이고 많은 생명을 구하기 위해 가장 시급히 개선해야 할 문제로 시각적(visual) 주의 분산과 수동적(manual) 주의 분산을 꼽았다. 이와 함께 인지적(cognitive) 주의 분산 요인도 있지만, 이것에 대해서는 나중에 다루도록 하겠다. 이 보고서는 "운전자의 주의 분산으로 발생하는 사고가 심각하게 증가"하는 이유로 특히 "차량 내 장착된 융합 기술 발전의 결과물"을 꼽고 있다.

물론 자율주행차가 대중화된다면 자동차 내부는 완전히 새롭게 디자인될 것이다. 아마 차량 내부는 미디어 감상실이나 사무 공간으로 탈바꿈할 것이다(이 경우 다시 새로운 플랫폼상에서의 치열한 밈 경쟁이 예상된다). 이런 기술들의 대중화 속도는 2016년 발생한 테슬라 자율주행차량 사고의 재발 여부와 운

그림 1-6. 차량 대시보드 모니터 디스플레이 문제. 차량 대시보드 모니터에 디스플레이되도록 디자인된 기호들은 전방 유리창에 표시되지 않는 한 교통 상황을 주시하고 있는 운전자의 시선에는 잡히지 않는다.

전자가 시선을 다른 곳으로 돌려도 법적 책임을 면할 수 있을지에 달려 있다.

경제적 이유이든 기술 변화의 속도 때문이든 직접 운전을 계속해야 할 사람들이 알아야 할 사실이 있다. 우리 눈의 해부학적 한계 때문에 각종 디지털 밈들은 결국 자동차 유리창을 모니터 삼아 디스플레이하게 될 것이다. 물론 이때 우리가 관찰해야 할 차창 밖 대상들이 가려져서는 안 된다. 오히려 더 잘 보이도록 디자인되어야 한다. 유리창에 먼저 표시되어야 할 밈은 굴러떨어지는 바위나 길을 건너는 사슴 같은 도로 장애물, 급커브 구간 예고, 전방 차량이 서행하고 있음을 미리 경고해 주는 신호등과 같은 것들이 될 것이다. 안전과 관련된 이런 밈들이 먼저 자리 잡고 난 후에는 신호등이나 고속도로 출구 등 운전자 편의성 밈들이 뒤따를 것이다. 마지막으로는 상업적 밈, 예를 들어 레스토랑을 표시해 주는 디지털 광고판 등은 밈 개발자들에 의해 상당한 테스트를 거친 후 자동차 유리창에 등장할 것이다. GPS나 HUD(Head Up Display, 전방 표시 장치)에 이런 상업 광고가 나타난지는 이미 오래되었다. 하지만 이런 광고들이 우리의 중심와 시선으로 들어와서 뇌로 전달될 수 있으려면 결국은 차량 전면 유리창에 디스플레이되어야 한다.

전면 유리창에 투사될 수 있는 콘텐츠에 제한이 있을까? 물론 있다. 보통 희소성은 가격 상승으로 이어진다. 마찬가지로 콘텐츠에 제한이 가해지면 이 공간에 광고하기 위해 많은 돈을 지불해야 할 것이다. 이런 문제에 대해 입법을 담당하는 정치인들은 어떤 도움을 줄 수 있는가? 전면 유리창에 광고가 디스플레이되는 것을 완전히 금지할 것이 아니라 미국 교통 안전국(National Transporation Safety Board, NTSB)이나 미국 도로교통 안전국(National Highway Traffic Safety Administration, NHTSA)과 같은 국가기관 내에 통계를 기반으로 하는 감독 기구를 두는 방법도 있을 것이다. 이런 기관을 통해 FDA가 의약품을 승인하듯 전면 유리창에 투사 가능한 밈을 허가하는 방법도 생각할 수 있다. 물론 유리창에 투사될 밈은 사전 테스트를 통해 다음과 같은 기능을 한다는 것이 증명되어야 했다.

- 운전자의 안전을 해치지 않고 강화하는 방향일 것
- 운전을 방해하지 않고 도움이 될 것
- 주의를 분산시키지 않고 증강 현실을 제공할 것

안구에 존재하는 신경 세포에서부터 시작된 인간의 심리학적 한계는 실제로 밈의 전파에 엄청나게 큰 장애 요인으로 작용함을 알게 되었을 것이다. 하지만 이것은 단지 시작에 불과하다. 우리의 집중 능력은 레이저 광선만큼이나 가늘기 때문이다.

2장
과업 지향성

Task Orientation

당신이 디자인한 밈을 정확히 사용자의 중심와 시선이 향하는 곳에 위치시켜 그들의 주의를 끌기 위해서는 먼저 사용자들이 "어떤 목표를 가졌는지"를 파악할 필요가 있다. 이것만 알고 있어도 당신의 밈이 실패할 가능성은 상당히 낮아진다. 2002년 심리학자 로크와 라탐(Locke & Latham)은 35년간의 관련 분야 연구 결과를 바탕으로 "목표가 방향을 결정한다."라는 결론을 내렸다. 그리고 "일단 목표가 세워지면 그것과 관련된 활동에 주의가 집중되고 에너지가 사용된다. 반면에 목표와 무관한 활동으로부터는 멀어진다."라고 주장했다. 하지만 밈 개발자들이라면 이런 관점으로부터도 한걸음 물러서는 것이 좋다. 밈 개발자로서 당신이 가장 먼저 해야 할 일은 사용자에게 목표가 있는지부터 알아보는 것이다. 만약 사용자가 특정 목표를 가지고 있다면 이것을 방해한 밈은 안타깝게도 사용자의 주의를 끌지 못하게 되기 때문이다. 하지만 사용자가 특별한 목표 없이 당신의 밈을 방문했다면, 예상치 않았거나 요청한 바 없었던 밈에도 수용적 태도를 보일 것이다. 물론 그 경우에도 당신의 밈에 집중하는 데 많은 에너지가 요구되어서는 안 된다. 그 경우 사용자의 주의를 끄는 것이 쉽지 않을 것이다.

■핵심 포인트_ 당신이 디자인한 밈을 사용할 사람들의 목적을 충족시키기 위해 가장 먼저 해야 할 일은 사용자들에게 달성해야 할 목표가 있는지 알아보는 것이다.

　심리학자들은 1991년부터 기능적 자기공명 영상장치(functional magnetic resonance imagery, FMRI)를 사용하여 연구할 수 있게 되었다. 이 장비는 마치 갈릴레오에게 주어진 망원경과 같은 의미로, 우리가 어떤 생각을 하거나 감정을 느꼈을 때 대뇌 혈류에 일어나는 작은 변화를 관찰할 수 있도록 해준다. 덕분에 신경 과학자들은 처음으로 마취나 사망 상태가 아닌 깨어 있는 활성 상태의 두뇌를 연구할 수 있게 되었다. 또한 피실험 대상자들에게 특정 과업을 주고 그것을 수행하는 동안 두뇌의 어떤 부위가 활성화되는지 관찰할 수 있게 됐다.

　FMRI를 이용한 혁신적 연구의 선두주자였던 신경 과학자 다니엘 레비틴(Daniel Levitin)은 2014년 "지난 20년간 신경 과학 분야에서 이루어진 연구 성과 중 가장 놀라운 결과"를 얻었다. 그것은 대뇌 피질 활동에 두 가지 근본적으로 다른 패턴이 존재한다는 발견이었다. 바로 과업 지향적 네트워크와 과업 회피적 네트워크이다(그림 2-1). 레비틴은 다음과 같이 정리했다.

과업 지향적 네트워크는

"세금을 계산하거나 보고서를 작성할 때 혹은 낯선 도시를 여행하는 것 같이 매우 집중력을 요구하는 작업에 몰두하고 있을 때 뇌가 접어들게되는 상태이다. 이러한 과업 지향 모드는 두뇌의 대표적인 주의 집중 모드에 해당한다. 과학자들은 이것을 '중앙 관리자(central executive)' 모드라고 부른다. 고도의 집중이 요구되는 수많은 작업을 책임지고 있기 때문이다."

과업 회피적 네트워크는

"멍하게 있는 상태로서, 자유로우면서도 일률적이지 않은 사고를 지원하는 두뇌 네트워크이다. 이 상태에서는 생각이 끊기지 않고 이쪽저쪽으로 흘러 다닌다. 이 모드에서 아이디어, 시각적 이미지, 과거-현재-미래의 소리가 서로 연결된다."

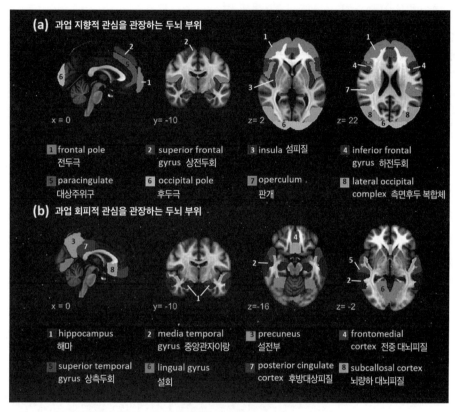

그림 2-1. (a) 과업 지향적 네트워크 (b) 과업 회피적 네트워크를 관장하는 두뇌 부위

    피실험자들에게 문제를 풀도록 하거나 주어진 어떤 과업을 수행하라고 하면 문제나 과업의 종류에 상관없이 비슷한 두뇌 부위가 활성화된다는 사실이 FMRI 연구를 통해 밝혀졌다. 이때 활성화되는 부위가 바로 과업 지향적 네트워크이다. 여기에는 두뇌의 전두엽, 중앙 전두엽, 후두엽과 함께 언어, 기호, 심리적 모델을 처리하는 부위가 포함되어 있다.

신경 과학자 매튜 리버만(Matthew Lieberman)에 의하면 과업 회피적 네트워크는 우연한 계기로 발견됐다. FMRI 영상 촬영 장비를 이용하여 두뇌 활동을 연구할 때 통상적으로 과업과 과업 사이에는 장비를 그대로 가동한 채 실험 대상자를 방치했다. 이 시간 동안 피실험자는 문제를 풀지 않고 장비 안에서 대기하면서 전자기장이 내는 소리를 듣고 있는 상태에 놓이게 된다. 이때 우리 두뇌에 과업 회피적 네트워크가 나타나는 것이 우연히 관찰되었다. 그리고 놀랍게도 이 네트워크는 항상 일정한 패턴을 보이는 것으로 관찰되었다. 우리 두뇌가 이 모드에 들어서면 대뇌 피질의 깊은 곳에 위치한 특정 부위와 함께 해마가 활성화되었다. 이 상태에 놓여 있는 피실험자에게 어떤 생각을 하고 있는지 물어보면 보통은 공상을 하거나 어떤 기억을 떠올리거나 사회적 현안에 대한 생각에 빠져 있다는 대답을 듣게 된다.

신경 과학자들은 심장과 신장의 기능처럼, 뇌에는 휴식 상태가 없다는 것을 깨달았다. 우리는 인간만이 풀 수 있는 고도의 기호학적 문제를 해결하거나 기억을 통합하고, 새로운 연결을 보고, 우리 주변 사람들을 이해하기 위해 공상을 한다. 따라서 디지털 미디어의 개발자로서 혹은 마케팅 담당자로서 당신이 가장 먼저 해야 할 일은 사용자들이 과업 지향적 모드에 있는지 과업 회피적 모드에 있는지 파악하는 것이다.

정확히 이것이 전 세계에서 가장 큰 요리 커뮤니티 사이트인 Allrecipes.com이 취한 접근 방법이었다(그림 2-2). 그들은 홈페이지 팝업창에 다음과 같은 질문을 올려 설문 조사를 했다.

다음 중 당신의 방문 목적을 가장 잘 설명한 것은 무엇인가?

- 특별한 목적을 가지고 방문하였다. 나는 내가 찾는 것이 무엇인지 알고 있다.
- 특별한 목적 없이 방문하였다. 인터넷 서핑 중에 방문하게 되었고 구체적으로 찾고자 하는 대상이 있는 것이 아니라 그냥 흥미로운 정보가 있는지 보러 왔다.

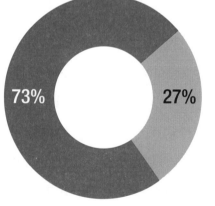

그림 2-2. Allrecipes.com 사이트 방문 목적

이 설문 조사에 따르면 Allrecipes.com을 방문하는 사람의 73%는 과업 지향적이었고 27%는 과업 회피적이었다(그림 2-2). 과업 지향적 사용자들은 자신들의 방문 목적을 달성하기 위해 여러모로 노력하게 된다. 따라서 그들은 사이트에서의 활동이 효율적이고 생산적이길 원한다. 예를 들면 양고기 로스트용 석류 소스를 만드는 방법을 알아내는 것과 같은 일이다. 반면 과업 회피적 사용자들은 특별한 목적 없이 사이트에서 시간을 보내는 사람들이다. 이들은 어떤 아이디어에든 흥미를 보이면서 단지 커뮤니티의 일원으로 존재하고 싶어 한다. 명절이 되기 전에 좋은 요리 아이디어를 얻기 위해 들어왔거나, 한때 좋아했으나 잊어버리고 있던 요리에 대한 기억을 떠올리고 싶었거나, 다른 사람들이 명절 전에 어떤 요리에 관심을 가지고 대화를 나누는지 알고 싶어서 들어온 사람들이다.

Allrecipes.com이 발견한 중요한 사실은 과업 지향적 사용자들과 과업회피적 사용자들 간에는 홈페이지에 접속하여 사이트를 둘러보는 패턴에 매우 큰 차이를 보인다는 점이다(그림 2-3). 과업 지향적 사용자들은 검색창을 주로 사용하는 경향을 보였다. 원하는 바를 얻기 위한 가장 효율적인 방법이기 때문이다. 반대로 과업 회피적 사용자들은 사이트 전체를 훑어보는 경향이 있었다. 미처 알고 있지 못했던 무엇인가를 발견하기를 기대하며 사진, 링크, 아이콘들을 클릭해 보는 것이다.

Allrecipes.com은 사이트를 방문하는 사용자의 대부분이 과업 지향적 사용자라는 사실을 알게 됨으로써 어떤 곳에 투자하는 것이 더 현명한 의사결정인지를 파악할 수 있었다. 대부분의 사용자들이 과업 지향적이므로 더 정확한 검색 알고리즘 개발에 투자하여 뛰어난 검색 결과를 보여 주는 것이 시급한 과업이라는 사실을 깨달은 것이다. 그렇다고 해서 그 수는 많지 않지만, 과업 회피적 사용자들을 아예 무시해서는 안 된다. 이들은 사이트 내에 포함된 여러 링크를 클릭해 가며 토끼 굴 같은 미로를 헤쳐 나가는 사람들이다. 주목해야 할 점은 그들이 과업 지향적 사용자들보다 Allrecipes.com에 더 오래 머물고 많은 페이지를 방문한다는 점이다. 결과적으로 사이트에 더 많은 광고 수익을 올리게 해 주는 사람들인 것이다.

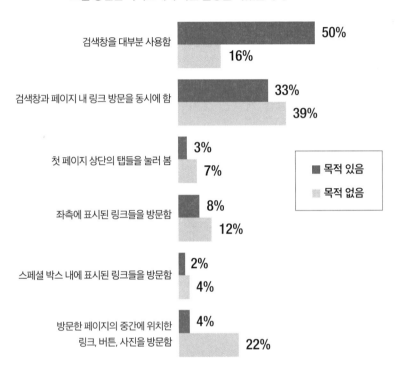

그림 2-3. Allrecipes.com을 방문한 사람 중 목적을 가진 사람들과 그렇지 않은 사람들의 사이트 사용 유형

    Allrecipes.com은 자사 웹 사이트를 방문한 사용자들이 과업 지향적인 사람들과 과업 회피적인 사람들로 구성된 것은 자신들이 선택한 신규 사용자 유인 전략 때문이라는 사실을 알고 있었다. 이 설문 조사를 했을 때는 Allrecipes.com이 주로 검색 엔진을 통한 마케팅에 치중하고 있을 때였다. 따라서 방문자들의 대부분이 구글을 통해 유입된 사람들이었다. 자연히 방문

자들은 과업 지향적일 수밖에 없었다. 사용자들은 스스로가 무엇을 찾고 있는지 잘 알고 있었고, Allrecipes.com 사이트에 오기 전까지 검색을 계속하던 상태였다. 하지만 그 후로 Allrecipes.com은 슈퍼마켓의 계산대 부근에 인쇄물 형태의 잡지를 비치하는 식의 마케팅도 시작했다. 그로 인해 과업 회피적 사용자들의 사이트 방문도 늘어나게 되었다. 이들은 특별한 어떤 것을 찾는 것보다 요리 콘텐츠 분야에 어떤 것들이 있는지 궁금해서 들어온 사람들이다. AllRecipes.com은 다양한 마케팅 기법을 통해 과업 지향성이 다른 사용자들을 균형 있게 끌어들임으로써 사용자들의 욕구를 모두 충족시킬 수 있게 되었다. 이로 인해 Foodnetwork.com을 앞질러 세계에서 가장 큰 요리 커뮤니티로 성장할 수 있었다.

■ **핵심 포인트_** 과업 지향적 사용자들은 자신들의 목적에 방해가 되고 주의가 분산되는 것을 싫어한다. 반면 과업 회피적 사용자들은 힘든 작업에 참여하는 것을 싫어하고 중간에 방해받는 것을 환영했다.

중요한 것은 사용자가 과업 지향적 모드에 있을 때는 목표 달성을 위해 원하는 곳에 의식적으로 중심와 시선을 집중한다는 점이다. 이때 목표 달성과 관련 없는 것들은 모두 방해 요소로 인식하게 되므로 적극적으로 회피하게 된다. 마이크로소프트 오피스, 슬랙(slack)과 같은 생산성 플랫폼상에서는 대부분의 사용자가 과업 지향적이다. 따라서 이런 플랫폼에서는 광고를 통

한 수익 창출을 비즈니스 모델로 잡아서는 곤란하다. 대신 가입을 통해 수익을 얻는 모델로 전환해야 한다. 부득이 광고를 실어야 한다면 검색 결과를 보여 주는 페이지에만 디스플레이해야 한다. 중간에 등장하는 막간 전면 광고는 효과가 미미할 뿐만 아니라 사용자에게 불쾌감만 주게 된다. 이런 경우 필요한 디자인 전략은 사용자가 찾고자 하는 결과물을 신속히 보여 주는 것이다. "만들기만 하면 사용자들이 찾아올 것이다."라는 생각은 버리는 것이 좋다. "사용자들이 어디를 보고 있는지 알아내서 그곳에서 미리 기다리는 방법을 배워야 한다."

하지만 사용자들이 과업 회피적 모드에 있다면 앞의 경우와는 반대 전략을 구사해야 한다. 이 경우 사용자들은 광고를 포함하여 집중을 방해하는 어떤 것이든 환영한다. 이 모드의 사용자들은 어떤 문제를 해결하기 위해 집중을 하거나 노력이 필요한 활동을 거부하는 경향이 있다. 심심풀이 앱을 개발하거나 플립보드(Flipboard), 레딧(Reddit), 퍼니오어다이(Funnyordie), 뉴스 헤드라인 모음과 같은 웹 사이트를 디자인한 경우에는 사이트를 읽어 내려가는 동안 중간중간에 섬네일(thumbnail, 그래픽 파일의 이미지를 소형화한 데이터), 헤드라인, 링크가 나타나도록 하라. 이런 것들을 클릭하다 보면 페이지가 끝도 없이 이어지게 된다.(이런 종류의 사이트야말로 "만들어 놓기만 하면 사용자들이 찾아올 것이다."라는 생각이 통하는 곳이다.) 머신 러닝(Machine Learning, 인간의 학습 능력과 같은 기능을 컴퓨터에서 실현하는 인공지능 기술)을 이용하여 사용자가 이전 방문 시 클릭했던 것과 유사한 분야(예를 들면 스포츠, 선거 기사)의 콘텐츠를 보여 주도록 하라. 또한 같은 콘텐츠를 여러 웹 사이트에 반복 광고하는 소셜 마케팅 전략도 구사하라. 검색 엔진 광고를 이용해야 한다면 검색어를 "발사믹 농축 소스"와 같이 너무 구체적인 것보다는 "명절 요리 레시피"와 같이 넓은 범위의 용어를 사용하도록 하라. 당신의 인터페이스나 웹 사이트에 있는 어떤 것들도 과업 지향적 모드에 해당하는 것이어서는 안 된다. 예를 들면 사이트를 둘러보기 어려운 디자인이라든지, 가입 절차에 장시간이 소요된다든지, 검색창이 너무 복잡한 것은 피하는 것이 좋다. 이런 사이트에서는 사용성 분야의 대가인 스티브 크룩(Steve Krug)의 조언을 따라야 한다. "사용자를 생각하게 하지 말라."

신경 과학자 다니엘 레비틴은 과업 지향적 모드와 과업 회피적 모드에 관해 다음과 같이 쓰고 있다. "이 두 가지 두뇌 상태는 음과 양의 관계와 비슷하다. 하나가 활성화되면 다른 하나는 비활성화된다." 이런 병목 구간에서 살아남으려면 사용자들이 언제 그리고 얼마나 자주 각각의 모드에 놓이게 되는지 알아야 한다. 그리고 이것에 맞는 디자인을 적용하도록 노력해야 할 것이다.

3장
주의 집중

Attentional Focus

우리의 중심와 시선은 레이저 광선만큼이나 가늘다. 따라서 관심 경제 (attention economy, 고객의 관심에 맞는 제품이나 서비스를 제공함으로써 소비자를 유인하는 시장을 형성하는 것)에서는 사용자가 당신의 밈에게 시선을 줄 때 수익이 창출된다. 밈 개발자로서 당신은 이런 과정을 경제적 거래의 관점에서 볼 수 있어야 한다. 정보 홍수 시대에 사용자는 자신에게 돌아오는 보상이 가장 클 것으로 보이는 곳에 중심와 시선을 보내고 주의를 집중하게 된다. 안구 근육을 움직여 어느 한 지점을 응시하는 순간 우리는 디지털 광고주, 출판사, 앱 개발자의 고객이 되는 것이다. 이 순간 눈에 보이지 않는 경제적 거래가 일어나게 된다. 사용자가 당신이 개발한 밈을 소비하기 시작하면 당신은 그때부터 그들의 주의를 현금화할 수 있게 되는 것이다.

1960년대부터 심리학자들은 사람들의 시선 방향이 그들이 달성하고자 하는 목표에 결정된다는 사실을 발견했다. 러시아의 심리학자 야부스(Yarbus)는 1967년 일리야 레핀의 "예상치 못한 방문객"이라는 그림을 이용하여 한 가지 실험을 진행했다. 피실험자들에게 그림을 보여 주고 먼저 그림에 등장한 인물의 나이를 알아맞히도록 한 것이다. 다음은 이 경우 관찰자들의 시선이 어디에 머무는지를 보여 주는 그림이다(그림 3-1).

그림 3-1. 나이를 알아맞히라고 했을 때
관찰자의 시선이 머무는 곳

　하지만 등장인물들이 얼마나 부자인지 알아맞히라고 했을 때는 관찰자의 시선이 다음과 같이 변했다(그림 3-2).

그림 3-2. 부유한 정도를 알아맞히라고 했을 때
관찰자의 시선이 머무는 곳

그리고 예상치 못한 방문객이 그동안 얼마나 오래 집을 떠나 있었는지 추측해 보라고 했을 때 관찰자의 시선은 다음과 같다(그림 3-3).

그림 3-3. 예상치 못한 방문객이 얼마나 오래 떠나 있었는지 추측하라고 했을 때 관찰자의 시선이 머무는 곳

습득해야 할 정보의 종류에 따라 관찰자가 밈의 다른 부위로 시선을 집중시키고 있음을 알 수 있는 명확한 사례이다.

같은 현상이 소셜 미디어, 상업용 웹 사이트를 포함한 대부분 콘텐츠에서도 나타난다. 늘 그렇듯이 사용자들의 목표는 최소의 주의 용량 자원을 사용하여 빠르게 페이지의 의미를 파악하는 것이다. 사용성 전문가 제이콥 닐슨(Jakob Nielsen)은 2006년 사람들이 페이지를 훑어볼 때 F형 패턴으로 스캔한다는 사실을 발견했다. 일단 시선을 좌측 상단에 먼저 준 다음 본문을 살펴보는 순서로 페이지를 읽어 나가는 것이다(그림 3-4). 최소의 주의 집중 자원을 써서 페이지의 의미를 파악하고자 하는 사용자의 목표는 보통 상단에 배치된 헤드라인에 주목함으로써 달성될 수 있다. 그래서 이곳이 우리의 시선이 처음 머무르는 곳이 되는 것이다. 하지만 헤드라인에서 우리의 기대가 충족되지 않은 경우 사용자들은 계속해서 아래쪽으로 시선을 옮겨 가며 읽게 된다. 이것이 F형 스캔 패턴이다. 히브리어나 아랍어에서는 오른쪽에서 왼쪽으로 글을 쓰기 때문에 F형 패턴의 좌우가 바뀌어서 나타난다. 시선이 머무는 패턴은 달성하고자 하는 목표에 좌우된다는 것을 알 수 있다.

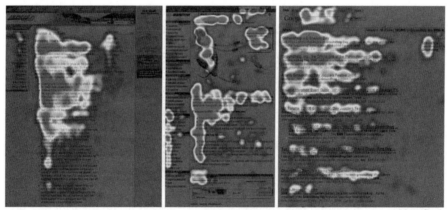

www.useit.com

그림 3-4. 사용자 시선이 머무른 시간을 "열화상" 같은 형식으로 표시해 보면 F형 패턴을 보였다.

이런 사례를 보면 사용자의 주의 집중 병목 구간은 병목이라는 단어에서 연상되는 원형의 작은 구멍이 아니다. 사용자들의 일반적인 안구 움직임은 병목 구간의 모양을 대문자 F 형상에 가깝게 만든다. 이런 현상이 당신의 디자인에는 어떤 영향을 미칠까? 주의 집중 병목 구간의 모양 때문에 왼쪽에서 오른쪽으로 읽는 언어를 쓰는 대부분의 웹 사이트에서는 우측 하단이 사용자 시선의 사각지대가 된다는 점을 기억해야 한다. 사용자들이 거의 쳐다보지 않는 위치가 되기 때문이다. 따라서 우측 하단의 광고는 큰 효과가 없으므로 중요한 링크는 절대 그 위치에 두면 안 된다. 우측 하단의 광고는 사용자의 F형 주의력 병목 구간을 통과하기 어렵다. 이런 현상을 극복하려고 아주 밝은 색깔의 광고를 그곳에 배치해도 소용없다. 사용자들은 단순히 쓸데없는 광고가 그 위치에 하나 더 있다는 정도로만 받아들이기 때문이다. 관심을 기울이는 대신 무시해 버리는 것이다. 따라서 일반적인 웹 사이트의 디자인은 F형 패턴을 따르는 것이 좋다. 특별한 이유가 없는 한 이 원칙을 위배한 디자인을 해서는 안 된다. 사용자의 일반적인 행동 양식을 거스르는 행위가 되기 때문이다. 중요한 링크는 가장 상단에 배치하거나 좌측 아래로 이어지는 선을 따라 배치하도록 하라. 그렇다면 남는 우측 하단 공간에는 무엇을 배치해야 할까? 그냥 여백으로 남겨 놓아라.

■ **핵심 포인트** _ 왼쪽에서 오른쪽으로 읽는 언어를 쓰는 대부분의 웹 사이트에서 우측 하단은 사용자의 시선이 닿지 않는 공간이다.

만약 사용자가 해당 사이트를 방문한 목표를 달성하지 못하고 원하는 정보를 찾는 데 실패하면 어떤 일이 생길까? 이 경우 사용자는 더는 F형 패턴을 따르지 않는다. 대신 여기저기 닥치는 대로 정보를 찾아 헤매는 패턴으로 바뀐다. 이러한 절박한 사용자의 정보 검색 패턴에서 발견할 수 있는 사실은 이 모든 과정이 3단계를 거쳐 일어난다는 것이다.

워싱턴주 취업 통계 사이트에 관한 사용성 연구 결과가 이러한 사실을 잘 보여 준다. 우리가 이 연구에 참여하게 된 것은 2009년 글로벌 경제 위기 때였다. 이 당시에는 모든 사람이 직장을 구하고 있었다. 우리의 임무는 사람들을 다음의 그림 3-5에 나와 있는 사이트(구 디자인)에서 취업 통계 사이트로 연결해 줄 링크의 위치를 정하는 것이었다.

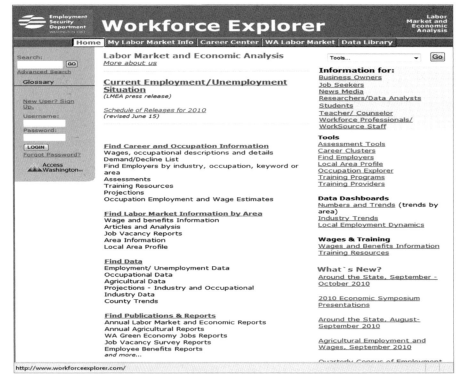

그림 3-5. 2009년 재디자인하기 전 워싱턴주 취업 통계 사이트

처음에 사용자들은 그래픽이나 텍스트에 집중하기보다는 효율성 높은 F형
패턴으로 사이트를 구역별로 훑어본다(1단계). 이 단계에서 원하는 정보를 찾
지 못하면 다음 단계로 사용자는 모든 그래픽과 아이콘을 모두 살펴보는 방
식으로 정보 검색 패턴을 바꾸게 된다(2단계). 이렇게 해도 원하는 정보를 발
견하지 못하면 페이지 내에 표시된 링크들의 단어를 모두 읽기 시작하는 전
략을 구사하게 된다(3단계). 이런 단계적 접근법은 사람들이 글을 읽는 방법

과 매우 유사하다고 할 수 있다. 사람들은 글을 읽을 때 처음에는 전체 문장을 단어들의 조합으로 인식한다. 여기서 의미가 파악되지 않으면 단어별로 끊어서 읽게 되고, 그래도 파악이 안 되면 단어 내 알파벳에까지 주의를 집중하게 되기 때문이다.

디자인이 바뀌기 전 워싱턴주 구직 사이트에서 직장을 구하는 데 가장 중요한 두 개의 링크는 "구직자(Job Seekers)"와 "직업 탐색(Occupation Explorer)"이었다. 문제는 이 링크들이 위치한 곳이 왼쪽이 아닌 오른쪽이었다는 점이다. 그리고 그마저도 사용자들의 주의가 미치지 않는 우측 하단에 가깝게 배치되어 있었다. 사용자들의 편의를 위해서는 좋은 그래픽과 단어 선택이 중요하다. 하지만 그에 못지않게 중요한 것은, 페이지 내 '어디에 위치하냐' 하는 것이다.

이 연구에 참여한 사람들을 인터뷰한 결과, 이 사이트에서는 효율적인 F형 스캔 패턴으로는 원하는 정보를 찾을 수 없다는 것이 밝혀졌다. 웹 사이트의 디자인 때문에 사용자들은 부득이 처음부터 세 번째 스캔 방법을 사용해야만 했다. 웹 사이트를 훑어보는 데 최대의 집중력과 에너지가 필요하게 되는 것이다. 그리고 사용자 시선 분석을 통해 사용자들의 시선이 웹 사이트의 거의 모든 구역에 오랫동안 머문다는 사실을 발견했다(그림 3-6). 아마도 직업을 구하는 것 같은 중요한 일이 아니었다면 사람들은 그 정도의 에너지를 쓰지

앉고 포기했을 것이다. 불행히도 대부분의 밈은 우리에게 그 정도의 중요도를 갖고 있지 않다. 그 경우 사용자들은 그 페이지를 떠나게 된다. 사용성 테스트에서 웹 페이지 디자이너들에게 상대방이 보지 못하는 유리 뒤에서 피실험자들을 관찰하게 하면 대부분 매우 당황스러운 경험을 하게 된다. 그들이 힘들게 작업해 놓은 사이트를 버리고 떠난 사용자들이 자신들이 디자인한 사이트를 통해서도 접근할 수 있었던 페이지를 구글 검색을 통해 방문하는 것을 목격하기 때문이다. 실제로 이런 일들이 얼마나 자주 일어나고 있는지 알게 된다면 아마 깜짝 놀랄 것이다.

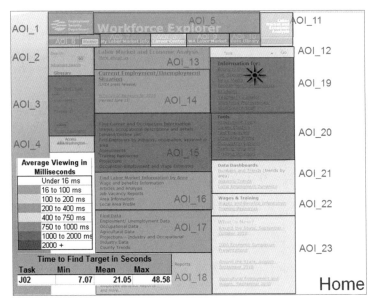

그림 3-6. 워싱턴주 취업 통계 사이트에서 관심 영역(Areas of Interest, AOI)에 사용자의 시선이 머무는 시간

요점은, 당신이 디자인한 밈을 찾는 사용자들이 어떤 스캔 패턴을 보이는
지 개발자로서 확실히 알고 있어야 한다는 것이다. 워싱턴주 구직 사이트
는 그런 작업을 통해 다음과 같이 디자인을 변경하였다(그림 3-7). 바뀐 디자
인에서는 "Employment Resources(구직 사이트 모음)" 링크가 F형 스캔 패
턴의 핵심 위치인 좌측 상단에 위치했다. 또 F의 중간 가로선 위치에 "job
seeker(구직자)"와 "looking for job openings(채용 공고 찾기)" 선택 풀다운
메뉴 바를 배치했다. 사용자들은 바뀐 디자인상에서 자신이 원하는 정보를
훨씬 쉽게 얻을 수 있게 되었다. 채용 공고 사이트를 짧은 시간 내에 방문할
수 있게 된 것이다.

그림 3-7. 2010년 워싱턴주 취업 통계 사이트

핵심 콘텐츠를 사용자의 시선이 주로 머무는 F형 패턴 내에 배치하는 것은 사용자가 원하는 목적을 빨리 달성하도록 하는 데 큰 도움이 된다. 하지만 밈을 제작한 당신에게도 비즈니스 목표가 있다. 광고 수익으로 유지되는 사이트라면 사용자의 관심을 그들의 목표로부터 빼앗은 후, 당신이 제작한 광고나 수익성에 도움이 되는 콘텐츠로 향하게 해야 할 것이다. 스마트폰이라면 당신이 만든 앱을 기억시키기 위해 푸시 알림을 쓸 것이다. 2016년 미국의 앱 사용 분석 업체인 퀘트라(Quettra)에서 발표한 통계에 따르면 80%의 사용자들은 앱을 설치하고 5일이 지나면 더는 그 앱을 사용하지 않는다. 이 경우 사용자의 관심을 환기해 다시 앱을 쓰도록 유도해야 한다.

그렇지만 비자발적 관심을 끌어내는 방법은 최소화하는 것이 좋다. 그리고 그 심리학적 배경에 대해서도 잘 이해하고 있어야 한다. 안 그래도 사용자의 관심이라는 자원이 한정된 만큼 그로 인해 주의 집중 병목 현상이 더 심해질 수 있기 때문이다.

1990년대 말 "팝업 광고"가 개발된 이후 밈 개발자들은 화려한 빨간색의 밈이 움직이고 번쩍거리면 사용자의 주의 시스템을 뚫고 들어갈 수 있음을 알게 되었다. 그리고 사용자가 어떤 목적을 달성하기 위해 왔더라도 일시적으로 그들의 관심을 끌어올 수 있게 되었다. 안구의 중심와 시각을 담당하는 원추 세포는 색을 인지하고 거리를 판단할 수 있다. 따라서 당신이 개발한 밈의 의미를 파악함에 있어 이 세포들이 필수적이다. 그렇다면 망막의 주변시를 관장하는 간상 세포는 어떤 역할을 할까? 이 세포들은 빛이나 미세한 변화를 감지하는 것에 최적화되어 있다. 코를 중심으로 100도의 각도로 양쪽으로 펼쳐진 양안 시각 범위에서 유입되는 빛은 망막의 주변시를 자극한다. 이 신호는 뇌의 후두엽 피질에서 처리되어 주변 환경을 실시간으로 이해하는데 사용된다. 이 신호와 함께 귀를 통해 유입된 음향 신호가 결합하여 두정엽(parietal lobe)에서 신경 모델이 생성된다.

음악 사이트 판도라에서 노래 가사를 읽고 있는 상황을 상상해 보자. 우리는 가사를 읽을 때 사실은 가사뿐만 아니라 그 페이지의 전체적인 이미지도 함께 받아들인다. 우리가 속해 있는 보다 넓은 공간이 주는 느낌을 감지하려하는 것이다. 인간은 눈과 귀에서 받아들이는 새로운 신호를 그 직전과 끊임없이 비교하도록 진화되었다. 이 과정에서 현재 부분은 무시하고 색다른 움직임이 있는 부분에만 집중하게 된다. 이런 방식의 신경망 연결은 인간을 포함한 육식 동물들에게서 흔하게 관찰된다. 인간은 움직이는 것에만 고도로 주의를 집중하도록 진화된 나머지 우리 주변에서 순간적으로 나타났다 사라지는 것에 대해서는 종종 알아차리지 못하는 일이 발생한다. 이러한 현상을 변화 맹시(change blindness)라고 부른다.

주변시 범위 내의 무엇인가가 수직, 수평 움직임을 보이거나 우리와 매우 근접해 왔다고 느끼는 순간 우리 뇌가 정상이라고 규정한 신경 모델에 위배되기 때문에 우리도 모르게 주의를 집중하게 된다. 이때 우리의 두정엽(parietal lobe)은 현재 관심을 기울이고 있던 것이 무엇이든 그곳으로부터 주의를 돌리라는 신호를 내보낸다. 그리고 뇌의 상구(superior colliculus)는 안구의 중심와를 움직이는 물체로 향하게 하고 뇌의 시상(thalamus)은 그것에 주의를 집중하게 만든다. 심장 박동은 가볍게 느려지고 눈과 머리가 움직임을 보이는 곳으로 향함으로써 우리의 신경계에 당신의 밈이 진입하는 것을 허락하게 된다. 이 일련의 과정이 주의 집중 반응이다.

초기 팝업 광고가 주던 짜증스러움은, 후에 그림 3-8에 보이는 것과 같은 수평 이동 광고의 등장으로 해결되었다. 여기서는 정보들이 슬라이드가 지나가듯 자동으로 다음 장으로 넘어갔다. 어떤 경우에는 이곳에 광고가 포함되기도 했다. 과업 지향적인 목표 달성을 위해 페이지 내 다른 곳을 보고 있던 사용자의 관심도 움직임에 반응하여 어쩔 수 없이 이곳으로 집중된다. 과업 회피적 모드에 있던 사람들은 물론 이런 예상치 못한 콘텐츠의 등장을 반기게 된다.

그림 3-8. SocialPsychology.or 사이트에 있는 수평 이동형 광고

하지만 어떤 밈들은 사용자에게 돌아가는 혜택에 비해 주의 집중 반응을 지나치게 자극한다는 느낌을 지울 수 없다. 스트리밍 동영상의 등장으로 우리가 방문하는 사이트에서 많은 동영상 광고들이 사용자의 의지와는 무관하게 자동 재생되는 것이 그 사례이다. 또 다른 예는 2015년까지도 사용되고 있던 어도비 리더(Adobe Reader)의 업데이트를 알리는 데스크탑 알림 팝업이다. 이 알림 팝업은 지난 10년간 어도비 리더의 사용자들에게 어떤 새로운 경험도 유발하지 못한 채 주의만 분산시키고 있다는 평을 들어 왔다(그림 3-9). 사실 보안상 중요한 의미가 있는 업데이트로서 사용자들의 관심이 필요하지만, 이 팝업 알림창은 오랜 기간 놀림의 대상이 되었다. 윈도우 10에서는 이런 종류의 데스크탑 알림을 "액션 센터(action center)"라는 곳에 모두 모아 표시되도록 하였다. 팝업 알림창이 표시되는 것을 없애고 흑백의 시스템 아이콘으로 대체한 것이었다. 이런 변화만으로도 사용자들에게는 상당한 도움이 되었다. 하지만 사용자들은 시스템 업데이트 시기에 대해서도 자신들이 더 통제권을 갖게 되기를 희망하였다. 이런 요구 사항 중 하나가 2016년에 윈도우 자체 기능으로 탑재되었다.

그림 3-9. 업데이트 알림

이런 식으로 PC에서는 데스크탑 알림에 의한 주의 분산이 점점 줄어든 반면, 스마트폰에서는 더 많은 알림이 등장하고 있다. 그중 "미트볼"이라고도 불리는 이 익숙한 기호는 빨간색 동그라미 안에 숫자가 표시된 디자인이다. 이 알림 기호는 사용자의 관심을 기다리는 새로운 콘텐츠가 몇 개나 도착해 있는지를 표시해 준다(그림 3-10). 페이스북, 링크드인을 포함한 여러 앱들에 우리의 관심을 끌 새로운 소식이 있음을 보여 주는 매우 효과적인 디자인이었다. 하지만 2016년 현재 스마트폰과 PC에 같은 알림이 중복되어 표시됐고, 한쪽을 지우더라도 다른 쪽에서는 없어지지 않고 남아 있는 문제가 있다.

그림 3-10. 스마트폰(좌)과 웹 사이트(우)에 새로운 콘텐츠가 있음을 뜻하는 "미트볼" 알림

움직이는 팝업 알림과 붉은색은 사용자의 주의를 끄는 데는 매우 효과적이다. 하지만 밈 개발자가 그런 것들을 너무 많이 사용하면 어떤 문제가 생길까? 이런 알림들이 더는 사용자에게 특별한 것으로 받아들여지지 않게 되는 문제가 발생한다. 즉 사용자가 흔하게 일어나는 일로 인식하게 되는 것이다. 이렇게 되면 우리 뇌는 이것들을 정상 신경 모델의 일부로 포함하게 되고 더는 이런 것들에 주의를 집중하지 않게 된다. 이것은 주의 집중의 반대 개념인 습관화(habituation) 현상의 일종이다. 주의를 집중했을 때 돌아오는 보상이 없으면 점점 눈길을 주는 확률이 줄어들게 되는 원리이다. 인간이 원숭이였던 시절 평소에는 나뭇가지가 조금만 움직여도 그 소리에 깜짝 놀라 눈길을 돌리다가도 바람이 세게 불어 가지가 흔들리게 되면 더는 나뭇가지 소리에 관심을 두지 않게 되는 것과 같은 원리인 것이다.

■핵심 포인트_ 소리와 애니메이션을 사용하여 더 많은 주의 집중 반응을 끌어내려 하면 주의 집중 병목 현상이 더 심해지고 결국 그런 자극들을 무시하게 된다.

당신이 밈 개발자나 디자이너라면 이런 습관화 현상에 대해 걱정해야 한다. 주의를 끄는 디자인 요소들을 더 많이 사용할수록 주의 집중 병목 구간이 더 좁아지기 때문이다. 당신이 관심 유인책을 쓸 때마다 남들도 똑같은 전략을 쓴다고 생각해야 한다. 빨간 알림 동그라미나 알림음이 과업 지향적 활동에 집중해 있던 사용자의 주의를 분산시키는 것은, 운전 중에 스마트폰 내비

게이션 앱을 사용하는 것과 유사한 정도의 위험을 초래할 수 있다. 이것은 마치 우리의 차가 거꾸로 나를 향해 헤드라이트를 번쩍거리고 동시에 경적을 울려대는 것과 같다.

이런 이유로 훌륭한 디자이너는 그 효과가 확실한 경우에만 이런 알림 도구를 사용한다. 생산성 향상 도구인 슬랙의 제작사는 @mention이라는 기능의 유행에 큰 역할을 했다. 누군가가 @name을 이용하여 나에 대한 글을 포스팅할 경우 알림을 받게 되는 기능이다. 이 기능을 이용하면 그룹 메시지 중 특히 나에게만 해당하는 메시지나 중요 업무 지시를 놓치지 않고 확인할 수 있다. 하지만 곧 사람들은 @channel 기능을 남발하기 시작했다. 특정인에게만 의미가 있을 메시지를 그 채널에 속한 모든 사람을 대상으로 공지하는 것이다. 이로 인해 습관화 현상이 일어날 것은 분명했다. 슬랙은 이에 제동을 걸기 위해 다음과 같은 창을 띄웠다. 내가 지금 발송하는 메시지를 채널에 속한 모든 사람에게 보내기를 원하는지 재차 확인하는 것이다(그림 3-11).

그림 3-11. 습관화 현상을 유발할 수 있는 알림 메시지를 보내는 것을 억제하는 방법

매우 중요하면서도 정당한 목적이 있는 푸시 알림 메시지라 하더라도 대상자들을 습관화에 빠뜨리지 않도록 조심해야 한다. 2013년 1월 이후로 미국에서는 수백만 명의 핸드폰 사용자에게 아동 유괴사건이 발생했을 때 소리와 진동을 동반한 문자 메시지가 발송되고 있다(그림 3-12). 1996년 텍사스에서 발생한 유괴사건의 피해자를 경찰이 제때 구하지 못한 사건 이후 법무부(Department of Justice), 연방 통신 위원회(FCC), 연방 긴급 사태 관리국(FEMA)의 공조로 탄생한 "앰버(AMBER) 경고"이다. 하지만 법무부 홈페이지에는 이런 문자 메시지가 남발되어서는 안 된다고 분명히 밝히고 있다. 아동이 실질적인 위험에 처해 있고 대중들로부터 도움을 받을 수 있는 충분한 정보가 있다는 것이 확인됐을 때에만 문자 메시지를 발송한다고 정해 놓았다. "앰버 경보는 그 기준을 충족시키는 경우에만 발송되도록 관리되어야 한다. 앰버 문자 메시지를 남발하면 대중이 경고 문자 메시지에 둔감해질 수 있기 때문이다."

그림 3-12. 핸드폰에 도착한 앰버 경고 문자

이 정도로 중요한 밈마저도 습관화를 걱정해야 할 정도라면 거의 모든 밈이 유사한 위험성을 갖고 있다고 봐야 한다. 사용자의 관심이 다음에 어디로 향할지 그리고 다음에도 그곳에서 당신의 밈을 기다리고 있을지 확신이 서지 않는다면, 사용자의 관심을 과도하게 끄는 디자인 도구를 사용할 때마다 앰버 경고 문자를 보낼 때만큼의 주의를 기울여야 한다.

The Bottlenecks of Perception

2부

인지 병목 구간

4장
게슈탈트 인지

Gestalt Perception

축하한다. 드디어 당신이 만든 밈이 사용자의 뇌까지 전달되었다. 주의 병목 구간을 통과한 것이다. 이제 당신의 의도대로 뇌가 해석해 주는 것이 필요하다. 그렇지 않으면 그것이 얼마나 중요한 의미의 정보인지 사용자가 알 수 없다. 이것이 인지 병목 구간이다. 다운로드 버튼, 재생 버튼 심지어 공룡에 이르기까지 당신이 디자인한 밈의 기능과 정확한 의미가 사용자에게 전달되어야 한다. 그렇지 않을 때 사용자의 관심은 금방 다른 곳으로 옮겨 갈 것이다.

당신이 디자인한 밈을 사용자가 정확히 해석하도록 하기 위해서는 제대로 된 명칭만 표시해 주면 된다고 느낄지도 모르겠다. 하지만 지난 장에서 보았듯이, 사용자는 사물의 인식에 필요한 자원을 되도록 사용하지 않으려 하는 경향이 있다. 즉 당신이 디자인한 밈에 사용자가 관심을 가지려면 상당한 노력이 필요하다는 뜻이다. 지난 수십 년간 심리학자들은 인간이 인식 자원을 사용하는 것에 인색하다는 사실을 확인했다. 다시 말해 인간은 당신이 만든 밈이 어떤 중요한 의미를 갖고 있는지를 파악하는 데 최소한의 인식 자원만 배정한다.

　　당신이 만든 밈이나 그것을 구성하고 있는 그래픽 요소를 훑어볼 때 우리는 무의식적으로 게슈탈트 인지를 사용한다. 이것은 사전 인지 결정 과정으로, 인지의 대상이 되는 사물의 크기, 형태, 위치, 주위에 배치된 사물을 기준으로 대상 사물의 기능과 정체를 추측하는 것을 의미한다. 사전 인지(Precognitive)는 당신이 만든 밈에 대해 제대로 사고하지 않고 판단을 내린다는 뜻이다. "게슈탈트(Gestalt)"는 독일어로 형태나 모양을 의미하는 단어이다. 즉 당신이 만든 밈을 형태나 그 주변에 배치된 사물을 기준으로 판단한다는 뜻이다. 우리의 인식 과정에 주변 환경이 얼마나 기여하는지 알기 위해 옆의 문장을 읽어 보라(그림 4-1).

7H15 M3554G3
S3RV35 7O PR0V3
H0W 0UR M1ND5 C4N
3451LY R34D WR1773N T3X7
BY L00K1N6 47 N34RBY W0RD5,
L377ER5, 4ND 0BJ3C75.
1N 7H3 B3G1NN1N6 I7 WA5
H4RD BU7 N0W, 0N 7H15 L1N3
Y0UR M1ND I5 R34D1N6 I7
4U70M471C4LLY WI7H0U7
3V3N TH1NK1N6 4B0U7 I7.
THI5 CH4P73R I5 4B0U7 H0W
Y0UR W0RK 15 1N73RPR373D
BY 1T5 5URR0UND1NG5.

그림 4-1. 인식 과정에 주변 환경이 얼마나 기여하는지 보여 주는 사례

이와 같이 사용자는 버튼 위에 이름, 로고 아래 배치된 태그를 비롯해서 많은 경우에 글자를 읽기도 전에 당신의 밈이 어떻게 움직이고 어떤 기능을 하는지에 대한 판단을 내리게 됐다.

■ **핵심 포인트_** 그래픽 요소에 추가된 문자 라벨을 읽기도 전에 사용자는 형태(게슈탈트)와 주변에 배치된 요소들을 근거로 사전 인지를 통해 그 기능을 추측한다. 이것은 가장 적은 노력을 들이면서도 원하는 목표 달성을 위한 방법이다.

2007년부터 마이크로소프트 오피스는 상점에서 판매하는 DVD 대신 온라인에서 다운로드받을 수 있는 버전을 판매하기 시작했다. 그 당시 대부분의 사람이 고속 인터넷에 접근할 수 있다는 점을 이용한 판매 전략이었다. 이를 위해 밈 개발자는 다운로드 프로세스를 새롭게 디자인해야 했다. 절대 간단한 작업은 아니었다. 매달 수백만 달러의 매출을 담당해야 할 인터페이스를 만드는 일이었기 때문이다. 일반적으로 거치는 결제 단계를 몇 번 통과하고 나면 그림 4-2에 보이는 화면이 나타난다. 여기서 상단 좌측의 파란색 "Download Now" 버튼을 클릭하면 결제했던 제품을 다운로드할 수 있게 된다. 하지만 불행하게도 이 파란색 버튼의 우측 하단에 있는 판촉 광고에 "Get Started Now"라는 녹색 버튼을 배치하는 실수를 했다(그림 4-2).

그림 4-2. 오피스 2007의 다운로드 창. 자세히 보기 위해 버튼은 확대되어 있음

이로 인해 많은 사람이 상단의 작은 파란색 버튼 대신 아래쪽의 큰 녹색 버튼을 클릭하는 일이 벌어졌다. 그 결과, 사람들은 원래 목적과는 무관한 다른 페이지로 이동하게 되었다. 다시는 다운로드 페이지로 돌아오지 못한 사람들도 일부 있었다.

당신이 알아야 할 것이 있다. 사용자는 지금 과업 회피적 모드에서 느긋하게 안개 속을 배회하고 있는 것이 아니다. 그들은 방금 $400에 가까운 비용을 지불했다. 따라서 그 대가를 얻기 위해 모든 과업 지향적 주의를 집중하고 있는 순간이다. 정확하게 대상을 인지하는 데는 게슈탈트 이론가들이 오랜 세월 주장했던 대로 크기, 형태, 위치가 엄청나게 큰 영향을 미친다. 경우에 따라 단어 자체보다 더 중요하기도 하다. 여기서 발생한 문제는 잘못된 버튼의 크기가 훨씬 컸다는 것이다. 따라서 사람들은 이것이 더 중요한 버튼이라고 인식하게 되었다. 게다가 색깔도 상단의 진행 상태 막대에 표시된 "Thank You" 아래 그래픽과 같은 녹색이었고 두 그래픽 모두 오른쪽을 향하고 있었다. 이런 이유로 인해 사람들은 두 기능이 서로 유사할 것으로 오인하고 무의식 중에 이 버튼을 누르게 되는 것이다.

또한 잘못된 버튼이 대화 창 아래 위치한 것도 지적할 수 있겠다. 그래픽 디자이너들은 다음과 같은 사실을 잘 알고 있다. 인간은 "진행 방향이 왼쪽에서 오른쪽으로 그리고 위에서 아래로 향한다."라고 단정하는 경향이 있다. 이로 인해 사용자는 창의 우측 아래에 정확한 버튼이 있다고 사전 인지 과정을 통해 생각해 버린다.

이런 인지 병목 현상에 대한 설명을 듣고 마이크로소프트는 화면을 다음과 같이 바꾸었다(그림 4-3). 그 결과 더 많은 사용자가 고객센터에 전화를 걸지 않고도 오피스 제품을 실수 없이 다운받을 수 있었다. 이런 과정을 거쳐 다행히도 오피스라는 밈은 계속해서 세계를 지배할 수 있게 되었다. 변경 전과 후의 버튼에 표시된 것은 "Download Now"로 같다. 하지만 새롭게 변경된 디자인에서는 게슈탈트 이론에 따라 의미와 그래픽이 일치되어 있다. 인지 병목 현상을 개선하기 위해 들었던 비용은 많지 않았지만, 그 효과는 엄청났다. 수백만 명의 사용자들이 사용하는 인터페이스에 조그마한 변화를 주었을 때 흔히 일어나는 일이다.

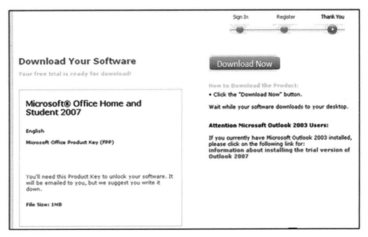

그림 4-3. 오피스 2007 다운로드 대화 창의 개선된 버전
디지털 미디어에 적용되는 게슈탈트 원리(그림 4-4)에 따르면 사람들은 다음과 같은 경우에 심각한 고민 없이 각 요소의 기능이 서로 연관되어 있다고 짐작했다.

1. 근접한 거리에 있을 때
2. 색깔이나 명암이 유사할 때
3. 크기나 형태가 유사할 때
4. 같은 방향으로 움직이고 있을 때(공동 운명)
5. 같은 선상에 있을 때
6. 같은 위치에 있을 때
7. 그래픽으로 연결되어 있을 때

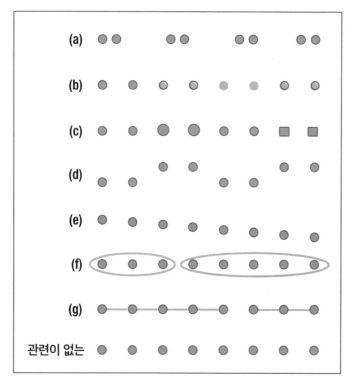

그림 4-4. 게슈탈트 원리에 의해 사전 인지적으로 어떻게 그룹이 나뉘는지 주의해서 보라.
(a) 근접 (b) 공통 색깔이나 명암 (c) 동일 크기나 형태 (d) 같은 방향의 움직임 (e) 동일 선상
(f) 같은 위치 (g) 그래픽 연결

    게슈탈트 원리를 이용하여 그래픽을 구성하면 당신이 사용한 그래픽 요소들의 의미를 유심히 살펴보지 않아도 잘 파악되는 장점이 있다. 이 경우 기능의 설명을 위해 텍스트를 많이 사용할 필요가 없어지게 된다. 사용자의 입장에서 당신이 디자인한 밈을 파악하기 위해 큰 노력을 들일 필요가 없어지는 것이다.

  게슈탈트 원리를 이용한 가장 좋은 예가 음악 게임 "록밴드와 기타 영웅 (Rock Band and Guitar Hero)"이다(그림4-5). 이 게임은 화면의 기타 지판과 기타 모양의 게임 컨트롤러 버튼이 색상과 위치 면에서 일치해 있다(왼쪽에서 오른쪽으로 초록색, 빨간색, 노란색, 파란색, 오렌지의 순으로 배열되어 있다). 게임에 대한 명확한 설명서 없이도 이 게임을 하는 사람들은 직관적으로 게임 방법을 알 수 있게 된다. 게슈탈트 이론을 매우 영리하게 이용한 게임이라고 할 수 있다. 덕분에 수백만 명의 게임 사용자들은 게임을 접하는 순간 금방 방법을 이해하고 게임을 즐길 수 있게 된다. 게임의 폭발적인 성공에 디자인의 큰 기여는 명백하다. 2007년 IGN은 "록밴드 게임은 지금까지 선보인 파티용 게임 중 가장 성공적인 게임"이라고 선언했다. 이 게임의 엄청난 성공으로 인해 제작사인 일렉트로닉 아트(Electronic Arts)의 CEO는 2007년 명절 휴가 시즌용 게임의 출시를 강하게 요구받고 있다고 인정하기도 했다.

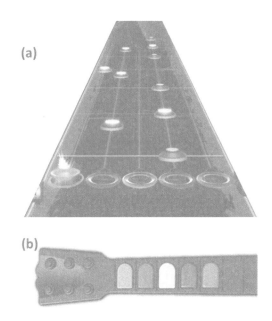

그림 4-5. 뮤직 비디오 게임의 (a) 디지털 기타 지판 (b) 기타 모양의 게임 컨트롤러

　반면, 게슈탈트 이론에 위배적인 예는 우리 주위에서 매우 흔하게 발견된다. 초기 TV 리모컨과 오늘날 리모컨의 차이에 대해 살펴보자(그림 4-6). 초기 리모컨의 경우 같은 크기의 버튼들이 열을 지어서 배열된 형태의 디자인을 사용하였다. 기능적 의미 전달을 위해 몇 가지 다른 색상을 쓰고 위치를 조정하긴 했으나 대부분은 버튼 위에 새겨진 글씨에 의존하는 방식이었다. 이러한 디자인은 두 가지 큰 문제점이 있다. 먼저 버튼의 기능을 파악하는 것에 노력이 필요하다는 것이다. 사용자는 그런 노력 대신 TV 시청에 더 집중하고 싶어 한다. 다른 문제점은 글씨를 읽을 수 없는 어두운 곳에서 손가락 끝의 감

각만으로는 원하는 버튼을 찾을 수 없다는 것이다. 최근 리모컨들은 위치 근접성, 형태, 색상을 다양하게 사용하여 디자인되어 있다. 물론 개선해야 할 여지는 여전히 존재하나, 오늘날의 디자인은 사용자들이 각 디자인 요소의 의미를 좀 더 쉽게 파악할 수 있도록 게슈탈트 인지 이론을 폭넓게 사용하고 있다고 할 수 있다.

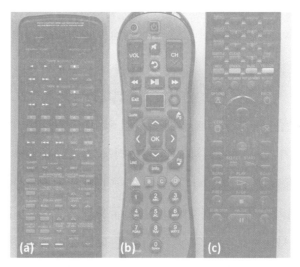

그림 4-6. TV 리모컨 초기 모델 (a)와 최근 모델 (b,c)

■핵심 포인트_ 당신이 디자인한 밈에 게슈탈트 인지 이론이 잘 적용된 경우, 사용자들은 깊이 생각할 필요 없이 그 기능을 이해할 수 있다. 하지만 게슈탈트 이론에 위배되는 디자인이라면 잘못된 추측을 불러일으킴으로써 정확한 기능을 사용하기 어렵게 된다.

제품과 관련된 또 다른 좋은 예가 있다. 우리가 운전하는 대부분의 차에는 비의 양에 따라 와이퍼의 동작 주기를 조절하는 기능이 장착되어 있다. 매우 간단하게 들린다. 하지만 왜 우리는 와이퍼 스위치를 어떤 방향으로 돌려야 하는지 알아내는 데 그토록 어려움을 겪는 것일까? 왜 매번 제대로 된 기능을 찾기까지 시행착오를 반복하는 것일까? 다른 식으로 표현하자면, 왜 이런 기능을 파악하는 데는 사전 인지 과정이 아니라 의식 인지 노력이 필요한 것일까? 근본적인 원인은 게슈탈트 원리에 위배되는 디자인에 있다.

그림 4-7의 사진에 나타난 와이퍼 작동 컨트롤러에 표시된 디자인을 자세히 보라. (a) 모델에 표시된 디자인에 의하면 와이퍼 작동 인터벌이 길어야 할 경우, 굵은 쐐기 모양 쪽으로 돌려야 하고 작동 인터벌이 짧을 경우, 얇게 표시된 쪽으로 돌려져야 한다. 하지만 이 디자인을 정확히 이해하기 위해서는 직관적인 인지와는 반대로 생각해야 한다. 굵은 쐐기/긴 작동주기는 비가 가볍게 왔을 때 사용해야 하고 얇은 쐐기/짧은 작동 주기는 비가 많이 오는 경우 사용해야 하기 때문이다. 더 문제는 스위치를 돌리는 방향이 비의 양과 직관적으로 반대 방향이라는 점이다(원래는 반대가 되어야 한다. 비가 적게 올 때는 스위치를 앞쪽 방향으로 돌리고 많이 올 때는 뒤쪽 방향으로 돌려야 했다). 매우 노력이 많이 드는 인지 과정이고 몹시 혼란스럽다.

하지만 그 오른쪽에 올바른 디자인 (b)가 표시되어 있다. 여기서는 쐐기 모양 막대의 상하가 (a) 디자인과 반대 방향으로 표시되어 있고 비의 양에 맞춰져 있다(얇은 쪽은 가벼운 비, 굵은 쪽은 많은 비). 또한 비가 많이 올 때는 스위치를 운전자 쪽으로 돌리고, 적게 올 때는 그와 반대쪽으로 돌리게 되어 있다. 훨씬 기능을 파악하기 쉽도록 디자인되어 있다(그래도 이해가 안 될 때를 대비해 빗방울 기호를 표시하여 정확한 기능을 사용하도록 했다). 두 번째 디자인에서는 게슈탈트 원리, 사전 인지 과정, 사용자 편의 지향적 방식으로 그래픽을 표시했다. 이에 따라 운전자가 중심와 시선을 옮기지 않더라도 디자인된 기능대로 제대로 작동할 수 있게 됐다.

그림 4-7. 차량 와이퍼 컨트롤러 (a) 직관과 일치하지 않는 디자인 (b) 게슈탈트 인지 원리에 부합하는 디자인

이것은 결코 사소한 문제가 아니다. 입법자들이 운전 중 스마트폰 사용으로 인한 주의 분산 문제를 심각하게 고려하기 시작했다면, 이미 차량 내에 존재하는 주의 분산 문제도 함께 조사해 보아야 하는 것 아닌가? 출근 시간 차량 정체로 좀 더 빠른 길을 찾기 위해 구불구불한 외곽 도로로 빠져나와 차

안에 갇혀 있는 운전자들은, 내비게이션 같은 유용한 밈에 집중해야 할 주의를 사용자 편의를 고려하지 않은 이런 차량 디자인에 뺏기고 있다. 사용자들은 사용자 편의를 고려하지 않은 소프트웨어에 대해서는 오랫동안 불만을 표해 왔다. 차량 디자인에 대해서도 새로운 고민을 해야 할 때가 되었다.

기능이나 그래픽을 디자인할 때 게슈탈트 원리를 따르지 않는다면 어떤 일이 일어날까? 이 경우 두 가지 유형의 오류가 발생한다. 관련이 없는 요소들이 서로 연결된 것처럼 인식되어 사용자들이 잘못된 기능이 부여된 것으로 오해하게 되거나(오류 유형 1), 서로 관련이 있는 요소들이 연결되어 있지 않아 사용자들에게 정확한 기능이 전달되지 않는 경우(오류 유형 2)이다.

잘못된 기능이 있는 것으로 추측하게 되는 오류 유형 1의 예로는 앞의 그림 4-6c에 표시된 TV 리모컨을 들 수 있다. 비디오 영상 재생을 일시 정지하고 난 후 재생할 때 많은 사람이 이런 디자인의 리모컨에서는 정지 버튼을 잘못 누르게 된다. DVD로 영화를 보고 있을 때는 문제가 되지 않는다. 하지만 넷플릭스나 아마존을 이용해 스트리밍으로 영화를 보고 있을 때는 문제가 다르다. 일시 정지 버튼을 잘못 누르게 되면 다시 재생되기까지 몇 번의 클릭과 함께 1-2분의 시간이 필요하고 그동안 방 안에 있는 사람들로부터 "뭐해!"라는 항의를 받게 된다. 게슈탈트 근접성 원리에 의해 사람들은 무의식적으로 일시 정지 버튼 옆에 재생 버튼이 있을 것으로 간주한다. 하지만 실제로는 재

생 버튼 대신 정지 버튼이 그 위치에 있다. 이 때문에 사용자는 재생 버튼 대
신 정지 버튼을 잘못 누르게 되는 것이다. 잘못된 기능이 부여된 것으로 오해
하게 되는 오류 유형 1의 또 다른 예로는 앞에서 설명했던 마이크로소프트
사이트의 다운로드 버튼이 있었다. 게슈탈트 이론상의 크기와 색깔 원리에
의해 일어난 오류이다.

　다음으로는 게슈탈트 원리 때문에 정확한 기능이 파악되지 않아 생기는
오류 유형 2의 사례를 살펴보자. 2013년 소셜 미디어 분석 툴을 판매하는
SimplyMeasured.com은 홈페이지 디자인을 새롭게 바꾸었다. 스크린샷을
보면 그들이 발행한 보고서 카탈로그가 개별 타일 형태로 디스플레이되어 있
다(그림 4-8a). 하지만 트위터에 관한 보고서는 어떤 경우에는 연한 파란색으
로 또 어떤 경우에는 빨간색으로 되어 있다. 이 때문에 서로 밀접하게 연관된
보고서들이 서로 관련 없는 것으로 간주되는 현상이 발생한다.(빨간색은 유튜
브 보고서에도 사용되고 있다.)

　사용자 편의 위주로 바뀐 홈페이지 디자인(그림 4-8b)에서는 트위터 보고
서는 모두 연한 파란색으로 페이스북 보고서는 모두 짙은 파란색으로 표시
되어 있다. 그리고 기타 보고서는 오렌지색이다. 카탈로그에 포함된 숫자, 보
고서 타입, 종류에 관한 텍스트 설명 없이 간단하게 색상과 의미를 재배열하
는 것만으로도 많은 정보를 주고받을 수 있음을 보여 주는 사례가 되겠다.

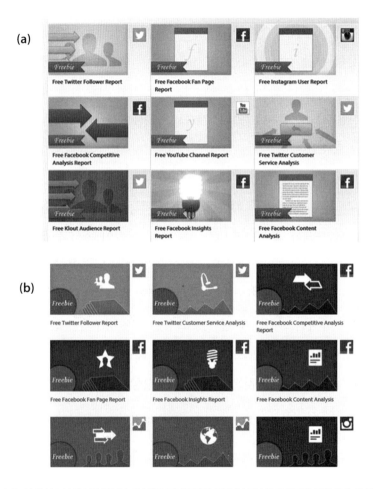

그림 4-8. 분석 보고서 디스플레이 (a) 게슈탈트 디자인 적용 이전 (b) 게슈탈트 디자인 적용 이후, 유사한 보고서는 근접 위치에 같은 그룹으로 묶어 놓았고 유사한 색상을 사용하여 표시하였다.

　　게슈탈트 인지 원리로 우리가 어떤 요소를 간과하게 되는 또 다른 예는 2007 마이크로소프트 오피스에 있는 "로젠지(lozenge)"이다(그림 4-9a). 많은 사람에게 이것은 로고처럼 보인다. 게다가 일반적으로 로고가 위치하는 앱 윈도우의 좌측 상단에 배치되어 있다. 사용자들은 이것이 단순한 로고일 뿐 어떤 기능이 부여된 버튼이라고 생각하지 않는다. 따라서 눌러 볼 생각도 하지 않게 된다. 하지만 실제로는 작업을 저장하거나 인쇄하는 기능을 가진 중요한 버튼이다.

　　우리가 가진 사전 인지 작용에 따른 잘못된 추측 때문에 이런 기능들이 간과된다. 이 경우 필요한 기능을 찾기 위해 여러 단계의 인지적 노력이 필요하다. 하지만 불행히도 이런 노력은 종종 별 성과 없이 끝난다.(매우 안타까운 일이다. 오피스 2007의 경우 사용성 측면에서 매우 훌륭한 것으로 평가받는 리본 기능이 포함되어 있었기 때문이다.) 2010년에 오피스는 로젠지 버튼을 포기하고 우리가 이미 익숙해져서 별생각 없이 쓰고 있던 오래된 "파일(File)" 메뉴로 돌아왔다(그림 4-9b).

그림 4-9. 파일 메뉴 (a) 마이크로소프트 오피스 2007 (b) 마이크로소프트 오피스 2010

인지 병목 구간에서 살아남을 수 있는 가장 효과적인 방법은 일반적인 게슈탈트 오류를 제거하는 것이다. 이런 일들은 특히 웹 사이트에서 자주 일어나고 있다. 이제 사용자들이 요소의 기능이 다른 요소와 관련이 있다고 생각한다는 것을 알게 되었으니 다음과 같이 해야 한다.

- 근접한 거리에 있는 경우, 중요한 링크를 웹 사이트 내에 일반적으로 광고가 게재되는 위치에서 다른 곳으로 옮긴다.

- 색깔이나 형태가 비슷한 경우, 클릭이 가능한 링크는 다른 색깔을 사용한다. 일반적인 텍스트를 파란색 혹은 밑줄로 표시를 하지 않는다.

- 크기나 형태가 비슷한 경우, 비디오를 재생하는 버튼을 표시하기 위해서 오른쪽을 향하고 있는 삼각형 외에는 쓰지 않는다.

- 같은 방향으로 움직이고 있는 경우, 위저드 스텝이나 체크아웃 프로세스를 탭으로 보이지 말고 화살표나 선으로 표시하라.

- 같은 선상에 있는 경우, 서로 연관 있는 요소들은 수평 이동 창에 표시하고 관련성 없는 것들은 제외하라.

- 같은 구역에 있는 경우, 서로 연관 있는 요소들은 박스 표시로 묶어 주고 관련성 없는 것들은 박스 바깥에 위치시켜라.

- 그래픽적으로 연결할 경우, 선을 긋고 점을 연결하라.

이것에 대해 마지막으로 하고 싶은 이야기가 있다. 때로는 연관성이 없는 것들끼리 서로 밀접하게 연결된 것처럼 보이기 위해 밈 개발자들이 의도적으로 게슈탈트 원리를 이용한다는 것이다. 오늘날 많은 광고는 마치 친구들이 올린 게시글이나 정상적인 뉴스 기사 같은 형식을 취하고 있다. 이런 형태의 "문맥 광고(contextual advertising)"는 매우 효과적이다. 비슷한 크기의 섬네일 사진, 유사한 색깔의 텍스트가 진짜 게시물 위치에 근접 배치되어 있어 사용자들의 클릭을 유도하기 때문이다. 하지만 2016년 미국 대통령 선거 때 페이스북의 사례처럼, 광고를 허용하면서 동시에 정식 기사도 게재할 때는 심각한 비난을 면치 못하게 된다. 게슈탈트 원리를 이용하여 정상적인 기사들 사이에 섞어 넣는 페이스북 광고에 일반적인 저널리즘 기준을 적용할 수 없기 때문이다.

또 다른 예로는 많은 사람이 좋아하는 "비극적인 사건 직전에 찍힌 23장의 사진"이나 "숨막히도록 멋진 15장의 역사적 사진"과 같은 제목을 달고 있는 인터넷 사이트가 있다. 어떤 경우에는 우리가 보인 관심만큼 괜찮은 내용이 있지만 그렇지 않은 경우도 많다. 이런 사이트의 경우 다음 사진을 보기 위해 클릭해야 하는 버튼 주변에 유사한 모양의 화살표 광고가 틀림없이 배치되어 있다.

ADVERTISEMENT

Lung Cancer Information
Learn More About a Treatment Option for Lung Cancer.
www.treatment-for-nsclc.com

f Share This Story On Facebook

Back 7/20 **Next**

그림 4-10. 슬라이드 쇼에 표시된 화살표 광고는 아래쪽에 배치된 Next 버튼과 유사한 기능이 있는 것처럼 혼선을 주기 위해 만들어진 것이다.

꽤 괜찮은 효과가 있는 광고 기법이지만 결국 사용자들은 유사한 종류의 광고에서와 마찬가지의 반응을 보이며 습관화되고 둔감해질 것이다. 실제 버튼과 유사해 보이도록 만든 이런 종류의 광고는 사용자들이 금방 눈치챈다. 그러면 처음에는 이런 속임수를 파악하기 위해 의식적으로 노력하던 것이 금방 조건 반사적으로 곧 사전 인지 반응으로 변하게 된다. 이런 경우 그와 같은 광고를 통해 벌어들이던 매출도 동시에 급감하게 된다. 속임수에 의해 클릭을 유도하는 것은 사용자들의 방문 목적과 일치하지 않아서 매출로 이어지지 않는 것이다. 이런 광고에 투자한 광고주들은 ROI(투자 대비 수익) 결과에 실망하게 된다. 사용자들의 목적에 밈을 일치시켜야 한다는 것이 다시 명백해지는 사례가 되겠다. 은행을 강탈할수록 사람들은 훔칠 돈을 은행에 남겨 두지 않게 되는 법이다.

5장
심도 인지

Depth Perception

   지난 장에서는 사용자들이 어떻게 그래픽 요소들의 의미를 정확히 파악하게 되는지 그리고 이것이 당신이 만든 앱이나 웹 사이트, 전체 운용 시스템의 성공에 얼마나 중요한 영향을 미치는지에 대해 살펴보았다.

   만약 당신이 만들어야 할 그래픽 요소가 공룡이고 밈은 비디오 게임이나 동영상 속의 특수 효과라면 어떤 일이 일어날까?(그림 5-1)

그림 5-1. 거리감은 특히 영화나 게임 디자인에 있어 대상이 되는 사물을 임팩트 있게 인지하는 데 핵심적인 역할을 하게 된다. 이미지는 스튜디오 와일드카드의 허락 아래 아크 서바이벌 이볼브드(ARK: Survival Evolved) 게임으로부터 가져왔다.

이런 상황이라면 당신이 만든 혁신적인 디지털 밈을 정확하게 사용자들이 인식하도록 만들기 위해 단순히 게슈탈트 원리에만 의존해서는 안 된다. 개발자들이 원하는 반응을 사용자로부터 이끌기 위해서는, 표현하고자 하는 대상이 3차원 공간을 차지하고 있는 것처럼 보여야 하고 나아가 사용자가 예측하는 방식으로 그 공간을 돌아다녀야 한다. 만약 아크 서바이벌 이볼브드나 쥬라기 공원(Jurassic Park) 같은 게임 속의 공룡들이 엄청나게 커 보이지도 않고 우리를 쫓아다니는 것처럼 보이지도 않는다면 이런 게임들은 틀림없이 실패할 것이다. 심지어 캐주얼 퍼즐 게임 캔디크러쉬(Candy Crush)에 나오는 캔디조차 실감나는 거리감을 사용자에게 줄 수 있어야 한다. 평면 게임인 스퀘어크러시(Square Crush)에 컬러를 입힌다고 하더라도 입체적인 캔디크러시만큼 많은 사람이 좋아할지는 의문이다.

여기서 해결해야 할 현실적인 문제는 대부분 모니터가 2차원 평판으로 구성된 평면이라는 점이다. 모든 것들이 평면 위에 디스플레이될 수밖에 없다는 한계를 가지고 있다. 그렇다면 어떻게 해야 평평한 것에 입체감을 줄 수 있을까?

여기엔 두 가지 방법이 있다. 하나는 특수한 촬영 방법을 사용하고 능동형 혹은 수동형 고글 같은 비싸고 멋진 하드웨어를 이용하는 것이다. 다른 하나는 상대적으로 저렴하고 효과적인 방법으로서, 소프트웨어를 이용하여 그래픽만으로 이런 효과를 만드는 것이다. 이 두 가지 방법에 대해 모두 설명하도록 하겠다. 그리고 왜 전자의 경우가 과거 사례에서 보듯 돈만 낭비하고 실패했으며 후자가 더 나은 방법인지에 대해서도 논할 것이다.

■ 핵심 포인트_ 입체감을 주기 위해서 특수한 촬영 방법을 사용하고 두 눈에 약간 다른 이미지를 투사해 주는 특수 안경을 쓰는 방법이 있다. 하지만 그래픽을 이용하면 저렴한 비용으로도 같은 효과를 얻을 수 있다.

하드웨어적인 방법으로 입체감을 주기 위해서는 왼쪽과 오른쪽 눈에 각각 다른 이미지를 투사해야 한다. 이 두 이미지는 같은 대상물을 약간 다른 각도에서 바라볼 때 얻어지는 이미지이다. 우리의 눈은 1~2인치 정도 간격을 두고 서로 떨어져 있어서 이러한 망막 부등(retinal disparity) 현상이 발생한다. 그리고 양쪽 눈의 보는 각도가 조금 달라서 망막에 맺히는 이미지도 약간 달라진다. 이 경우 우리 눈은 대상이 되는 사물을 배경의 일부라고 인식하지 않고 입체적 사물로 인식하게 된다(그림 5-2). 이 현상을 입체시(stereopsis)라고 부른다.

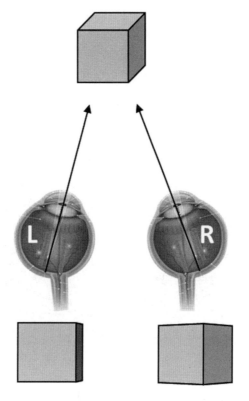

그림 5-2. 망막 부등. 양쪽 눈 사이의 거리 때문에 정육면체가 각각 다른 이미지로 양쪽 눈에 맺히게 된다.

　서로 약간 다른 두 장의 아이슬란드 조랑말 사진을 이용하면 입체적인 효과를 얻을 수 있다(그림 5-3). 각각의 사진을 따로 놓고 보면 그냥 평면적인 이미지이다. 양쪽 눈이 동시에 같은 사진을 보기 때문이다. 하지만 우리 눈으로부터 18인치 정도의 거리에 두 장의 사진을 놓은 후 사진의 몇 피트 뒤에 초점이 있다고 생각하고 이 사진들을 보라("매직아이" 사진을 볼 때와 같은 방법이다). 이렇게 되면 두 눈의 초점이 각각 사진 위에서 교차하며 맺혀지지 않는다. 대신 초점을 사진 뒤쪽에 둠으로써 왼쪽 눈에는 왼쪽 사진 오른쪽 눈에는 오른쪽 사진이 맺혀지게 되는 것이다. 이렇게 보고 있으면 어느 순간 갑자기 입체적인 이미지가 두 사진의 중간쯤에 나타나게 된다.

그림 5-3. 좌우측 이미지가 약간 다른 사진 뒤에 초점을 놓고 보면 입체감 있는 사진이 나타났다.

이것이 바로 입체와 관련된 환상이다. 이럴 때 우리는 아이슬란드 조랑말을 보고 있는 것이 아니라 아이슬란드에 직접 와 있는 것처럼 느끼게 된다. 이런 식으로 영화를 보거나 비디오 게임을 하는 내내 사팔뜨기 눈을 할 수 있으면 얼마나 좋겠는가. 하지만 사용자들은 금방 두통에 시달리게 될 것이다. 이것을 방지하기 위해 오랜 세월 개발자들은 양쪽 눈에 각각 다른 이미지를 투사해 주는 하드웨어를 출시해 왔다. 이 밈 중 어떤 것들은 한동안 인기를 얻었으나 대부분은 밈 풀에서 사라졌다. 어떤 것은 시장에 출시조차 되지 못한 것도 있다. 다양한 종류의 입체 안경들은 밈 풀의 대표적인 사례로 볼 수 있다.

"액티브 고글" 혹은 "입체 안경"이라 불리는 이런 장치들은 두 눈에 각각 다른 이미지를 보임으로써 우리 눈이 입체적인 영상을 볼 수 있게 해 주는 일종의 미니 영화관이라고 할 수 있다. 요즘 나오는 고글들은 스마트폰을 넣을 수 있다. 아이슬란드 조랑말 같은 사진이 둘로 나뉘어 스마트폰에 표시되는 것이다(그림 5-4). 더는 사팔뜨기 눈을 할 필요가 없어졌다. 하지만 이런 장치들이 사람들에게 사랑받기에는 대부분 너무 크고 거추장스럽다는 문제가 있다(1929년에 출시된 뷰 마스터라는 제품으로 공전의 히트를 쳤다). 보통 크기와 관련된 문제는 세월이 지나면 기술의 발달로 자연스럽게 해결되기 마련이다. 다만 어떤 것을 축소하는 기술은 대부분 가격 상승을 동반하게 된다는 것이 문제였다.

그림 5-4. 가상 현실 헤드셋

이런 이유로 "패시브 고글" 역시 동시에 진화하고 있는데 두 개의 다른 이미지가 같은 스크린 위에 서로 겹쳐지도록 투사되는 방식이다. 이때 패시브 고글은 스크린에 겹쳐진 두 개의 이미지를 각각 한쪽 눈에만 전달하는 역할을 한다. 이렇게 되면 양쪽 눈에는 약간 다른 각도에서 보는 각기 다른 이미지가 맺히게 된다. 이런 원리에 의해 결과적으로 입체적인 느낌을 받을 수 있게 된다(그림 5-5). 1950년에 출시된 패시브 고글은 적색과 청색의 이미지를 겹쳐 놓고 적색과 청색 셀로판 렌즈를 통해 보았다. 이 경우 셀로판 렌즈와 같은 색깔의 이미지는 지워지고 다른 색깔의 이미지만 남는다. 이런 원리로 양쪽 눈에 각각 다른 이미지가 보이는 것이다. 그 창의적인 아이디어에 박수를 보낸다. 하지만 적색과 청색 셀로판 렌즈가 끼워진 패시브 고글을 통해서는 사물이 가진 자연색을 볼 수 없다는 문제가 있다. 이것은 심각한 문제이다. 지난 장의 게슈탈트 원리에서도 보았듯이 사물을 제대로 해석하기 위해서는 입체감뿐만 아니라 색상도 매우 중요한 정보가 되기 때문이다. 이를 해결하기 위해 최근에 개발된 기술은 두 개의 편광 이미지를 편광 고글을 쓰고 보는 것이다. 한 프레임은 북동-남서 방향으로 편광된 빛으로 이루어진 이미지를 보여 주고 다음 프레임은 북서-남동 방향으로 편광된 빛으로 이루어진 이미지를 보여 주는 방법이다.

편광 렌즈의 편광 방향을 서로 반대되는 방향으로 맞추어 놓으면 한쪽 눈에는 둘 중 하나의 이미지만 잡힌다. 이 원리를 쉽게 이해하려면 블라인드가

쳐진 창문을 통해 하얀색 펜스를 바라보는 장면을 연상하면 된다. 수평 블라인드를 통해서는 펜스가 보이지만 수직 블라인드를 통해 보면 펜스가 보이지 않게 되는 원리이다. 이 기술은 뛰어난 효과를 보였고 영화나 TV 모두에서 사용 가능하다는 장점도 있다. 하지만 가장 큰 문제는 화면이 어둡다는 점에 있다. 마치 선글라스를 끼고 화면을 보는 것 같았다.

그림 5-5. 패시브 고글은 왼쪽이나 오른쪽 중 한쪽 이미지를 제거하기 위해 색깔이 있는 렌즈나 편광 렌즈를 사용한다. 두 이미지가 겹쳐지면 입체감을 주는 이미지로 바뀌게 된다.

하지만 이런 사소한 불편함 때문에 3D 프로그래밍이 발전하지 못하는 것은 아니다. 그리고 이런 기술을 사용한 제품들이 항상 비싼 것도 아니다(물론 고글이 필요 없는 3D TV 초기 버전은 1년 치 식비와 맞먹을 정도로 비싸긴 하다). 3D 기술 발전의 가장 큰 저해 요인은 영화나 게임 제작 시 비용이 엄청나게 증가하는 것에 있다. 3D와 2D 버전을 동시에 내놓기 위해 각각 다른 카메라, 각도, 편집을 통해 두 가지 버전의 작품을 따로 제작해야 하기 때문이다. 사용자들이 3D에 엄청난 관심을 보이고 이에 따라 수요가 폭증하지 않는 이상 이렇게 높은 비용이 드는 일을 제작자들이 자발적으로 하기 어렵다.

초기에 사람들은 3D 영화에 엄청난 관심을 보였다. 2009년 개봉된 〈아바타〉 3D 버전은 개봉 첫 주에 2D 버전보다 3배나 많은 수입을 벌어들였다. 그후 2010년 개봉된 〈이상한 나라의 앨리스〉 3D 버전의 경우 2D 버전보다 2배 많은 수입을 벌었다. 하지만 그 이후로는 3D 영화가 계속해서 하향 곡선을 그리고 있다(그림 5-6). 2010년의 〈토이 스토리〉 3D에서는 3D와 2D의 수입이 같았고, 2010년의 〈해리포터와 죽음의 성물〉의 경우 3D에서 벌어들인 수입이 오히려 2D보다 적었다. TV 채널의 경우 ESPN, BBC, DIRECTV 등은 모두 3D 프로그램을 감축하거나 폐지하였다. 시청자들이 LED, LCD, 플라즈마 TV 등 기종과 무관하게 모든 TV에서 쉽게 3D 프로그램을 시청할 수 있었음에도 내려진 결정이었다. 시청자들이 해야 할 일은 3D 시청 모드로 TV를 전환한 후 패시브 고글을 쓰는 것이었다.

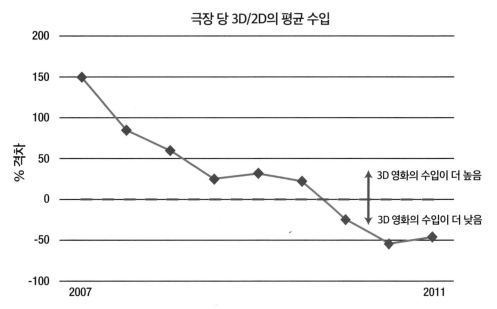

그림 5-6. 3D와 2D 영화의 관객 입장 수입 차이. 그래프상의 각각의 점은 가장 히트한 영화 5편의 평균값이다.

3D 영화 수입의 감소 경향에서 우리는 한때 유행하다 사라지는 것들의 공통적인 특징을 볼 수 있다. 처음에는 호기심에 사용해 보지만 계속 사람들의 관심을 붙들어 두지는 못하는 것이다. 사실 이러한 현상은 1950년대 등장한 3D 영화와 카드보드로 만든 적청 3D 안경에서도 이미 경험한 바 있다. 많은 전문가가 이에 대한 원인 분석에 나섰었다. 우리가 분석한 바로는 이미 대부분 영화나 비디오 게임들이 소프트웨어만으로도 상당한 입체적 감각을 느낄 수 있도록 그래픽 효과를 적용하여 제작하고 있다는 것이 가장 큰 이유였다. 사람들에게 최초로 3D 경험이라는 기술적 혁신을 제공한 것은 하드웨어 기

반의 입체 영상만은 아니었다. 그것은 단지 3D를 구현할 수 있는 여러 기술 중 하나였을 뿐이다. 지금까지 선보인 3D 밈들은 2D 밈 대비 확실하게 경쟁 우위에 서는 데는 실패했다. 3D 밈을 즐기기 위해 거추장스러운 헤드기어를 비롯한 여러 장비를 투자할 만큼 획기적으로 우위에 서는 경험을 제공하지 못하고 있기 때문이다.

반면, 단안 깊이 단서(monocular depth cues)라고 불리는 생각보다 어렵지 않은 그래픽 기법만 가지고도 평면적인 사물에 거리감을 주어 충분히 입체적으로 만들 수 있다. 입체 고글이나 평면 모니터 없이도 가능한 기술로 심지어 한쪽 눈밖에 없는 사람들에게도 적용할 수 있다. 가장 널리 알려진 기법으로는 광원 벡터(light source vector)가 있다. 사람들은 밝게 빛나는 면은 광원을 향해 있고 어두운 면은 광원 반대쪽을 향해 있다고 무의식적으로 느낀다. 이런 점을 이용한 것이다. 이외에도 우리는 다음과 같은 경우에 사물이 더 멀리 있다고 느끼게 된다.

다른 사물에 의해 일부 가려져 있는 경우(interposition, 삽입)

우리가 잘 알고 있는 크기의 사물에 비해 더 작아 보이는 경우(상대 크기, relative size)

평행할 것으로 예상한 수렴선이 모이는 좁은 끝단에 위치하는 경우(직선 원근법, linear perspective, 그림 5-7a)

시야 내의 다른 사물보다 흐려 보이고 덜 선명해 보이는 경우(결 구배, texture gradient, 그림 5-6b)

그 사물로부터 반사된 빛이 번져 보이고 뿌옇게 보이는 경우(색 투시, atmospheric perspective, 그림 5-6c)

반사된 빛의 초점이 흐려 보이는 경우(피사계 심도, depth of field)

머리를 좌우로 흔들어도 위치 변화가 적은 경우(운동 시차, motion parallax: 이때 많이 움직이는 사물은 가까이 있는 것으로 인식했다.)

그림 5-7. 입체 안경 없이 원근감을 느끼게 되는 경우

　이번에는 그림 5-8의 두 공룡 그림을 비교해 보자. 적절하게 앞에서 나열한 원리들을 이용한 그림 5-8a가 그림 5-8b에 비하면 훨씬 더 입체적으로 보임을 알 수 있다.

그림 5-8. 비디오 게임에 등장하는 다른 입체감의 공룡

- 광원 벡터 : 상단 그림 (a)에서 총, 사람, 공룡의 측면이 빛을 향하고 있는 경우 더 밝고 반대 측면은 어둡게 표시되어 있다. 이를 통해 3차원 입체 물체가 약한 햇빛에 반사되고 있다고 인식하게 된다. 하단 그림 (b)에서는 같은 기법을 바위에 적용했지만, 공룡이나 나무에는 적용하지 않았다. 따라서 결과적으로 그림이 평면적으

로 느껴졌다.

- **삽입** : 상단 그림 (a)에서 공룡이 나무와 건물 잔해를 가리고 있다. 이로 인해 공룡이 더 가깝게 있다고 느끼게 된다. 실제로 모든 이미지가 완벽하게 평면 위에 있고 어떤 것도 더 가깝거나 멀지 않다는 사실을 잊어버리게 되는 것이다.

- **상대 크기** : 상단 그림 (a)에 나온 공룡은 두 사람 옆에 위치해 있다. 우리는 무의식적으로 사람의 키가 180cm 정도라고 가정한다. 이 때문에 공룡의 크기가 사람의 키와 비교해서 건물 높이만큼 크다고 느껴지는 것이다. 하단 그림 (b)에는 공룡의 크기를 비교할 수 있는 물체가 없다. 공룡은 닭 뼈를 씹고 있는 고양이와 같은 크기일 수도 있다.

- **직선 원근법** : 상단 그림 (a)에서 건물 잔해의 벽이 기울어져 모인 것처럼 보이지만, 우리는 많은 경험을 통해 실제로는 벽들이 평행한다는 것을 알고 있다. 이 기법으로 실제 평면인 이미지가 우리에게는 입체감 있는 건물로 느껴지는 것이다. 반면 하단 그림 (b)에서는 이런 기법이 적용되어 있지 않다.

- **결 구배** : 상단 그림 (a)에서 공룡 얼굴의 주름 하나하나가 자세하게 보이지만 발, 배, 꼬리 부위에서는 질감이 흐릿하고 거의 보이지 않는다. 이로 인해 공룡의 꼬리가 뒤쪽 배경을 향해 뻗어 있다고 느끼게 된다.

- 색 투시 : 상단 그림 (a)에서 배경에 보이는 산, 건물 잔해, 나무들이 산란된 빛에 가려져 있다. 경험에 의하면 우리는 사물들이 멀리 있는 경우 이렇게 보인다는 사실을 알고 있다.

- 운동 시차 : 이 기법을 느끼려면 움직임이 필요하다. 비디오 게임에서 이 기법의 적용은 엄청난 발전을 가져왔다. 컨트롤러로 우리의 아바타를 오른쪽과 왼쪽으로 움직일 때 수준 높은 비디오 게임의 경우 가까운 물체들은 많이 움직이고 멀리 있는 물체들은 움직임이 거의 없음을 알 수 있다. 상단 그림 (a)에서 우리의 머리를 좌우로 흔들 때 가까이 있는 총은 많이 움직이고 멀리 있는 건물의 잔해는 적게 움직일 것이다. 이러한 이런 효과로 인해 거리감이 생생하게 살아나는 것이다.

결론은 다음과 같다. 훌륭한 기술이긴 하지만 너무 비싸고 거추장스러운 중심와를 위한 소형 영화관에 투자하기 전에 그래픽 기술만으로도 충분한 입체 효과를 얻을 수 있는지 검토할 필요가 있다. 만약 불충분하다면 그런 효과를 줄 수 있는 그래픽 기술들을 더 적용해 보라. 반면, 이미 입체 효과를 얻는 데 필요한 원리들을 충분히 적용하고 있다고 판단되면 더는 입체감에 신경을 쓸 것이 아니라 스토리에 더 집중하도록 하라.

6장
운동 인지

Motion Perception

지난 100년간 우리는 빠른 속도로 정지 사진을 슬라이드 쇼 형식으로 보여주는 것을 가리켜 "영화(movie)"라고 불러왔다. 아이러니하게도 영화에 쓰이는 것은 정지 사진이며 여기에 움직임(move)이 있는 것은 없다. 그렇게 본다면 엔터테인먼트 업계 전체가 움직임에 대한 환각(illusion) 위에 세워져 있다는 것이 더는 비밀이 아니라고 할 수 있다.

지난 100년간 영화 산업계에 종사해 온 뭇 개발자들은 영화 산업의 성공 원인을 잘못된 심리적 경향에서 찾아왔다. 기분 나쁘게 생각하지는 말길 바란다. 많은 심리학자들 역시도 비슷한 오류에 빠졌었기 때문이다.

이러한 오해를 정리하는 것은 중요한 의미가 있다. 영화나 비디오 게임 제작자들이 최첨단 기술의 힘으로 신나는 액션 장면을 선보이려 할 때 현실적으로 어떤 난관에 부딪힐지 미리 파악할 수 있게 해 주기 때문이다. 지난 장에서 설명했던 것과 마찬가지로 이런 병목 구간을 돌파하기 위해서는 기술 군비 경쟁을 벌여야 할지 스토리텔링에 더 집중해야 할지 우선순위를 정해야 한다.

　움직임의 혼동은 어디에서 시작된 것일까? 영화가 디지털화되기 전에는 필름 속 사진들이 하나씩 내려와서 한동안 불빛에 비춘 후 다음 사진이 내려오도록 영사기가 구성되어 있었다. 하지만 사진을 프레임 단위로 끌어내리는 방식으로는 선명한 영상을 얻을 수 없다. 눈앞에서 손을 흔들면 손이 번져 보이는 것과 같은 원리이다. 영상의 번짐 현상을 제거하기 위해서는 프레임이 빛 앞에 순간적으로 멈추는 순간에 "셔터"라고 불리는 금속 장치가 필요하다 (그림 6-1). 그 당시 수수께끼는 "왜 셔터의 깜빡임을 사람들은 인지하지 못할까?"였다. 셔터에 가려지는 깜깜한 순간이 16밀리세컨드보다 짧은 경우에는 사람들의 눈에 보이지 않는다. 왜일까?

그림 6-1. 1970년대 사용되었던 영사기의 3중 날개 셔터

이 질문에 답하기 위해 우리는 "기억"이라는 현상에 대해 살펴보아야 한다. 하지만 이것으로는 인간이 어떻게 동작을 인지하는지 설명할 수 없음은 미리 경고해 두어야 겠다. 넓게 정의하자면 기억이란 지금은 없어진 어떤 지점을 통과하여 무엇인가가 지나갔다는 느낌이 보존되는 신경 세포의 능력이다. 유기 생명체가 지닌 특별한 능력이라고 할 수 있다. 우리의 감각 기관을 자극하는 것이 사라져도 의식적으로 다시 그 순간을 불러와서 경험할 수 있도록 해주는 무엇인가가 우리 안에 남기 때문이다. 이것은 몇초 후는 물론 100년 후까지도 가능한 일이다. 신경 미디어야말로 픽셀, 영화 필름, 종이에 훨씬 앞서 존재한 가장 원초적인 미디어였다.

당신의 밈이 살아남기 위해 통과해야 할 다음 병목 구간은 바로 기억에 남는 것이다. 기억에 남는다는 것은 그 대상을 나중에 다시 꺼낼 정도로 사용자가 그 가치를 높이 평가했음을 뜻한다. 불행히도 우리 감각을 자극했던 것들의 대부분은 기억에 남지 않는다. 이 세 번째 병목 구간을 통과하지 못하고 기억에서 사라지는 밈들은 우리 감각 영역을 벗어나는 순간 존재하지 않았던 것과 마찬가지의 상태가 된다.

영상 기억(iconic memory)은 인간이 첫 번째로 경험하게 되는 가장 짧은 감각 보존 방법이다. "감각 기억" 혹은 "잔상"이라고도 부른다. 이것은 길어야 1/4초 정도 지속되는 기억이다. 다른 것에 의해 대체되지 않는 한 그 정도는 지속된다. 여기에도 중심와 시선이 관련되어 있다. 대부분의 감각 세포들은 자극이 사라지고 나면 매우 빠른 속도로 원상태로 돌아간다. 망막의 주변시에 분포하는 간상 세포도 마찬가지이다. 하지만 중심와에 분포하는 원추 세포나 그 뒤쪽의 신경절 세포들은 광자가 닿은 후 250밀리세컨드까지도 그 효과가 계속된다. 이미 지나간 것에 대한 느낌을 계속 유지하도록 해 주는 것이다.

누군가가 어둠 속에서 폭죽을 쥐고 흔들게 되면 우리는 그 잔상을 보게 된다. 우리가 보고 있는 것이 급속히 사라지는 영상 기억의 흔적인 것이다(그림 6-2). 실제로 잔상은 존재하지 않는다. 우리가 눈 깜박임을 거의 인식하지 못하는 것도 영상 기억 덕분이다.

그림 6-2. 영상 기억으로 인한 폭죽의 흔적

그렇다. 영화의 각 프레임은 영상 기억에 남기 때문에 다음 프레임이 내려오는 동안 "셔터"가 빛을 가리는 순간의 깜깜함을 메우는 것이다.

■ **핵심 포인트_** 당신이 만든 밈이 넘어야 할 다음 병목 현상은 사용자의 기억에 남는 것이다. 영상 기억은 가장 간단한 첫 번째 형태의 기억이다. 다음 4개의 장은 더 긴 시간 동안 존재하는 형태의 기억에 대해 다룰 것이다.

이 현상에 대한 설명은 백 년 전이나 지금이나 매우 명료해 보인다. 그리고 지금도 여전히 유효하다. 컴퓨터 모니터가 일정한 "리프레시 속도" 이상이 되는 경우 깜박임을 느낄 수 없는 것도 이런 원리 때문이다. 하지만 그 설명이 너무도 명료하여 오히려 지나치게 사용되는 면이 있다. 많은 사람은 우리가 움직임을 보는 것이 영상 기억 때문이라고 이야기한다. 하지만 우리가 눈 깜박임을 느끼지 못하는 것의 원인으로만 영상 기억을 지목할 수 있다는 것이 더 정확한 설명일 것이다. 이런 식으로 생각해 보라. 영상 기억은 눈의 신경에 의해 이뤄지고 약간의 어둠을 메울 정도의 능력이 있다. 하지만 더 복잡한 움직임을 인식하기 위해서는 영상 기억으로는 부족하다. 두뇌와 함께 더 높은 수준의 인지 능력이 필요하기 때문이다. 이런 식의 움직임에 대한 오해는 단지 밈 개발자들만이 범하는 것은 아니다. 심리학자들 역시 마찬가지다. 아마도 운동 인지에 대한 우리의 집단적 이해도가 매우 초보적인 수준에 머물러 있기 때문일 것이다.

여기 우리가 알고 있는 것이 있다. 우리 뇌의 후방에 위치하는 후두엽 내에는 특정 방향이나 벡터에 해당하는 움직임이 있을 때만 작동하는 개별 신경 세포 혹은 신경 경로가 존재한다. 북쪽에서 남쪽으로 움직이는 것에만 반응하는 신경 세포가 있고 북서쪽에서 남동쪽으로 움직이는 것에만 반응하는 세포가 있는 식이다. 더 복잡한 패턴으로 움직이는 것에만 반응하는 세포도 있다. 이런 면에서 본다면 움직임을 인지하는 능력은 타고난다고 해도 틀린 말은 아니다.

살아 있는 생명체의 움직임과 같은 복잡한 동작을 인지하는 데는 4장에서 다룬 바 있는 게슈탈트 원리가 매우 중요한 역할을 한다. 그림 4-4에서 소개한 바 있는 게슈탈트 원리 (d)에 의하면 같은 방향으로 움직이는 것들은 서로 연관된 것으로 인지된다. 두 개의 점이 같은 방향으로 움직인다고 뇌가 인식하면 점들을 분리된 물체가 아니라 합쳐진 하나의 사물에 속하는 것으로 간주하게 된다. 게슈탈트 이론의 창시자 중 한 명인 베르트하이머(Wertheimer)가 공동 운명(common fate)이라고 불렀던 원리이다. 이 원리에 의해 우리는 여러 점이 따로 움직이는 것이 아니라 공룡, 자동차, 우주선과 같은 하나의 구조물이 한꺼번에 움직이는 것으로 느끼게 되는 것이다.

1973년 스웨덴의 심리학자 군나르 요한손(Gunnar Johansson)은 이를 증명해 보였다. 그는 10개의 점으로 이루어진 매우 단순한 동영상을 만들었다. 어떻게 이것이 가능한지 설명하기 위해 점들을 표시했다(그림 6-3). 그리고 서로 짝이 되어 같이 움직일 점을 알파벳으로 표시해 놓았다. 요한손이 학생들에게 보여 준 애니메이션 영상에서는 같은 알파벳으로 표시된 점들이 같은 방향으로 움직이고 있는 것으로 보인다. 최소한의 그래픽 요소들로만 만든 영상이었지만 모든 학생은 영상을 통해 어떤 사람이 걸어가고 있는 것을 봤다. 공동 운명 게슈탈트 인지 원리에 따라 A로 표시된 점들은 머리와 몸통, B와 C는 팔 그리고 D와 E는 다리로 보인다. 게슈탈트 인지와 운동 인지 신경 세포의 조합으로 인해 학생들의 뇌는 점들의 움직임을 걸어가는 인간으로 받아들이게 되는 것이다.

요한손은 이번에는 점들의 움직임에 사인 곡선 패턴이나 다른 복잡한 패턴을 적용해 보았다. 그러자 학생들은 점들의 움직임에서 어떤 사람이 자기들 쪽으로 걸어오거나, 달리거나, 자전거를 타는 모습 그리고 심지어 파트너와 춤을 추고 있는 모습까지 볼 수 있게 되었다.

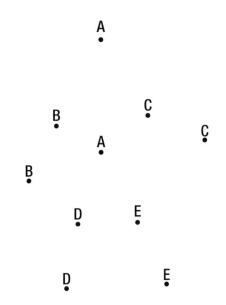

그림 6-3. 같은 방향으로 움직이고 있는 점(같은 알파벳으로 표시되어 있음)은 단일 구조물의 일부로 보인다(팔, 다리, 몸통).

　그렇다면 우리는 어떻게 움직임을 느끼게 되는 것일까? 영상 기억으로는 설명이 안 된다. 신경 세포 단위에서의 시각적 벡터 분석(visual vector analysis)과 게슈탈트 원리 중 공동 운명이 동시에 작용한 결과이다. 움직이는 점으로 만든 또 다른 영상이 있다. https://youtu.be/pNe6fsaCVtI. 45초와 55초 사이에 보이는 두 개의 하얀 점들은 서로 독립적으로 움직이는 것으로 보인다. 하지만 55초와 1분 05초에 하얀 점들이 더해지면서 마법과 같은 일이 일어난다. 공동 운명 게슈탈트 원리에 의해 4개의 점이 하나로 합쳐져서 회전하는 어떤 물체로 보이게 되는 것이다.

이 예에서 알 수 있는 것은, 당신이 만약 영화나 비디오 게임 제작자라면 움직임 표현이 입체감을 표현하는 것보다 쉽다는 점이다. 어떤 사람이 석양을 향해 걸어가는 것을 표현하기 위해서는 10개의 점과 수렴하는 두 개의 선만 있으면 충분하다. 물 흐르듯 자연스러운 움직임을 표현해야 하는 것이 아니라면 그것만으로도 충분한 것이다. 물론 자연스러운 움직임을 표현하려고 하면 난이도는 어려워진다.

이런 종류의 밈을 제작할 때는 단계적 운동 인지(successive motion perception) 또는 연속적 운동 인지(fluid motion perception) 중 어떤 수준의 운동 인지도를 달성해야 할지 결정해야 한다. 단계적 동작은 구현하기는 쉽지만 자연스럽지 않다. 이 수준의 운동 인지는 정지 프레임의 전과 후에 그 동작이 멈춘다는 것을 알고 있음에도 다음 동작의 위치가 처음과 비교하여 달라졌다는 것을 깨닫는 것만으로 가능하다. 물 흐르듯 자연스러운 동작은 이동이 일어날 때 보이는 인위적인 어색함이나 깜박임이 보이지 않도록 별도의 처리를 해야 가능하다. 이 경우 훨씬 실물의 움직임에 가까운 동작이 구현될 수 있게 된다.

그림 6-4. 초기 비디오 게임은 연속적 동작보다는 단계적 동작을 보이는 화면으로 구성되어 있다.

    이것을 설명하기 위해 1982년에 출시된 3D 몬스터 메이즈(Monster Maze)라는 미로 찾기 게임을 살펴보자(그림 6-4). 이 게임은 초당 6프레임(fps, still frames per second)으로 프로그램이 구성되어 있다. 이 정도 fps는 움직이는 영상이라고 부를 수 있는 것 중 가장 낮은 수준이다. 2013년에 개봉된 영화 〈호빗(Hobbit)〉은 48fps로 제작되었다. 비디오 게임 할로(Halo) 시리즈의 경우 30fps로 제작되었다. 그리고 대부분의 35밀리 영화의 경우 24fps의 화면 리프레시 속도로 제작된다. 3D 몬스터 메이즈의 경우 보는 사람들이 연속 동작으로 느끼기에 필요한 최저 프레임 수인 12fps보다도 훨씬 느린 수준이다. 이로 인해 공룡 렉스의 움직임이 뚝뚝 끊어지고 점멸등 아래에서 움직이는 것처럼 보이게 된다. 동영상에 쓰인 개별 프레임을 인지할 수 있는 수준의 느린 속도이기 때문에 나타나는 현상이다. 하지만 여전히 우리는 공룡 렉스가 움직이고 있다고 느낄 수 있다. 다만 자연스럽지 않고 단속적인 움직임으로 느껴질 뿐이다.

12fps의 프레임으로 자연스러운 움직임을 구현할 수 있다면 왜 굳이 다른 제작자들이 4배나 빠른 속도로 움직이는 영상을 찍으려 할까? 느린 속도의 프레임(저렴한)으로는 표현하기 힘든 무언가가 있다. 일정 수준 이상의 영상을 원하는 전문가들로서는 이런 질적 저하는 견디기 힘든 일이다.

어떤 것들이 나빠지는가? 첫 번째로 꼽을 수 있는 것이 파노라마 촬영이다. 사진 한 컷에 담기 힘든 아름다운 풍경을 표현하고 싶을 때가 있다. 이런 경우 카메라를 움직여가며 전 풍경을 찍게 된다. 하지만 움직이는 속도를 너무 빨리하면 자연스러워야 할 움직임이 단속적인 움직임으로 느껴지게 된다. 그러면 마치 점멸등 아래에서 움직이는 것 같거나 흔들리는 것처럼 보이게 된다. 그렇다면 전체 풍경을 다 담기 위해 카메라를 움직일 때 얼마나 빨리 움직여야 문제가 없을까? 전문가들은 1초에 3도 이상 움직이면 안 된다고 한다. 이 경우 한 프레임이 담을 수 있는 폭의 영상을 찍기까지 7초의 시간이 걸린다. 90도를 찍으려면 30초가 걸리고 180도를 다 찍으려면 1분이 걸린다는 결론이 나온다! 영화 상영 시간으로 보자면 엄청나게 긴 시간이다. 제작 책임자라면 당신이 줄거리의 진전도 없는 단순한 풍경을 찍는 데 관람자의 관심을 낭비하는 것을 묵인하지 않을 것이다. 그리고 영화의 핵심 장면에나 집중하라는 압력을 받을 것이다. 해결하기 쉽지 않은 딜레마이다.

다음으로 당신을 더 힘들게 만드는 것이 있다. 매우 빠른 속도로 움직이는 대상을 표현하는 것이다. 제트기, 미사일, 우주선, 운석, 천둥의 신 토르의 해머를 비롯한 멋진 것들은 대부분 빠르다. 이때 앞의 경우와 같은 현상이 벌어진다. 대상이 빨리 움직이면 움직일수록 프레임 속도가 따라가지 못하여 움직임이 자연스러워 보이지 않는다. 사진의 해상도를 아무리 높여도 해결할 수 없는 문제이다. 2013년 피터 잭슨은 영화 〈호빗〉을 48fps 프레임으로 제작했다. 그는 관람객들이 멋진 풍광에 숨을 멈추는 모습을 보고 싶었다. 또한 오크(Orc)의 화살이 실제로 움직이는 장면도 보여 주고 싶었다. 이런 이유로 잭슨은 프레임 속도를 높여 영화를 제작하였다. 비디오 게임에서나 사용되던 높은 수준의 액션 장면을 따라가고 싶었다. 비디오 게임의 경우에는 PC 모니터가 표현할 수 있는 프레임 속도가 30fps나 됐기 때문에 가능한 일이었다. 하지만 그 당시 영화 제작자들에게 48fps는 현실적으로 따라가기 힘든 속도였다.

■ 핵심 포인트_ 거리 감각과 마찬가지로 운동 인지의 경우 병목 구간을 통과하는 것이 낮은
단계에서는 상대적으로 어렵지 않다. 하지만 현실에 가까운 움직임을 재현하려면 할수록
비용과 난이도는 크게 심화되었다.

하지만 당신의 이런 모든 노력이 결국은 헛된 것이 될 가능성이 있다는 점
을 관객의 입장에서 지적하고 싶다. 자연스럽게 전체 풍광을 다 담거나 빠른
속도로 움직이는 대상을 쫓아가기에는 당신의 영화 제작 기술의 수준이 너
무 낮다고 생각할 수 있다. 하지만 실제 문제는 우리의 지각 체계에 있을 수
도 있다. 영화 〈호빗〉의 드래곤 스마우그가 사는 론리 마운틴의 눈 쌓인 절벽
에 서 있다고 가정해 보자. 그곳에서 우리의 능력으로는 전체 풍광을 좌측에
서부터 우측으로 자연스럽게 다 훑어볼 수 없다. 대신 우리 눈은 한 지점에서
다른 지점으로 점프하듯 거치며 바라보게 된다. 이것을 안구의 단속성 운동
(saccade)이라고 부른다.

같은 일이 빠른 속도로 움직이는 물체에 대해서도 나타난다. 우리 눈은 초
당 30도 이상을 움직이는 물체를 끊김 없이 물 흐르듯 쫓아갈 수 없다. 메이
저리그 야구 선수들도 투수들이 던진 공의 마지막 10피트는 눈으로 쫓을 수
없다. 우리도 천둥의 신 토르가 던진 해머를 눈으로 다 따라가지 못한다. 이런
경우 우리 눈은 초당 500도 정도의 빠르기로 물체가 움직였음직한 다음 위치

로 재빨리 시선을 옮기는 "따라가기 단속성 운동(catch-up saccades)"을 하게 된다. 다행히도 영상 기억 능력 때문에 눈동자가 사물을 따라 움직이는 동안 이미지가 흐려지는 현상은 발생하지 않는다. 마지막으로 대상을 보았던 점의 영상적 이미지가 남았기 때문이다. 이때 제작자들은 "단속성 사진"이라고 불리는 처음과 마지막 위치에서의 사진(중간에 약간 흐릿한 사진을 넣을 수도 있다)으로 매우 빠른 속도로 움직이는 물체를 놀랍도록 생생하게 표현할 수 있는지 먼저 알아보아야 했다.

다르게 표현하자면, 단속적 영상으로 훌륭한 작품을 제작하는 가능성을 배제해서는 안 된다는 뜻이다. 3D 몬스터 메이즈의 프로그래머로 일했던 말콤 에반스(Malcolm Evans)는 이렇게 말했다. "괴물이 전혀 아무런 낌새도 없이 갑자기 내 앞에 나타나서 혼비백산했던 적이 여러 번 있었다." 많은 사람이 이 게임을 즐기면서 같은 경험을 했다. 그는 사용자들에게 경고하기 위해 미리 다음과 같은 메시지를 보여 주도록 프로그램을 구성했다. "그가 당신을 보았다." 하지만 이런 메시지로 인해 사용자들이 더 공포감을 느낀 효과가 나타났다. 그 결과 수백만 명의 사람들이 즐기는 "호러" 게임이라고 하는 장르가 탄생하게 되었다.

여기서 얻게 되는 중요한 교훈이 있다. 이미 당신의 밈이 병목 구간을 잘 통과해 나왔음에도 그 사실을 미처 깨닫지 못하는 경우가 있다는 것이다. 만약 입체감을 얻거나 움직이는 물체의 잔상을 제거하기 위해 많은 투자가 필요하고, 그에 따라 수익이 급격히 줄어들게 된다면 정말 그런 기술이 필요한지 스스로 물어봐야 한다. 그리고 누가 그런 기술을 원하는지 물어볼 필요가 있다. 종종 당신의 관객, 고객, 사용자들은 원하지 않는 기술일 경우도 있기 때문이다. 공룡 렉스는 부자연스럽고 점멸등 아래에서 움직이는 것 같은 걸음걸이로도 운동 인지의 병목 구간을 훌륭하게 통과했다. 그럼에도 그 게임이 상업적으로 큰 성공을 거둔 것은 공포와 두려움을 자아내는 히치콕(Hitchcock) 감독 스타일의 스토리 구성이 있었기 때문이었다.

The Bottlenecks of Memory

3부

기억 병목 구간

7장
작업 기억

Working Memory

앞장에서 당신이 제작한 밈이 사라진 후에 우리가 그것을 보존할 수 있는 것은 우리에게 기억이라는 능력이 있기 때문이라고 했다. 어떤 밈들에 대해서는 남은 생애 동안 보존할 수 있는 충분한 능력을 갖추고 있다. 하지만 이런 일이 일어나려면 당신이 제작한 밈이 먼저 사용자의 기억 병목 구간을 통과하여 살아남아야 한다. 기억 병목 구간은 앞에서 살펴보았던 주의, 인지 병목 구간만큼 통과하기 어려운 과정이다.

당신이 보통 기억이라고 알고 있는 것은 실제로는 세 가지 구성 요소로 이루어져 있다. 그것은 영상(혹은 감각) 기억, 작업 기억, 장기 기억이다. 이 세 가지 기억 구성 요소의 용량은 모래시계와 같은 모양을 하고 있다고 할 수 있다. 크다가 작아졌다가 다시 무한대로 커진다. 영상 기억은 시각 범위 내에 있는 모든 것을 저장한다. 아주 잠깐이지만 우리의 망막에 와 닿는 모든 것이 저장되는 것이다. 작업 기억(working memory)은 한 번에 숫자 7개, 글자 6개, 단어 4~5개, 덧셈 문제 하나 정도만을 담을 수 있다. 굳이 따지자면 거의 없는 것이나 마찬가지라고 해야 할 것이다. 반면 장기 기억(long-term memory)의 경우 측정 불가능한 용량을 가지고 있다. 예를 들면 대부분의 사람은 학창 시절 친구들을 졸업 후 15년이 지나도 90%는 알아볼 수 있고 50년이 지나더라도 80%는 기억한다.

이러한 기억의 구조적 특징(병목 현상이라는 용어가 탄생한 이유이기도 하다) 때문에 밈 사용자들에게서 많은 모순적 현상들이 나타난다. 장기 기억은 어떤 밈들을 믿기 힘들 정도로 오래 저장하는 한편, 동시에 작업 기억은 대부분의 밈을 재고 처리하듯 비워 버리기 때문이다. 이런 기억의 극명한 이중성 때문에 1분이 지나도 잊어버리지 않는 것들은 영원히 기억할 수 있게 되는 것이다. 하지만 작업 기억의 경우 "잊어버렸다"라는 것은 크게 단순화된 표현이다. 이 표현은 무엇인가가 기억된 적이 있었다는 것을 의미하기 때문이다. 작업 기억에 잠시 머물다 사라져 버린 밈들은 부호화되지 않았다(unencoded)고 표현하는 것이 더 정확하다. 작업 기억은 잊어버리는 공간이 아니다. 배타적인 공간이다. 작업 기억에서 밈을 쫓아내는 것은 말 그대로 영원히 쫓아내는 것을 의미한다. 작업 기억은 지원자를 단 30초 인터뷰 끝에 평생 고용하는 회사에 비유할 수 있다. 반면, 나머지 백만 명의 지원자들은 회사로 들어가는 회전문을 통과하지도 못한 채 끝이 나기도 한다.

1999년 심리학자 대니얼 사이먼스와 크리스토퍼 차브리스(Daniel Simons & Christopher Chabris)는 충격적인 사례를 소개했다. 작업 기억이 다른 일로 바쁠 경우 어떤 정보들은 전혀 부호화되지 못한다는 것을 보여 주는 예이다. 그들은 사람들에게 동영상을 보여 주고 대학생들이 둥글게 서서 농구공을 서로 몇 번이나 패스하는지 세어 보라고 했다(그림 7-1). 스포일러 경고: 우리가 내용을 공개하기 전에 빨리 다음 두 동영상을 순서대로 보라.

http://www.youtube.com/watch?v=vJG698U2Mvo

http://www.youtube.com/watch?v=IGQmdoK_ZfY

그림 7-1. 계속 읽기 전에 사이먼스와 차브리스의 연구 결과로 나온 두 영상을 보라.

이 영상에는 어지럽게 공을 패스하는 여러 명의 학생들이 나오고, 갑자기 고릴라가 등장하여 그들 사이를 지나간다. 이 영상을 본 사람 중 절반은 화면을 가로지르는 고릴라를 보지 못했다. 심지어 그 고릴라가 중간에 멈춰서 당신의 얼굴을 향해 놀리는 동작을 취하기도 했는데 말이다. 따라서 다른 일에 집중하느라 바쁜 사용자들이 웹 사이트나 게임 화면에 등장한 당신의 광고를 보지 않고 얼마나 쉽게 지나치게 될지 이해가 될 것이다. 트위터에 올려놓은 최신 블로그 포스팅이나 벤츠의 대시보드 모니터에 나타난 멋진 광고를 포함하여 필생의 역작들이 비슷한 운명에 처해 있다. 잠시 틈을 내어 당신이 방금 보았던 유튜브 페이지로 돌아가 보라(아마 이 비디오는 영원히 잊지 않을 것이다). 그리고 같은 페이지 내에 있던 얼마나 많은 다른 비디오나 광고들이 당신의 주목을 받지 못하고 넘어갔는지 한번 세어 보라.

■ **핵심 포인트** _ 작업 기억 공간에 있는 정보는 매우 빨리 다른 기억으로 대체되어 사라진다. 디지털 기술의 도움으로 정보가 사라지는 것에 대한 대처는 가능하지만, 다른 정보에 의해 대체되는 것에 대해서는 확실한 대응 방법이 없다.

작업 기억에 대해 좀 더 자세히 살펴보자(그림 7-2). 작업 기억은 과거에는 단기 기억으로 불리기도 했다. 여러 심리학자들은 작업 기억이 정보 저장에는 서툰 반면 정보를 처리하는 데는 탁월하다는 사실을 발견했다. 이 때문에 초기에 제시되었던 단기 기억 모델은 폐기되었다. 작업 기억은 계속해서 내용이 바뀌는 스케치북(sketchpad)과 같다고 할 수 있다. 작업 기억은 새로운 감각 정보를 다른 감각 정보 옆이나 장기 기억 또는 의미론적 개념 옆에 놓

는다. 이런 원리로 작업 기억 내 정보를 소리 없이 다시 들을 수도 있고, 회전시켜가며 다른 정보들과의 관계도 분석할 수 있다. 이런 과정을 흔히 우리는 "생각"이라는 단어로 표현한다. 이런 수준 높은 처리 과정을 행하는 데 있어 작업 기억에는 두 가지 한계점이 있다. 첫 번째는 작업 기억이라는 스케치북이 꽉 찬 상태에서 새로운 정보가 들어오려면 기존에 있는 정보를 밀어내야 한다는 점이다. 두 번째는 계속 유지하기 위한 적극적인 노력을 하지 않는 이상 작업 기억에 있는 모든 정보는 30초가 지나면 소멸(decay)한다는 점이다.

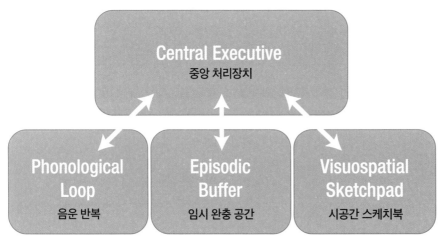

그림 7-2. 작업 기억은 기억을 이용하거나 저장하는 데 필요한 여러 구성 요소로 이루어져 있다.

　그렇다면 작업 기억 병목 구간의 이런 특성은 애플리케이션의 디자인이나 프로그래밍에 어떤 영향을 미칠까? 작업 기억에서 정보가 소멸하는 현상에 도움을 줄 수 있는 디지털 분야 사업가들에는 좋은 기회가 될 것이다. 반면 정보 대체 문제로 어려움을 겪는 개발자에게는 통과하기 어려운 관문이 됐다.

예를 들면 웹 사이트에서 연락해야 할 전화번호를 봤다고 가정해 보자. 이 때 다른 기기를 이용하여(PC에서 전화기로) 연락하려 할 경우, 그때부터 작업 기억에 저장되었던 정보는 소멸하기 시작한다. 이 정도면 그다지 큰 문제는 아니다. 혼잣말로 번호를 반복해서 되뇌는 음운 반복(phonological loop)을 이용하면 그 격차를 메울 수 있기 때문이다. 하지만 간단히 스카이프의 클릭 투콜(click-to-call) 기능을 이용하면 이런 격차는 아예 존재하지 않게 된다(그 림 7-3a). 웹 사이트에 나온 전화번호를 클릭하면 바로 전화를 걸 수 있기 때 문이다. 대부분 스마트폰도 같은 기능이 있다. 주소를 터치하면 지도 앱이 실 행되는 기능도 있다.

이런 것들은 인간이 가지고 있는 정보의 망각과 같은 보편적 약점들을 훌 륭한 소프트웨어나 기기를 이용하여 보완하는 좋은 예이다. 오늘날 많은 경 우에는 작업 기억 속에 더는 정보를 저장하고 있을 필요가 없어졌다. 전자기 기들이 이런 기능을 대체했기 때문이다. 예를 들면 아마존에서 제공하는 여 러 편리한 기능들은 여러 곳에서 수집된 정보들을 조합하여 작업할 때 겪게 되는 기억 소멸 문제를 해결해 주었다. 언제든 크레딧 카드 번호를 저장하도 록 도와주고, 과거 사용했던 주소로 물건을 발송해 주고, 최근에 본 제품을 불 러와 주는 기능을 통해 더는 기억 소멸에 따른 어려움을 겪지 않았다.

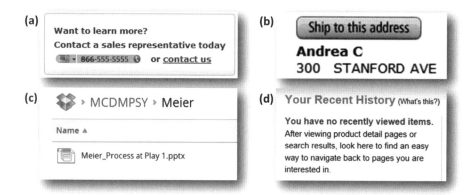

그림 7-3. 작업 기억의 소멸에 따른 어려움을 극복하도록 도와주는 여러 기능 (a) click-to-call (b) 저장된 배송 주소 (c) 주소록에 폴더가 있음을 암시하는 기능 (d) 이커머스 사이트에 저장된 이전 검색 히스토리

하지만 여전히 해결되지 않은 기억 소멸 문제가 있다. 오랫동안 없어지지 않고 우리를 괴롭히고 있는 문제 중 하나가 바로 키보드의 대문자 변환 키(CAPS LOCK)이다. 이것을 누른 후 30초가 지나고 나면 우리의 기억에서 이 키가 눌러져 있다는 사실이 사라진다. 이런 경우 비밀번호 입력 시 대문자로 인해 문제가 생기거나 타이핑을 계속해서 대문자로 하게 되는 실수가 벌어진다. 많은 경우 비밀번호를 입력하는 창에 대문자 변환 키를 확인하라는 주의 문구가 붙어 있다. 또한 대문자 변환 키가 활성화되면 키보드에 작은 불빛이 켜지기도 한다. 하지만 문제는 이 불빛이 우리의 중심와 시선에 포착되기에는 너무 멀리 위치하고 있다는 것이다(그림 7-4). 아예 운영 체제에서 기본 기능으로 Caps Lock Key가 켜져 있는지 모니터상에 표시되도록 해 준다면 사용자가 더 잘 기억할 수 있을 것이다.

그림 7-3. CAPS LOCK이 설정되어 있다는 것을 보여 주는 하드웨어 기반 표시기는 우리의 중심와에서 너무 멀리 떨어져 있어서 볼 수 없기 때문에 이것은 작업 기억에서 빠르게 사라진다.

■ **핵심 포인트_** 당신의 밈들을 생산적으로 개선하기 위해서는 다음과 같은 질문을 해야 한다. "사용자들이 작업 기억에 어떤 정보들을 보관하고 있어야 할까? 그리고 이 정보들이 사라지지 않기 위해 어떻게 해야 할까?"

작업 기억 소멸로 인한 어려움은 이미 많은 밈의 도움을 받고 있는 반면, 기억 대체 현상으로 인한 어려움은 극복하기 쉽지 않은 문제이다. 따라서 훨씬 나은 밈 디자인이 필요하게 된다. 작업 기억에 있는 정보들은 새로운 정보가 입력되면 밀려나는 경향이 강하다. 이것은 매우 강력한 힘이다. 지금부터 당신은 내가 불러 주는 사회 보장 번호를 기억하지 못한다는 데 내기를 걸어도 좋다. 사회 보장 번호를 알려 준 후 바로 이어서 임의의 숫자를 당신에게 들려

주는 것만으로도 기억을 방해하기에 충분하다. 숫자들을 불러 주는 속도는 1초에 한 개 정도의 빠르기면 된다. 그 후 그 전에 불러 주었던 사회 보장 번호를 써 보라고 하면 대부분의 정보는 사라지고 남아 있지 않게 된다. 심리학자들이 이미 반세기 전에 발견한 사실에 따르면 사람들이 긴 숫자를 들으면 처음 몇 개의 숫자는 장기 기억 속으로 들어간다. 그리고 마지막 몇 개는 임시 완충 공간에 남아서 기억된다. 하지만 중간에 있는 대부분의 숫자들은 기억에 남아 있지 않게 된다. 이 숫자들은 부호화되어 기억 공간 속으로 들어가기 전에 다른 숫자에 의해 대체되기 때문이다(그림 7-5).

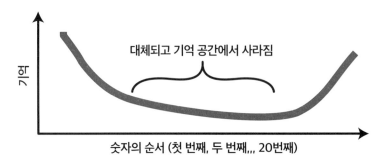

그림 7-5. 1초에 한 개의 숫자를 불러 주는 속도로 20개의 숫자를 듣게 되면 처음 몇 개는 기억에 저장되고 마지막 몇 개는 임시 완충 공간에 남는다. 하지만 중간 숫자들은 그 다음 불러 주는 숫자로 대체되어 기억 공간 속으로 들어가지 않는다.

우리는 트위터 게시글 피드에서 이런 종류의 정보 대체 현상을 오랫동안 겪어 왔다. 인기 있는 해시태그의 경우 오래된 트윗은 새로운 트윗이 나타나는 순간 대체되고 잊혀진다. 직장에서는 새로운 이메일이 도착하면 그전까지 우리의 작업 기억 스케치북에 있는 모든 것들이 새로운 이메일로 대체되어 사라진다. 이 때문에 새롭게 유입된 정보들을 처리할 수 있게 되는 것이다. 종종 일어나는 일이지만 이메일을 읽는 동안 핸드폰이 울리면 이메일을 보고 있던 기억도 사라졌다.

이런 기억 대체 현상을 피하기 위해 디지털 인터페이스 디자인의 규칙이 생겼다. 동기식 통신 혹은 음성 통신 기능용 소프트웨어에 다른 기능을 넣는 것을 가능한 한 최소화하라는 것이다. 동기식은 "실시간"이라는 의미를 가지고 있다. 다른 사람과 전화통화를 하는 것과 같은 실시간 소통을 하게 되거나 오디오 팟캐스트 혹은 TED 강연을 들을 때 우리의 작업 기억 공간은 이런 것들로 가득 찬다. 만약 이때 다른 활동을 한다면 이미 작업 기억에 가득 찬 음성 콘텐츠들을 대체하게 될 것이다.

스카이프의 인콜(in-call) 창 인터페이스(그림 7-6)에는 최소한의 기능들만 배치되어 있다. 다른 기능들을 배치하면 통화에 방해가 되기 때문이다. 따라서 통신 서비스 사이트에 광고하기는 매우 힘들다. 대신 회원 가입을 통해 수익을 창출하는 편이 더 낫다. 기능을 최소로 간소화시킨 이런 경우와 대비되는 것이 메이저리그 야구 홈페이지인 MLB.com이다. 이런 사이트를 방문하는 사용자들은 콘텐츠를 비동기적 방법으로 이용하게 된다.

MLB.com에는 엄청난 숫자의 링크와 기능들로 가득 차 있다. 이런 사이트에서는 우리의 작업 기억 공간을 하나씩 순서대로 사용하게 되므로 이런 것들을 둘러볼 여유가 생기기 때문이다.

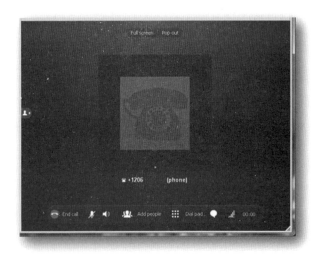

그림 7-6. 통신 서비스의 초기 디자인에서는 사용자들이 많이 사용하게 되지 않는 기능들이 지나치게 많이 배치되어 있었다. 이런 기능은 통화하는 동안에는 정보 대체 현상이 일어나므로 활용도가 떨어진다. 최근의 통신 서비스 인터페이스들은 인터넷에서 가장 심플한 미니멀리스트 디자인으로 변했다.

■ **핵심 포인트_** 실시간 커뮤니케이션이나 오디오 콘텐츠를 사용하는 사이트에 배치된 광고들은 대부분 실패한다. 작업 기억 공간에 있던 이런 광고들은 대화로 인해 대체되어 버리기 때문이다.

이런 종류의 정보 대체 현상의 가장 대표적인 예가 TV를 보면서 휴대용 통신기기를 사용할 때이다. "2차 스크리닝(second screening)"이라고 부르는 이러한 현상은 TV에 광고하는 쪽에서는 해결하기 힘든 골치 아픈 문제이다. 과거에는 한 번에 하나의 스크린(TV)에만 집중했다. 따라서 우리의 작업 기억 공간에는 상업 광고를 처리할 수 있는 충분한 여유가 있었다. 하지만 오늘날에는 우리 무릎에 놓인 스마트폰이나 아이패드에 올라오는 뉴스 기사, 유명인의 가십, 스포츠 다시 보기와 같은 것들이 TV에 쏠렸던 사용자의 관심을 뺏는 상황이 되었다. 이러한 현실에 대해 TV 광고주들은 걱정이 많다. 조사에 따르면 미국 시청자의 40%가량이 2차 스크리닝을 하고 있다고 한다. 따라서 매년 30조 원에 달하는 막대한 자금을 TV 광고에 지출하고 있는 광고주로서는 광고 효과를 걱정하는 상황인 것이다.

미디어 소비자를 차지하려는 경쟁만큼이나 밈끼리의 경쟁이 치열하게 일어나는 곳이 바로 업무 현장인 사무실이다. 이에 따라 업무 시 정보 대체 현상이라는 도전에 맞설 수 있는 새로운 업무 스킬에 대한 관심이 매우 높아졌다. 이런 능력을 가리켜 멀티태스킹이라고 한다. 2014년 3월에 채용 사이트인 Monster.com에 올라온 구인 광고에는 시애틀 한 지역에서만 377건이 멀티태스킹 능력을 요구하고 있다. 이런 구인 광고는 일부 채용자들이 동시에 밀려드는 수많은 업무를 처리하면서도 정보 대체 현상을 피할 수 있을 것이라는 기대를 반영하고 있다. 혹은 그 과정에서 겪게 되는 좌절감을 견디면서 그만두지 않을 사람을 찾는지도 모른다. 이런 사람들이 바로 요즘 고용자들이 찾는 사람이다.

하지만 멀티태스킹이란 것이 실제로 가능한 것일까?

어떤 면에서는 불가능하다고 할 수 있다. 다시 사회보장 번호로 내기를 해도 좋다. 이번에는 한 사람의 각각 다른 귀에 대고 두 사람이 동시에 사회 보장 번호를 불러 준다. 이런 과정을 거쳐 입력된 숫자는 확실히 기억에 남지 않는다. 신경 과학자들에 따르면 "사람이 두 개의 일을 동시에 수행하려고 할 때, 첫 번째 일을 하면 두 번째 일은 뒤로 밀리게 된다. 이런 식의 정보 처리 지연 현상이 두뇌에서 발생하는 것은 중앙 통제식 정보 처리 단계에서의 병목 현상이 원인으로 생각되고 있다. 정보 처리 단계에서 전두엽의 신경 세포에 일종의 중앙 병목 현상이 발생하여 멀티태스킹을 하는 우리의 능력을 심각하게 제한하게 되는 것이다.

만약 의미 정보들을 동시에 처리하는 멀티태스킹이 불가능하다면 실제로 그런 일을 해내는 사람들은 어떻게 된 것일까? 이 질문에 대한 답은 아마도 매우 빠르게 모노태스킹 사이를 전환하고 있다가 될 것이다. 전화하면서 이메일을 동시에 쓰고 있는 사람이 있다고 가정해 보자. 이 경우 아마도 몇 개의 단어를 말한 후 몇 개의 단어를 입력하고, 이어서 몇 개의 단어를 이야기하는 식일 것이다. 말하는 것과 입력하는 것을 동시에 한다는 것은 불가능하기 때문이다.

 물론 이런 식의 업무 방법도 훌륭하고 괜찮다. 하지만 잦은 업무 전환은 그에 따른 비용을 동반한다. 업무의 성과가 저하되는 것이다. 작업 기억 스케치북에 정보를 썼다 지웠다 반복해야 하기 때문이다. 대표적 업무 성과 저하는 시간 지연으로 나타난다. 심리학자들은 두 개의 일을 동시에 진행할 경우 집중해서 일을 하나씩 끝낼 때보다 더 많은 시간이 걸린다는 것에 동의한다. 또 멀티태스킹을 할 때 판단이 부정확해진다는 연구 결과도 있다. 계속해서 업무를 바꿔 가며 일을 할 때 새로운 일에 익숙해지는 데도 시간이 더 걸리게 된다. 멀티태스킹에 강점을 보인다고 자부하는 사람들은 모노태스킹을 하는 사람들에 비해 쉽게 집중력이 흐려지는 경향이 있음이 밝혀졌다. 새로운 일이 있으면 재빨리 주의를 그쪽으로 전환해야 하기 때문이다.

 하지만 이 주제에 대한 논의가 여기서 끝나는 것은 아니다. 어쨌든 우리는 껌을 씹으면서도 걸어갈 수 있지 않은가? 이것도 멀티태스킹이라고 부를 수 있을까? 우리는 운전을 하면서도 동시에 옆자리에 앉은 사람과 대화를 나눌 수 있다. 어떤 사람들은 다른 사람들에 비해 멀티태스킹 업무를 더 잘한다. 이런 사실들은 어떻게 설명할까?

■핵심 포인트_ 진정한 의미의 멀티태스킹이란 불가능하다. 우리는 단지 각각의 작업들 사이를 부지런히 왔다 갔다 할 뿐이다. 혹은 어떤 작업에 너무 숙달된 나머지 그 작업을 무의식적으로 해내고 있을 뿐이다.

앞서 우리는 작업 기억이 일종의 스케치북과 같은 역할로서, 사고 기능을 하기 위해 정보들을 조합하는 공간으로 사용된다는 것을 알게 되었다. 이런 정보 중 어떤 것들은 더 많은 공간을 차지한다. 반면 매우 숙달되어 별다른 의식적 관심이 필요 없는 자동 처리(Automatic process)는 차지하는 공간이 크지 않다. 새롭게 하는 일이나 통제 처리(Effortful process)가 필요한 일에는 더 많은 에너지가 들고 작업 기억에서 차지하는 공간도 더 크다(그림 7-7).

하나의 통제 처리와 하나의 자동 처리를 동시에 수행하는 것은 가능하다.

통제 처리
주의 집중과 노력이 필요한 작업:
- 경험을 위한 단속적 기억
- 사실, 단어, 개념을 위한 의미적 기억
- 의사 결정

복수의 통제 처리를 동시에 수행하는 것은 매우 어렵다.

자동 처리
주의 집중과 노력이 필요 없는 작업:
- 숙달된 기술이나 행동에 필요한 과정 기억
- 게슈탈트 원리와 같은 사전 인지적 처리 과정

그림 7-7. 두 개의 작업 중 적어도 하나가 자동 처리일 경우 멀티태스킹이 가능하다. 하지만 두 개의 통제 처리를 동시에 수행하는 것은 매우 힘들거나 불가능하다.

자동 처리는 대부분 움직임의 연속으로 구성된 경우가 많다. 반면 통제 처리는 구어적 정보나 논리적 처리가 필요한 일들이 많다. 이런 구분을 이용하여 멀티태스킹과 관련된 다음과 같은 법칙을 만들 수 있다. 통제 처리가 필요한 두 가지 작업을 동시에 수행한다는 것은 불가능하다. 하지만 자동 처리와 통제 처리는 동시에 수행할 수 있다. 물론 두 개의 자동 처리도 멀티태스킹이 가능하다.

이러한 법칙을 이용하면 디지털 미디어와 관련된 현상들도 쉽게 이해할 수 있다. 스카이프로 통화하거나 혹은 아이패드에 올라온 글을 읽으면서 동시에 TV 광고에 집중할 수 없는 것은 이 두 가지 행동이 모두 통제 처리이기 때문이다. 하지만 캔디크러시나 마인크래프트와 같은 게임을 하면서 TV 광고에 집중할 수 있는 것은 이런 비언어적인 게임에 숙달되면 거의 자동적으로 게임을 할 수 있기 때문이다.

같은 이유로 한 가지 업무에 숙달된 사람은 그 업무를 자동적으로 수행할 수 있어서 다른 업무도 멀티태스킹으로 잘 처리할 수 있게 된다. 예를 들어 콜센터의 고객 상담 직원은 매뉴얼에 따라 표준 응답 프로세스가 숙달되었다면 한 사람과 이야기하는 동시에 다른 사람과 대화할 수 있다. "와이파이 선을 빼 보셨나요?" "컴캐스트에 가입해 주셔서 감사드립니다. 저희 서비스에 대한 평가를 위해 설문에 참여해 주세요." 하지만 두 고객의 문제가 모두 일반적이지 않을 때 상담원은 자동 처리 모드에서 통제 처리 모드로 변경해야 한다. 이럴 때 둘 중 하나는 대기 상태로 전환하고 한 가지 문제에 집중해야 한다.

드디어 처음 제기되었던 자동차 문제로 돌아가 보자. 늘 다니는 길이고 숙련된 운전자라면 운전 행위는 거의 자동 처리가 된다. 이 경우 옆자리에 앉아 있는 사람과의 대화는 통제 처리임에도 불구하고 자유롭게 이야기를 나눌 수 있게 된다. 비슷한 이유로 차량 내부에서의 모든 컴퓨팅 작업이 항상 우리 두뇌에 정보 대체 현상을 초래하여 운전을 방해한다고 결론 내리기는 어렵다. 운전 중 사용하는 앱이 손을 사용하거나 시선을 옮겨야 할 필요가 없는 인터페이스를 가지고 있다고 하자. 많은 작업 기억 용량을 요구하지 않는 앱은 운전 중 옆 사람과 대화를 나누는 것처럼 안전상의 문제없이 잘 사용할 수 있을 것이다.

언론에서는 AAA(미국 자동차 협회, American Automobile Association)의 2013년 연구 결과를 근거로 핸즈프리 휴대폰은 손에 들고 사용하는 휴대폰만큼 운전자의 주의를 산만하게 한다는 내용을 보도하였다. 하지만 이 결론은 시뮬레이터와 실제 도로 모두 운전자에게 낯선 지역에서 실험된 연구 결과를 근거로 한 것이었다. 이는 일반적으로 출퇴근 시 경험하게 되는 것보다 더 의식적인 노력을 요하는 작업이었다.

하지만 언론이 간과하고 있는 더 충격적인 사실은, 핸즈프리 휴대폰이나 손에 들고 사용하는 휴대폰이 동승자보다 더 운전자의 주의를 산만하게 한다는 증거는 어디에도 없다는 사실이다. 그 방해 정도는 오디오북보다 덜하다. 게다가 오디오북은 암산을 하거나 음성인식 기능으로 문자를 보내는 것보다 운전자의 주의를 덜 요구하는 것으로 잘 알려져 있다. 이 연구 결과의 어디에도 운전 중 핸드폰 사용으로 매우 위험한 경험을 했다는 내용은 없다. 하지만 연구에 사용된 운전 경로는 일반적인 상황과는 달리 낯선 곳에서 실시된 것이었다. 즉 더 의식적인 사고가 요구되는 상황이었다. 정확한 결론을 내리기 위해서는 더 많은 연구가 필요할 것으로 보인다.

같은 논리로 언제든 운전자의 의식적 사고를 요구하는 상황이 발생하여 차량 내에서 이루어지는 컴퓨팅 작업을 멈추어야 할 수도 있다. 우리는 신호등이 바뀌거나 경로를 바꿀 때 동승자와의 대화를 멈추게 된다. 이와 마찬가지로 운전자가 원할 때는 언제든 사용하던 앱을 쉽게 멈추는 방법을 찾으면 된다. 또는 차량 내외에 설치된 센서가 운전자의 작업 기억 사용을 요하는 상황이 발생했을 때 앱 사용을 멈추면 된다. 많은 차량에서 시속 5마일 이상의 속도에서는 내비게이션 조작이 되지 않는다. 하지만 이와 같은 일률적 통제는 지나치게 엄격하다고 생각된다. 얼마든지 현실에 맞도록 조정이 가능하기 때문이다. 운전 경험이 많지 않은 어린 운전자가 낯선 곳에서 운전하거나, 고도로 발달된 센서들이 운전 환경에 특이한 변화를 감지하는 경우에는 부모나 프로그래머들이 이러한 안전과 관련된 설정들을 적당한 타이밍에 *끄거나 켜면* 된다. 혹은 크루즈 컨트롤 기능을 중단시키듯 언제든 운전자가 앱을 직접 꺼 버리면 된다.

차량 내 컴퓨팅 장치들이 기억 소멸 극복에 도움을 준 것과 마찬가지로 정보 대체 현상에도 잘 대처한다면 당신이 제작한 많은 밈이 사용자들의 작업 기억 스케치북에까지 오를 수 있을 것이다. 이 경우 당신이 만든 디지털 창조물들을 사용자들이 경험할 기회는 급격하게 늘어나게 될 것이다.

8장
신호 탐지

Signal Detection

사용자가 당신이 만든 디지털 밈 중에 어떤 것을 작업 기억에서 지우고 어떤 것을 뒤에 쓸 기억으로 남겨 놓을지 결정해야 하는 문제에 직면하게 되면 그들은 더 이상 수동적인 관찰자가 아니다. 어떤 곳으로 시선을 돌려야 할지 정해야 하는 순간, 사용자들은 능동적으로 결정하는 사람이 되기 때문이다. 유입되는 모든 정보를 그 순간 사용자들의 목표를 기준으로 관심을 기울이고 기억해야 할 의미 있는 "신호(signal)"와 무시해도 될 "잡음(noise)" 정보로 나누는 결정을 하게 되는 것이다.

인터넷이 보편화되기 전인 1985년부터 1995년까지 심리학자들과 마케팅 전문가들은 사람들이 매일 300여 개의 광고와 맞닥뜨리며 이러한 종류의 결정을 하고 있다고 추정했다. 그중 140개는 TV 광고였다. 2014년에 이르러 이 숫자는 360개로 늘었다. 하지만 요즘은 이전과는 다른 미디어가 많이 포함되어 있다. 예를 들면 2012년에는 1300만 개의 상업 광고 중 250만 개의 "판촉 광고"가 페이스북의 뉴스 피드에 올라온 광고였다(그림 8-1).

SPAM SPAM SPAM SPAM SPAM SPAM SPAM SPAM SPAM SPAM
SPAM SPAM SPAM SPAM SPAM SPAM SPAM SPAM SPAM SPAM
SPAM SPAM EMAIL SPAM SPAM SPAM SPAM SPAM SPAM SPAM
SPAM SPAM SPAM SPAM SPAM SPAM SPAM SPAM SPAM SPAM
SPAM SPAM SPAM SPAM SPAM SPAM SPAM SPAM SPAM SPAM

그림 8-1. 우리에게 필요한 메시지와 그렇지 않은 메시지를 구별하는 결정은 적극적으로 관심을 가지고 임해야 하는 에너지가 많이 소비되는 인지 행위이다.

하지만 이메일보다 우리의 인지적 노력을 더 필요로 하는 것은 없다. 2015년 기준으로 전 세계 사람들은 하루에 205조 개의 이메일을 받는다. 이 중 112조 개는 업무적인 메일이고 나머지 93조는 개인적인 메일이다. 업무 메일의 경우 1인당 하루에 88개를 받고 34개를 보낸다. 하루 업무 시간의 1/4을 이메일에 사용하는 셈이다. 2009년부터 2013년 사이에 우리가 평균적으로 수신하는 문자 메시지의 수는 50개에서 150개로 세 배가 증가하였다. 한편 2013년에 발송된 이메일의 80%는 스팸 메일이었다. 사용자의 주의를 산만하게 만드는 밈의 대표적인 예이다. 스팸을 걸러 주는 필터의 기능이 계속해서 정교해지고 있음에도 불구하고 우리의 메일함에 들어 있는 메일의 20%는 여전히 쓸데없는 스팸 메일이다. 이 숫자는 알고리즘에 의해 스팸으로 걸러진 숫자만 의미했다.

물론 우리의 작업 기억 공간을 보호하는 가장 확실한 방법은 모든 디지털 미디어를 무시해 버리는 것이다. 그냥 전원을 꺼 버리고, 로그아웃하고, 관심을 가지지 않는 것이다. 그리고 좋은 밈과 나쁜 밈을 구별하고자 하는 노력을 중단하고 모든 밈은 나쁘다고 단정해 버리는 것이다. 하지만 이럴 때 인터넷을 통해 우리가 이루고자 하는 목표를 달성한다는 장점은 사라지고 기회를 놓치는 희생을 치러야 한다. 일정한 수준의 균형을 찾고자 노력하는 것이 훨씬 더 합리적인 선택이라고 할 수 있겠다.

심리학자인 데이비드 그린과 존 스웨츠(David Green & John Swets)는 1966년 이미 이런 균형 잡힌 행동에 대한 규칙을 발견하였다. 그들이 확립한 신호 탐지 이론(signal detection theory)은 유입되는 정보에 관심을 기울이거나 무시하는 결정을 할 때 각각 장단점이 충돌하는 트레이드-오프(trade-off) 현상을 기술하고 있다. 그들이 "신호"라고 명명한 것과 "잡음"이라고 명명한 것을 우리는 좋은 밈과 나쁜 밈으로 부르겠다. 어쨌거나 핵심은 같다. 유입된 정보는 그 순간 우리가 가진 목표를 달성하는 데 유용하고 연관성이 있는 정보와 주의를 흐리는 정보로 나눌 수 있다. 오늘날 디지털 미디어에 맞게 요약한 신호 탐지 이론의 기본적인 원리는 다음과 같다.

● 우리는 유입되는 정보에 관심을 가질지 아니면 무시할지 결정하는 기준을 계속 바꾼다. 이 기준은 우리가 유용한 밈을 놓치는 것을 피할 것인가와 나쁜 밈으로부터 우리를 보호할 것인가 중 어느 쪽에 비중을 많이 두느냐에 따라 달라진다. 어느 쪽이든 기

준을 조정함에 따른 희생은 반드시 뒤따르게 되어 있다.

● 좋은 밈을 더 많이 받아들이기 위해서 치러야 할 필연적인 희생은 어쩔 수 없이 나쁜 밈에도 주의를 많이 뺏기게 된다는 점이다.

● 나쁜 밈에 주의를 뺏기지 않으려면 동시에 좋은 밈을 놓치게 될 가능성도 있다.

● 위장술이 발달하면 비용이 증가함 : 좋은 밈인지 나쁜 밈인지 판별하기 어려워질수록 더 많은 오류를 범하게 된다.

● 완벽함을 추구하면 희생이 더 커진다 : 5%의 좋은 밈을 놓치지 않기 위해 엄청나게 많은 숫자의 나쁜 밈을 다 살펴보아야 하는 관심의 낭비가 발생한다. 또는 5%의 나쁜 밈을 무시하기 위해 많은 수의 유용한 밈을 놓치게 되는 일이 발생한다.

유용한 이메일과 스팸을 구별하는 과정에 같은 원리를 적용해 보면 다음과 같다.

● 유용한 이메일을 놓치지 않는 데 치중할 것인지 스팸으로부터 우리를 보호하는 것에 치중할 것인지에 따라 이메일을 읽는 기준을 계속해서 조정하게 된다. 다른 중요한 일에 집중하고 있을 때는 기준을 높여 아주 중요한 이메일만 읽게 된다. 반면 중요한 이메일을 기다리고 있을 때 기준을 낮춰 모든 이메일을 다 읽게 된다.

● 유용한 이메일을 더 많이 받아들이기 위해서 더 많은 스팸을 읽어야 한다(그림 8-2a).

● 더 많은 스팸을 걸러내기 위해서는 유용한 이메일을 많이 놓치게 된다(그림 8-2b).

● 스팸이 유용한 이메일과 비슷해져서 구별하기 어려워질수록 걸러내는 비용이 생기고

제대로 된 판단을 내리기 어렵다(그림 8-2c).

● 마지막 5%의 스팸까지 걸러내려면 더 많은 유용한 이메일도 걸러내야 한다. 마지막 5%의 유용한 이메일을 다 통과시키려면 더 많은 수의 스팸을 읽는 것에 시간이 낭비된다.

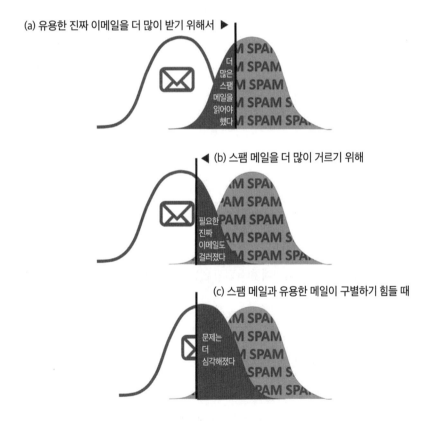

그림 8-2. 우리의 주된 관심을 (a) 유용한 이메일을 놓치지 않는 것에 집중하면, 더 많은 스팸 메일을 읽어야 한다. 반면 (b) 스팸을 무시하는 쪽에 집중하면 유용한 이메일도 같이 빠져나갈 수 있다. (c) 스팸 메일과 유용한 메일이 유사하여 구분하기 어려울 때 더 많은 오류를 범하게 된다.

중요 노트: 우리는 유용한 메일과 스팸을 순전히 사용자의 시각에서 구분하였다. 다시 말해 가족이나 직장 상사에게서 온 메일도 사용자에게는 스팸메일로 생각될 수 있다. 지메일(Gmail)에 근무하는 개발자에게는 어떤 메일이 스팸함으로 보내져야 하는지가 주된 관심사이다. 그들은 스팸함에 들어 있는 유용한 메일을 허위 포지티브(false positive)라고 부른다. 진짜 이메일을 스팸으로 잘못 분류하였다는 뜻이다. 하지만 사용자인 우리에게는 읽느라 시간을 낭비하게 만드는 스팸 메일이 진짜 허위 포지티브이다. 스팸이 유용한 이메일로 잘못 분류되었기 때문이다. 이런 기술 용어도 사용자의 관점을 반영하여 정의되어야 한다고 누군가 구글에 이메일을 보낼 필요가 있다고 생각한다.

■ 핵심 포인트_ 유용한 정보를 놓치지 않는 데 집중할 것인지 아니면 거짓 정보에 현혹되지 않는 데 집중할 것인지에 따라 정보를 걸러내는 기준이 달라진다. 어떤 쪽으로 집중하든 그에 따르는 희생은 있다. 유용한 정보를 놓치지 않는 데 집중할 경우 자연히 더 많은 거짓 정보를 읽어야 한다. 거짓 정보에 현혹되지 않는 데 집중하려면 많은 유용한 정보들이 빠져나갈 것이다.

신호 탐지 이론은 페이스북 게시글, 트위터 트윗, 핀터레스트 핀 심지어 전화벨이 울릴 때 수화기를 드는 것에도 똑같이 적용된다. 〈못말리는 패밀리(Arrested Development)〉라는 TV 드라마에 슬프면서도 웃긴 다음과 같은 장면이 나온다. 실직자인 심리학자 토비아스 퓐케의 침대 옆 전화기가 울린다.

토비아스는 그동안 블루맨 그룹에서 개그맨으로 일하고 있는 것처럼 주변에 거짓말을 하고 다녔다. 그런데 진짜 블루맨 그룹에서 오디션 전화가 온 것이었다. 하지만 그 순간 토비아스는 침대에 누워 이불을 머리까지 뒤집어쓰고 실의에 잠겨 있었다. 그때 나레이터가 이야기한다. "블루맨 그룹으로부터 토비아스의 인생을 바꿀 수 있는 전화가 왔다. 하지만 불행히도 그는 전화벨 소리를 듣지 못했다. 그는 인생을 바꿀 기회를 놓쳐 버렸다."

지금 당신도 인생을 바꿀지 모를 이메일, 트윗, 게시물, 핀을 놓치고 있지는 않은가?

뭐야, 그런 말도 안 되는 일이 나한테 일어나면 안 되지. 이렇게 생각하는 순간 "무언가 중요한 것을 놓치고 있는 것 같은 두려움(Fear Of Missing Out, FOMO)"이 엄습한다. 이 경우 아무것도 놓치지 않도록 선별 기준을 낮추게 된다. 이렇게 되면 수많은 스팸 메일을 읽느라 시간을 허비할 수밖에 없게 된다. 한참을 그렇게 하고 있다 보면 뭔가 잘못됐다는 것을 깨닫게 된다. 그런 후에는 다시 선별 기준을 높게 적용한다. 이럴 때 다시 중요한 메일이 스팸 메일함으로 가 버리는 일이 일어난다. 이런 고민에 빠져 있다면, 자, 신호 탐지 이론의 세계에 온 것을 환영한다.

바로 이런 것들이 이 책의 서론에서 거론한 바 있는 밈적 적합도(memetic

fitness)의 핵심 과정이다. 밈적 적합도는 다윈 진화론의 도킨스 버전으로서 밈 사용자가 진화론에서의 자연 역할을 한다는 이론이다. 여기서 선택 압력 (selection pressure)은 대상 밈이 사용자의 필요를 충족시키는지 그리고 신경계에 부합하여 뇌에 기억될 수 있는지가 된다. 게슈탈트 원리에 위배되거나 혹은 너무 평범한 혹은 현실성 없는 밈들은 사용자의 주의를 필요 이상으로 끌지 않도록 다른 정보에 의해 자연스럽게 대체되었다.

2013년 구글 엔지니어들이 지메일 웹 사이트를 디자인할 때도 이런 신호 탐지 이론을 따랐음이 틀림없다. 그들의 비즈니스 목표 중 하나는 사용자들에게 이메일과 유사해 보이는 상업 광고를 보내는 것이었다. 그렇다고 그들을 비난할 수는 없다. 지메일은 무료로 제공되는 서비스이기 때문이다. 수백만 명의 사용자들은 구글이 지불하는 비용으로 매일 이메일을 열어 보고 있다. 사람들이 현혹되어 열어 보는 스팸 메일 덕분에 많은 회사가 돈을 벌고 있기도 하다. 구글은 지메일 내 메일함을 전후좌우로 둘러싸고 광고를 싣는다. 마이크로소프트의 핫메일이나 야후! 메일에서는 볼 수 없었던 풍경이다. 광고가 메일함 중간 정도의 적당한 위치에 게재되면 스팸처럼 많은 클릭을 유도할 수 있다. 그렇다면 구글은 그들의 좌우명인 "사악해지지 말자(don't be evil)"를 위반하지 않고 어떻게 광고에서 수익을 볼 수 있을까?

답은 바로 신호 탐지 이론을 영리하게 이용하는 것이다. 구글은 사용자의 이메일과 유사하게 보이도록 몇 가지 요소들을 광고에 적용했다. 하지만 누구도 구글이 사용자를 스팸으로 괴롭힌다고 비난하지는 못한다. 광고가 확연히 이메일과 구분되도록 해 놓았기 때문이다.

먼저 구글의 위장 전술에 대해 살펴보자. 먼저 메일함의 제일 위에 광고가 등장한다. 아무리 봐도 정상적인 이메일처럼 보인다. 발송자의 이름, 메일 제목, 본문의 앞머리를 보여 줬기 때문이다. 메일 제목을 굵은 글씨로 처리한 것도 멋진 아이디어다. 읽지 않은 메일이라는 착각을 불러 클릭을 유도하기 때문이다. 이 모든 것은 긍정 오류의 비율을 높이는 효과를 가져왔다. 즉 광고를 진짜 이메일로 인식하여 클릭해서 읽도록 주의를 집중시켰다.

하지만 구글은 이메일과 광고가 구별될 수 있도록 시각적 차이를 두고 있다. 특히 사용자의 메일함을 "기본(Primary)", "소셜(Social)", "프로모션(Promotions)"으로 나누는 탭을 상단에 배치해 놓고 있다. 이런 디자인은 위장과는 정반대이다. 정상적인 이메일과 광고를 구분할 수 있도록 해 주기 때문이다. 그리고 광고는 "프로모션" 탭 아래에만 배치하는 원칙을 지키고 있다. 우리가 어차피 받게 되는 구매 유도성 스팸 메일과 함께 분류해 놓는 것이다(그림 8-3). 사악한가? 사악하지 않은가? 이 설문에 대한 답은 지메일 사용자들이 클릭을 통해 표시하고 있다고 생각한다. 중요한 것은 그들이 계속해서 지메일을 사용하고 있다는 점이다.

그림 8-3. 지메일 메일함의 프로모션 탭 아래에 분류된 광고 메일들

유용한 밈과 그렇지 않은 밈을 사용자들이 구별할 수 있도록 인터페이스를 디자인한 곳이 지메일만은 아니다. 개발자들이 그렇게 하지 않을 때 사용자들이 나서서 그렇게 할 때도 있다. 예를 들어 트위터의 사용자들은 해시태그 (#)라는 것을 창안하였다. 해시태그가 붙어 있는 트윗은 "좋은 밈"이라는 것을 나타내기 위한 목적이었다. 해시태그를 붙인 이유는 유용한 정보와 잡음을 구별하기 위해서이기도 하다. 일상적인 대화를 할 때는 해시태그를 사용하지 않는다. 이 기호를 붙여서 검색하면 일상적으로 사용하는 단어들이 아니라 해시태그가 붙어 있는 단어만 찾을 수 있다. 즉 #occupy를 검색했을 때 나오는 결과는 단순히 occupy라는 단어를 검색했을 때와는 매우 다르다. 대중들의 영리함에 세상은 깜짝 놀랐다. 이것은 유용한 정보를 걸러내려는 목적을 달성하기 위한 자연스러운 행동이었다.

하지만 아무리 좋은 태그를 사용하더라도 일일이 좋은 밈과 나쁜 밈을 정확히 구별하기는 매우 힘들다. 유용한 정보를 찾아내고 선별 기준을 조정하는 일은 매우 에너지를 요구하는 일이다. 유용한 정보만을 통과시키기 위해서 때로는 한 걸음 물러서서 사용자의 관심을 끌고자 하는 전체 채널을 관리해야 한다. 그리고 바이트(byte)를 분류하기 보다는 전체 케이블을 면밀히 조사해야 한다. 우리는 밈 단위에서 사용되었던 동일한 신호 탐지 논리를 채널 단위에 적용할 수 있다. 즉 우리의 관심을 끄는 기회를 당신에게 제공하면 그에 합당한 유용한 보상을 받을 수 있는지 자문해 본다. 이렇게 하면 관심 경제의 회계사가 될 것이다.

　미국의 사회 과학자 허버트 사이먼(Herbert Simon)은 1971년에 이 용어에 대해 다음과 같은 정의를 내렸다. "정보의 홍수는 아이러니하게도 관심의 결핍을 낳았다. 이로 인해 관심이라는 자원을 과도하게 넘쳐나는 정보에 어떻게 효율적으로 분배할 것인가 하는 숙제가 남았다." 그 후 2002년 세계 3대 비즈니스·테크놀로지 분석가 데이븐포트와 벡(Davenport & Beck)은 관심은 재화적 가치를 지니는 것이며 무상으로 나눠 줄 수 있는 것이 아니라는 것을 보여 주었다.

　관심의 효율적 분배는 관심 채널(attention channel)을 파악하는 것으로부터 시작된다. 그리고 두 번째 단계는 관심 채널이 생기는 것을 적극적으로 승인하거나 거부하는 것이다. 상업적 목적을 지닌 사이트에 우리의 이메일 주소를 제공하거나 친구를 맺고 팔로우를 하고 구독이나 가입을 한다는 것은 해당 사이트의 밈에게 우리의 관심을 요구할 권리를 허락한 것과 같다. 그런 사이트에서 내세우는 밈들은 모두 우리에게 즐거움을 주거나 유용한 정보를 제공함으로써 사용자의 목표 달성에 도움을 주는 것들이다. 하지만 상어에 붙어 있는 빨판상어처럼 그런 사이트에는 항상 사용자의 관심을 강제로 유혹하는 밈들도 같이 배치되어 있다. 이런 밈들은 사용자의 관심이나 행동에 영향을 미쳐 경제적 이윤이라는 사이트의 목적을 달성하고자 한다.

사용자에게 관심 채널을 열어 주길 간청할 때는 보통 굵은 글씨로 "free, (무료)"임을 강조하게 된다. 페이스북의 등록 페이지와 같은 전략이다(그림 8-4). 물론 사용자는 현금을 지불하는 것은 아니다. 하지만 그에 못지않게 제한된 자원인 "관심"을 사용하게 된다는 것을 기억해야 한다. 관심 채널이 금전적인 가치를 지닌다는 것은 레스토랑이나 판매자들이 이메일 주소를 제공한 고객에게 현금이나 할인 쿠폰을 발행하는 점만 보더라도 분명하다. 이메일이 영수증을 보내 주는 가장 쉬운 방법이라는 논리로 우리를 설득한다. 밀려드는 밈들 속에서 유용한 정보들을 가려내는 것은 매우 시간이 많이 들고 에너지를 소모하는 작업이다. 따라서 햄버거를 10% 할인 받는 것은 당연하다. 적어도 우리에게 이메일 주소를 묻는 계산원에게 이렇게 물어보아야 했다. "왜요? 어디에 쓰시게요?"

그림 8-4. 이메일 주소를 제공했을 때 "free" 서비스와 금전적 혜택이 주어진다는 것만 봐도 이메일 주소가 비즈니스적으로 경제적 가치를 지닌다는 것은 분명하다.

　　이 개념이 2002년 데이븐포트와 벡이 출간한 저서의 요지이다. 그들은 사람들에게 관심을 회계사가 돈을 다루듯 소중하게 관리하라고 조언한다. 관심을 사용하는 것은 각자에게 달려 있다. 따라서 자신의 관심이 어디에 사용되고 있고 그 대가로 무엇을 얻고 있는지 파악하고 있어야 한다. 사용자의 관심은 양도가 가능했다. 따라서 우리로서는 주택 담보 대출 시 제공한 개인 정보가 투자 은행으로 다시 팔려나가는지 관심 가지는 것과 마찬가지로 우리의 관심이 어떻게 재판매가 되는지 투명하게 알 수 있어야 한다. 그리고 현금 사용을 자제하듯 우리의 관심을 제어함으로써 지나친 요구에 대처해야 한다.

■ 핵심 포인트_ 비즈니스 측면에서는 이메일 주소와 같은 사용자의 관심 채널을 확보하기 위해 마케팅 분야에 얼마나 많은 투자를 할지에 대한 분석이 필요하다. 반면에 소비자들은 본인들이 관심을 제공한 대가로 적정한 보상을 받고 있는지 따져 보아야 한다.

이 논의의 핵심은 관심 채널의 가치는 유용한 정보와 잡음의 비율에 좌우된다는 점에 있다. 휴대폰, 소셜 네트워크, 클라우드 컴퓨팅의 혁명적인 발달로 인해 분석이 필요한 관심 채널이 폭발적으로 늘어났다. 이 중에서도 움직이는 상태에서의 컴퓨팅이 요구되는 최근 환경 변화를 반영한 유용한 밈들이 이런 채널에 등장하고 있다. 내 주변에 어떤 좋은 레스토랑이 있는지 찾아볼 수 있고, 들어가기 전에 입구에서 다른 사람들이 남긴 리뷰를 확인하고, 계산할 때 휴대폰으로 할인 쿠폰을 보여 주는 것은 우리에게 매우 도움이 되는 일이다. 따라서 해당 관심 채널을 통해 제공되는 광고들은 대부분 관심을 기울일 만한 가치가 있는 것들이라고 볼 수 있다.

보통 관심 제공에 따른 보상 조건은 새로운 온라인 서비스를 사용하기 전에 수락하는 소비자 라이센스 약관(End User License Agreement, EULA)에 명시되어 있다. 하지만 우리의 주의를 산만하게 하지 않도록 "허위 포지티브" 정보를 걸러 내는 과정에서 아이러니하게도 소비자 약관도 같이 걸러진다는 문제가 발생한다. 이로 인해 소수의 사람만이 약관을 읽어 보게 된다. 약관에는 사용자들이 놓쳐서는 안 될 중요한 정보들이 포함되어 있을 수 있다. 우리의 관심을 끌고자 하는 수많은 요구로부터 우리 스스로를 보호하려다 거꾸로 피해를 보고 있는 셈이다.

상업적으로 밈을 개발하는 사람들이 도전해야 할 기회는 이미 보유하고 있는 관심 채널에 밈을 추가하거나 이를 통해 더 많은 밈을 밀어내는 것이 아니다. 혁신을 기다리고 있는 새로운 기회는 이 장의 서두에 거론한 다음과 같은 사실을 깨닫는 것부터 시작된다. "신호 탐지에 있어서 우리는 수동적인 참여자가 아니다. 우리는 능동적으로 이 행위에 참여하고 있다." 사용자로서 우리는 타깃이 불분명한 불특정 다수를 향해 발송된 스팸성 광고를 받고, 이 중에서 유용한 정보를 가려내기 위해 헛된 에너지를 쓰고 싶어 하지 않는다. 물론 당신도 스팸 발송에 비용을 지불하거나 광고를 통한 사이트 방문 효과가 형편없었음을 광고주에게 알리고 싶지는 않을 것이다. 구글과 페이스북을 포함한 많은 회사에서는 광고와 광고에 노출되는 사람 간의 관련성을 높이기 위해 개인 정보 수집 알고리즘을 사용하고 있다. 하지만 이런 노력 역시 우리를 단지 수동적으로 스크린을 쳐다보고 있는 대상으로 인식한 것이다.

하지만 이와는 반대로 사용자들을 적극적으로 참여시켜야 한다. 그리고 파트너로 만들어야 한다. 어떤 광고를 보기 원하는지 사용자들에게 물어보라.

쇼핑은 즐거운 일이다. 쇼핑이 중요한 목표가 되면 사람들은 쇼핑을 좋아하게 된다. 개인 설정 항목들을 찾기 어려운 곳에 숨겨 두지 마라. 사용자들에게 통제권을 주고 스스로 정할 수 있게 하라. 이를 통해 각자의 요구 사항을 표현할 수 있도록 하라. "우리가 파악한 바로는 당신은 다음과 같은 광고(운동, 여행, 카약, 뜨개질)에 관심을 보이는 것으로 나타났다. 당신의 의견은 어떤가? 해당 광고에 대한 당신의 관심도 레벨을 올리거나 낮추어 보라. 해당하지 않는 것은 지워도 된다." 인공지능 비서가 점점 실현 가능한 기술이 되어 가면 그들과 이런 종류의 대화를 하게 될 것이다.

구글의 "내 활동(My Activity)" 대시보드는 사용자들의 관심 채널을 구글이 어떻게 활용하고 있는지 투명하게 공개하고자 하는 노력을 대변한다. 대시보드에는 음성 검색, 지도 검색, 온라인 동영상, 방문 사이트 등의 이력이 표시된다. 구글은 이런 정보들을 바탕으로 사용자에게 맞춤 타깃 광고를 하게 되는 것이다. 하지만 자세히 들여다보면 여전히 구글이 얼마나 사용자들을 수동적인 존재로 여기고 있는지 알 수 있다. 사실 사용자들은 뛰어난 두뇌를 이용하여 관심을 집중하고 자기 정체성을 적극적으로 관리하는 존재들이다. 언제쯤이면 이러한 요인들을 매우 중요한 인자로 다루는 알고리즘 모델이 등장할까? 당신이 만든 알고리즘에 우리의 모습이 어떻게 비추는지 공개한 마당에 아예 그것을 관리할 권한까지 우리에게 주는 것이 어떨까?

　스팸은 최소화하고 유용한 정보만을 전달함으로써 사용자의 관심에 최대한 부합하는 광고를 할 수 있는 좋은 방법이 있다. 사용자의 온라인 활동 내역을 바탕으로 판단한 사용자의 관심 사항이 실제와 크게 다르지 않도록 하기 위해 이 과정에 사용자를 적극적으로 참여시키면 된다. 사용자에게 더 많은 권한을 주면 알고리즘이 파악하는 사용자의 모습과 실제 사용자의 모습이 더 가까워질 것이다.

9장
장기 기억

Long-Term Memory

우리가 영화 보기를 거부하는 가장 큰 이유는 무엇일까? 그 답은 장르, 줄거리, 특수 효과에 있지 않다. 탐 크루즈를 싫어하기 때문도 아니다. 영화를 보지 않는 가장 큰 이유는 우리가 이미 그 영화를 봤기 때문이다. 펜실베이니아 주립 대학교 학생들 500명을 대상으로 영화 150편의 21,000회 관람 경험을 조사했다. 학생들은 영화관에서 처음 본 영화의 65%, 비디오 대여로 처음 본 영화의 87%를 다시 보지 않았다고 한다.

한 가지 사고 실험을 해 보자. 우리의 신경 해부학적 요소 중 한 가지를 바꿨을 때 관련 산업에 얼마나 큰 영향을 주게 되는지에 대한 실험이다. 만약 우리가 영화를 보고 나서 일 년이 지나면 완전히 그 기억을 잃어버린다고 가정하자. 디지털 미디어 분야 컨설턴트들은 사용자의 경험이 반복 가능한 것일 경우 더 많은 돈을 벌 수 있다고 이야기한다. 이런 이유로 성격 진단 사이트나 자신의 유전학적 뿌리를 찾아 주는 사이트들은 비즈니스 관점에서 볼 때 전망이 밝지 않다. 일단 한번 그 사이트의 서비스를 이용하여 목적을 달성하고 나면 다시 그 사이트를 찾아올 일이 없어지기 때문이다. 만약 영화를 보고 1

년 후에 그 사실을 기억하지 못하게 된다면 그 영화를 다시 보고 싶어질 가능성이 생긴다. 그리고 다시 1년 후 같은 일이 반복될 것이다. 영화사들은 새로운 영화를 만들기 위해 엄청난 돈을 쓸 필요도 없어진다. 사람들이 옛날 영화를 계속 찾아서 볼 것이기 때문이다(그림 9-1). 옛날 영화를 상영하는 시장은 명절에만 잠깐 반짝하는 데 그치지 않고 일 년 내내 수익을 창출하는 캐시 카우(Cash Cow, 제품 성장성은 낮지만 수익성은 높은 산업)가 될 것이다. 지금은 사라졌지만 한때 전국적 비디오 대여점이었던 블록버스터(Blockbuster)도 여전히 매우 큰 사업으로 남아 있을 것이다.

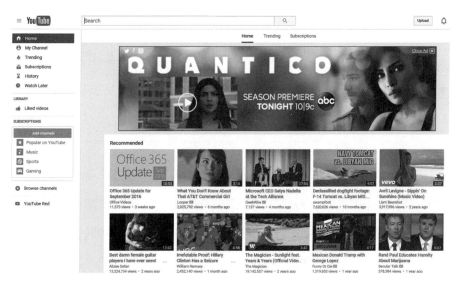

그림 9-1. 만약 사람들이 같은 영화를 두 번씩 보기를 원한다면 영화사들의 새로운 영화를 만들기 위해 소요된 비용은 훨씬 줄어들 것이다.

하지만, 사람들은 영화를 본 기억을 1년 후에 잃어버리지 않는다. 신경학적으로 어떤 질환을 앓지 않는 이상 기억을 되살릴 만한 힌트만 충분히 준다면 영화를 봤던 기억이 길게는 100년까지도 계속된다는 연구 결과가 있다. 최소한 영화를 다시 보기 시작하면 "아, 맞아. 이 영화 전에 본 적 있어"라는 이야기를 인생의 대부분에 해당하는 동안 할 수 있는 것이다. 물론 아무런 힌트 없이도 이전에 봤던 영화 제목을 기억할 수 있는 확률은 낮을 수 있다. 하지만 어떤 힌트가 있으면 훨씬 높은 정확도로 과거에 본 적이 있던 영화인지 아닌지를 답할 수 있게 된다. 기억을 정확히 해내지 못할 때도 신경학적으로 새겨진 어떤 기억들에는 유효기간이 없다는 것이 추측 확률이나 반응 시간 분석을 통한 심도 있는 연구로 밝혀져 있다.

■ **핵심 포인트_** 미디어와 관련된 기억은 장기 기억 장소에 무한대로 보관되는 인간의 능력 때문에 밈 제작자들은 새로운 콘텐츠를 끝없이 만들어 내야 했다.

1970년대와 1980년대 심리학자들은 장기 기억이 얼마나 지속되는지 측정하려고 했지만 거의 포기했다. 1975년 바릭의 연구 결과에 의하면 학창 시절 사진을 보고 동창인지를 가려낼 수 있는 확률이 15년 후에는 90%, 50년 후에는 80%라는 점은 앞에서 거론한 바 있다. 1986년 바릭은 사람들이 학창 시절 스페인어 수업 시간에 배웠던 단어의 40%가량을 50년이 지난 후에도 여전히 기억하고 있음을 보여 주었다. 하지만 학창 시절 친구들에 대한 기억

이나 스페인어 단어처럼 생생하게 뇌리에 깊이 박혀 있는 기억들은 그리 흔하지 않다. 따라서 이런 현상을 당신이 만든 밈에 대한 기억에는 완벽하게 적용할 수는 없다. 요즘 우리가 노출되고 있는 새로운 미디어의 경우는 어떨까?

1967년 심리학자 셰퍼드(Shepard)는 한 실험에서 실험 대상자들에게 처음 보는 612장의 다양한 종류의 사진을 넘겨보게 했다. 그리고 한 시간 후, 작업 기억의 정보들이 사라진 후에도 사람들은 97%의 정확도로 이미 본 적 있던 사진을 구별해 내었다. 더 충격적인 것은, 3개월 후 다시 테스트했을 때도 여전히 50%의 정확도를 보였다는 점이다. 1973년 엔겐(Engen)과 로스(Ross)는 스컹크 냄새와 위스키 냄새를 포함한 100종의 냄새로 유사한 시험을 했다. 일주일 후 사람들은 70%의 확률로 새로운 냄새와 이전에 맡아 보았던 냄새를 구별해 내었다. 한 달 후에도 그 정확도는 68%였다.

이 연구 결과대로라면 한나절 인터넷 데이트 사이트에 올라온 사진들을 한가롭게 넘겨 보는 것만으로도 평생 그 얼굴들을 기억할 수 있다는 뜻일까? 만약 그 사진들이 우리의 관심 병목 구간과 작업 기억 병목 구간을 무사히 통과했다면 그 답은 "그렇다"이다.

병목 구간을 통과하여 일단 우리 뇌의 특정 공간을 차지하는 데 성공한 밈은 평생 기억된다. 이런 생리학적 현상은 밈 개발 비즈니스에 엄청난 영향을 미친다. 영화부터 비디오 게임에 이르기까지 사용자들의 기억에 남을 만한 경험을 유도하기 위해서는 경험해 보지 못한 새로운 밈이 필요하다. 그러므로 밈 개발자들은 매일 직장에 출근하여 새로운 제품, 책, 영화, 에피소드를 만들어 내는 끝도 없는 개발 사이클을 반복한다.

미디어 시장에서 이러한 트렌드를 이용하여 수익을 창출할 수 있을지에 대한 실험적 시도가 이루어지고 있는 곳이 있다. 바로 동영상 스트리밍 서비스이다. 넷플릭스는 영화 카테고리 메뉴 중 "Watch It Again"에 이미 사용자가 관람한 영화들을 모아 놓고 있다(그림 9-2). 과거에 비하면 이런 콘텐츠를 사용자에게 전달하는 비용이 매우 낮아졌다. 따라서 이미 관람한 영화를 다시 보고자 하는 사람들로 인해 수익이 창출될지도 모른다. 넷플릭스가 수익이 나오지 않는 서비스에 귀중한 인터페이스 공간을 할애하는 도박을 하지는 않을 것이다.

야후(Yahoo!)에서 실시한 2016년 조사 결과에 의하면 꽤 많은 사람이 과거에 보았던 콘텐츠를 다시 소비하는 것으로 나타났다. 하지만 조사 결과 재관람률이 가장 높은 콘텐츠인 〈워킹 데드(The Walking Dead)〉의 경우에도 27%에 그치는 것으로 나타났다. TV 콘텐츠를 제외하고 가장 재관람률이 높은 영화 〈스타워즈(Star Wars)〉는 10%였다. TV 시대가 도래했던 1970년대에 제작된 콘텐츠 중 의외의 놀라움에 의존하는 장르인 호러 무비, 스포츠, 코미디물의 경우 다른 장르에 비해 재관람률이 낮았던 것으로 나타났다. 의외의 스토리 반전이나 갑자기 사람을 놀라게 만드는 장면은 우리의 장기 기억에 남게 된다. 따라서 이런 요소에 의존하는 영화는 다시 보고 싶어지지 않게 된다. 반면 복잡한 스토리 라인을 가지고 있거나 드라마, 액션, 다큐멘터리, 뮤지컬과 같이 다양한 주제가 가미된 영화는 소수의 사람이지만 재관람률이 높은 것으로 나타났다. 특히 기분 전환이 필요하거나 다른 사람들과 깊은 사회적 유대 관계를 필요할 때 다시 보게 됐다.

그림 9-2. 넷플릭스를 포함한 여러 스트리밍 서비스업체들은 현재 재관람 서비스를 통해 수익을 창출할 수 있을지 실험적인 시도를 하는 중이다.

잠깐만. 늦은 밤 영화관에 앉아서 〈스타워즈〉를 다시 보고 있을 때 느끼게 되는 즐거움을 생각한다면 향수를 불러일으키는 콘텐츠를 수익 모델로 하는 것이 충분히 가능하다고 생각할 수도 있다. 더구나 그런 밈에 보였던 관심은 쉽게 사라지지 않고 오히려 더 강하게 타오른다. 이런 이유로 이 분야에서 수익을 창출할 수 있는 소비자의 요구가 존재할 수 있다고 생각할 수 있다. 하지만 결국 그런 희망이 헛된 것이라는 결론에 도달하게 된다. 그 이유를 설명 하겠다.

모든 디지털 미디어들이 갖는 정서적 효과는 각 사용자의 감정, 경험, 환상을 자극함으로써 얻어진다. 졸업 앨범을 예로 들어 보자. 매년 같은 학교 친구들의 사진을 섬네일로 만들어 책으로 엮거나 온라인 채널에 졸업 앨범을 게재한다. 이런 밈들은 다른 디지털 밈과 마찬가지로 단지 시각적 힌트만 줄 뿐이다. 이런 시각적 힌트는 우리의 기억 속에 어떤 것과 연결되어야 실제 감정을 불러일으켰다.

조건 반사로서 뇌의 작용을 연구한 이반 파블로프(Ivan Petrovich Pavlov)의 이론에 대입해 보면, 섬네일은 조건 자극(conditioned stimulus)이고 그에 따라 일어나는 감정은 조건 반응(conditioned response)으로 볼 수 있다. 반면 섬네일이 대표하고 있는 실제 사람은 무조건 자극(unconditioned stimulus)이고 실제 사람이 불러일으키는 감정은 무조건 반응(unconditioned response)이다. 1926년에 세상에 발표한 그의 이론의 핵심은 밈의 파워는 밈을 구성하고 있는 이미지 픽셀에 있는 것이 아니라, 그것이 불러오는 실제 경험에 있다는 것이다. 이 이론은 현재도 여전히 유효하다. 작고, 낮은 수준의 현실감이 떨어지는 섬네일이나 텍스트 같은 디지털 밈이 어떻게 생생한 감정적 반응을 불러일으킬 수 있는지에 대해 항상 놀라게 된다. 이런 연결 현상이 바로 파블로프 연상(Pavlovian association)이며 학습과 기억이 이루어지는 원리이다.

하지만 한 가지 고려해야 할 사항이 있다. 실제 실물과의 접촉 없이 계속해서 그것을 연상시키는 디지털 자극만 받게 될 때 시간이 지날수록 반응도는 점점 약해진다는 점이다. 이런 현상을 소멸(extinction)이라고 부른다. 소멸 현상은 밈에 처음 노출되는 순간부터 시작되고, 노출 횟수가 반복될수록 급격한 속도로 떨어지게 된다. 어떤 경우 3회 혹은 4회의 노출만으로도 소멸 상태에 이르게 된다. 졸업 앨범을 처음 보았을 때 우리는 엄청난 감정적 변화를 경험하게 된다. 사진에 나온 사람이 절친이거나 앙숙이거나 짝사랑의 열병을 앓았던 사람일 경우, 그들은 우리의 기억 속에 여전히 생생하게 살아 있기 때문이다. 하지만 이 사람들을 직접 만나지 않고 그들의 디지털 대체물만을 계속 보게 될 때 우리의 감정적 반응은 점점 잦아들다 소멸에 이르게 된다(그림 9-3).

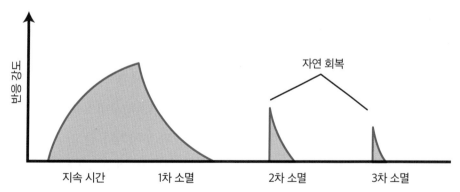

그림 9-3. 무조건 자극 없이 반복해서 조건 자극에만 노출되면 우리의 조건 반응은 점점 약해지다가 결국 소멸에 이르게 된다. 자연 회복이 된 후에는 소멸에 이르는 시간이 더 빨라졌다.

하지만 이야기는 여기서 끝나지 않는다. 파블로프에 따르면 조건 자극(졸업 앨범의 사진 섬네일)이 주어지지 않고 수개월에서 몇 년이 흐른 후 다시 자극을 주면 소멸 곡선에 의한 예측보다 훨씬 강한 반응이 나타난다. 그의 표현에 의하면 소멸한 반응이 자연적으로 다시 회복되기 때문이다. 우리는 짧고 강한 감정 변화를 가지고 있는데 소멸한 연상 반응을 포함하여 우리의 장기 기억에 저장되었던 것은 완전히 잊혀지지 않는다는 것을 증명하는 좋은 사례이다. 파블로프가 발견한 것은 한 가지 더 있다. 자연 회복되었던 감정 반응의 두 번째 소멸 속도는 첫 번째 경우보다 훨씬 더 빨라진다는 것이었다. 여기에 함정이 숨어 있다. 이미 본 적 있는 영화를 다시 보고 싶게 만들 수는 있다. 하지만 두 번째 보았을 때 흥미를 잃게 되는 속도는 첫 번째보다 훨씬 더 빨라진다. 영화 〈스타워즈〉라고 해도 이 현상을 극복할 수는 없는 일이다.

심리학 교수들은 이런 현상을 가리켜 "향수 효과"라고 부른다. 옛날 노래를 다시 듣는 것은 즐거운 일이다. 하지만 들을수록 더 빨리 싫증을 내게 된다는 점도 잊어서는 안 된다. 물론 이런 소멸 이론과 무관하게 흘러간 옛날 노래를 주로 틀어 주는 라디오 방송이 있기는 하다. 하지만 이런 서비스를 제공하는 회사로서 상장되어 성공한 회사는 없다. 어떤 벤처 투자가나 알고리즘 수학자들도 그런 회사에는 투자하지 않을 것이기 때문이다. 다시 오늘날 미디어 시장으로 관점을 옮겨 보자. 여전히 다음과 같은 질문에는 답을 하기 어렵다. 향수를 불러일으키는 콘텐츠로 벤처 기업을 만들 때 성공할 수 있을까?

■**핵심 포인트_** 소멸한 감정적 반응이 향수를 불러일으키는 콘텐츠에 의해 자연적으로 다시 회복되더라도 두 번째 노출 시 훨씬 더 빠른 속도로 소멸되었다.

이에 대한 답으로 1998-2008년 사이에 전성기를 누렸던 소셜 네트워크 계의 성공 신화 클래스메이트(Classmates.com)보다 더 좋은 사례는 없을 것이다. 클래스메이트의 부흥과 소멸 과정은 인터넷 기반의 혁신사에 대해 연구하는 사람이라면 심도 있게 공부해 보아야 한다. 클래스메이트가 설립된 1995년부터 2001년 사이는 인터넷 업계에 거품이 꺼지기 시작하면서 많은 기업이 도산하던 때였다. 하지만 클래스메이트의 가입자는 2천만 명을 돌파하였고 그중 120만 명은 일 년에 29.95달러를 지불하면서 프리미엄 서비스를 이용하는 사람들이었다. 당시 CEO였던 마이클 슈츨러(Michael Schutzler)는 〈시애틀 타임스(The Seattle Times)〉와의 인터뷰에서 당시 하루에 8만에서 10만 정도의 가입자가 늘어나고 있다고 했다. 2006년에 이르러서는 전년도에 8500만 달러였던 매출이 1억 3900만 달러로 늘어났다.

그렇다면 사람들은 클래스메이트의 어떤 서비스에 돈을 지불한 것일까? 프리미엄 서비스에서는 동창생들의 "그때"와 "지금" 사진이 수록된 섬네일을 볼 수 있고 이메일도 보낼 수 있다. 또한 동창회를 통해 동창들을 재회할 수도 있다. 클래스메이트는 소멸한 자극의 자연적 회복이라는 현상에 근간을 둔 비즈니스 모델이라고 할 수 있다. 2015년 클래스메이트의 CEO는 클래스메이트의 시장 포지션에 대해 다음과 같이 말했다.

> 사람들은 아직도 고등학교를 졸업하고 있다. 그리고 25주년 동창회를 참석할 정도의 나이가 되면 동창회에 대해 감상적으로 변한다. 물론 페이스북에도 고등학교 친구들이 있다. 하지만 클래스메이트를 방문하는 것은 옛날 교실을 찾아가거나 오래된 졸업 앨범을 열어 보는 것과 같다. 여기에서 사람들은 오래된 친구들을 발견하고 그들이 지금은 어떻게 변했는지 확인하게 된다.

클래스메이트를 방문하는 사람들에게 이런 감정 변화는 실제로 일어난다. 그리고 그들은 뉴욕타임스를 구독하는 데는 돈을 쓰지 않지만, 이 사이트의 프리미엄 서비스에는 가입한다. 하지만 더 자세히 사용자 이용 추이를 들여다보게 되면 기억의 소멸 현상이 일어나고 있음을 알 수 있다.

2006년 클래스메이트의 사용자들은 한 달에 고작 8분밖에 사이트를 이용하지 않았다. 소환된 기억이 다시 소멸하는 데 걸리는 시간이 그 정도인 것이다. 페이스북의 경우 초창기 사용자들은 한 달에 매달 50분가량 머물렀으며, 이러한 고착성(stickiness, 사용자가 상품이나 서비스를 얼마나 오래 혹은 자주 사용하는지에 대한 충성도)만으로도 엄청난 기업 인수가 예상된다. 클래스메이트의 사용자들이 계속 과거 콘텐츠를 소비하는 동안 페이스북은 사용자들에게 현재 콘텐츠를 가지고 오도록 유도하였다. 2012년경 페이스북 사용자들은 월 평균 423분 머무른 것으로 나타났다.

2007년 클래스메이트는 소셜 네트워크 분야의 투자자와 사용자들의 엄청난 관심에 편승하여 기업 공개를 시도했다. 하지만 클래스메이트의 기업 분석 보고서에 의하면 사람들은 향수를 불러일으키는 콘텐츠에 많은 시간을 소비하지 않는다는 사실이 분명하게 나타났다. 사람들은 새롭게 생성되는 콘텐츠에 훨씬 더 많은 시간을 소비한다.

우리 사이트의 가입자들은 자주 사이트를 방문하지 않는다. 한번 방문할 때 머무는 시간도 길지 않다. 그리고 프리미엄 서비스에 가입한 사용자 중 아주 일부만이 자신들의 사진과 신상 정보를 공유하고, 게시판에 글을 쓰거나 다른 가입자들의 프로필을 찾아보고 사이트에서 제공하는 여러 기능을 사용하는 것으로 나타났다. 우리 사이트의 가입자들이 사이트에서 제공하는 여러 기능을 더 자주 사용하고 새로운 콘텐츠를 계속해서 사이트에 유입시키지 않는 이상 신규 가입자들이 증가하거나 무료 사용자들을 유료 사용자로 전환해 더 많은 광고를 유치하기는 어렵다. 그 결과 매출이나 경영에 어려움이 나타나고 원래 계획했던 대로 사업을 확장해 나가기는 어려울 것이다.

클래스메이트는 2007년 12월 신청한지 한달 만에 기업 상장을 포기했다. 페이스북이 커 가고 있는 동안 클래스메이트는 점점 매출이 감소하였다. 그 이유에 대해서는 15장과 16장에서 더 자세하게 다루도록 하겠다. 2011년 클래스메이트는 사이트 주소를 MemoryLane.com으로 연결되도록 바꾸었다. 하지만 과거 향수를 자극하는 비즈니스 모델로 사업을 성장시키기에는 너무 빨리 기억이 소멸한다는 교훈을 배우지 못한 것으로 보인다. 그로부터 1년이 채 지나기 전에 다시 주소를 클래스메이트로 돌려놓았다.

10장
부호화와 인출

Encoding and Retrieval

밈 개발자로서 당신이 만든 밈이 사용자의 관심, 인식, 기억 병목을 통과할 경우 영원히 기억될 수 있다는 사실에 매우 고무되었을 것이다. 그 사실이 당신의 목표가 되기도 한다. 앱, 포털 사이트, 서비스 등이 일단 머리에 부호화되기만 하면 그 기억은 평생 보존된다.

하지만 다시 사용하거나 다른 사람에게 추천해 주기 위해서는 당신이 만든 밈을 기억으로부터 소환해 올 수 있어야 한다. 이때는 당신의 브랜드 이름뿐만 아니라 가입을 위해 입력했던 비밀번호까지 기억해 내야 한다.

비밀번호야말로 인터넷에서 가장 치명적인 UX 병목일 것이다. 애플의 마케팅 전문가였던 가이 가와사키(Guy Kawasaki)는 2007년 작성한 기고문에서 "시장 진입을 방해하는 10가지 바보 같은 짓" 중 하나로 대소문자를 구별하는 비밀번호를 꼽았다. 그는 다음과 같은 글을 썼다. "제품 시연회 사상 가장 우스꽝스러운 장면은 어떤 회사의 CEO가 자기 계정에 로그인하지 못하고 쩔쩔맬 때였다. 대소문자를 구별하는 아이디와 비밀번호를 제대로 입력하지 못했기 때문이었다."

    그 CEO만 빼고는 보는 사람들에게 정말 재미있는 장면이었을 것이다. 하지만 이것은 실제 인터넷 사용자들에게는 심각한 문제이다. 미국 인구는 고령화되고 있고 가입이 필요한 사이트의 숫자는 폭발적으로 늘고 있다. 반면 해당 사이트의 데이터베이스에 입력해야 할 비밀번호를 포함한 보안 정보 양식은 너무 복잡해지고 있다. 이로 인해 정부 사이트를 비롯하여 중요한 온라인 서비스 이용에 심각한 접근성 문제가 발생하고 있다. 지나친 비밀번호 보안의 예로는 2016년 워싱턴주 교통부에서 판매한 자동 고속도로 통행 패스인 굿투고!(Good to Go!)를 들 수 있다. 이 사이트에 등록하기 위해서는 이메일, 사용자 아이디, 비밀번호(2회 입력 필요), 3개의 보안 질문(2회 입력 필요), 4자리의 개인 식별 번호(그림 10-1)가 필요하다. 사용자들이 이 모든 등록 양식을 정확히 작성하고 나중에 이 모든 비밀번호를 잘 기억해 낼 확률은 매우 낮다.

그림 10-1. 굿투고! 자동 고속도로 통행 패스는 계정을 만들기 위해 다양한 종류의 비밀번호를 입력하게 되어 있다.

불행히도 우리의 민감한 개인 정보를 훔치려는 해커들의 기술은 나날이 발전하고 있다. 2015년 기준으로 단순하게 한 글자씩 넣어 보는 "브루트 포스(brute force)" 방법으로 7자리 비밀번호를 해킹하는 데 걸리는 시간은 0.29 밀리세컨드 밖에 안된다. 따라서 아스키(ASCII) 코드를 포함하는 더 긴 비밀번호가 필요하게 되었다. 아스키 코드가 포함된 8자리 비밀번호를 해킹하는데는 4달이 걸리고 9자리 비밀번호의 경우 10년이나 소요된다. 하지만 문제는 비밀번호가 길어질수록 사용자들이 기억하기 어려워진다는 것이다. 특히 몇 개월 주기로 비밀번호를 바꿔야 할 때 더 힘들어졌다.

■ **핵심 포인트_** 밈의 이름을 기억해 내고 가입 시 사용했던 비밀번호를 기억하여 다시 사용할 수 있도록 도움을 줄 수 있다면 당신이 만든 서비스를 자주 이용하고 타인에게 추천해 줄 확률은 높아질 것이다.

보안상의 이유로 사용자들에게 강제로 만들게 했던 긴 비밀번호를 어떻게 하면 잘 기억하도록 도와줄 수 있을까? 기억 소환과 관련된 신경학적 이론을 이해하여 당신의 목적에 부합하게 잘 사용하기 위해서는 당신이 이미 잘 알고 있는 네트워크에 대한 이해로부터 출발하는 것이 가장 좋다. 다음과 같은 비유를 통해 밈이 어떻게 부호화되고 다시 기억으로부터 소환되는지 설명해 보겠다. 이를 통해 사용자가 당신의 밈을 기억해 내는 과정을 어떻게 도와야 할지 이해하게 될 것이다.

인간의 신경계는 일종의 네트워크다. 인터넷과는 비교할 수 없을 정도로 훨씬 더 복잡하다. 한 사람의 두뇌를 페이스북 전체 네트워크와 비교해 보자. 페이스북에는 17.9억 명의 사용자가 있는 반면에 두뇌에는 1000억 개의 신경 세포가 있으므로 더 많은 접속점(node)이 있는 것이다. 그리고 페이스북은 가입자 1인당 평균 338명의 친구가 있는 반면에 두뇌에는 하나의 신경 세포당 7,000개의 시냅스(synapse)가 있다. 훨씬 더 많은 친구를 갖고 있는 것이다. 시냅스는 신경 세포 사이의 접합점이다. 그리고 가지 돌기(dendrite)라고 불리는 시냅스 가지 끝에는 미세한 간극이 있다. 이 간극을 건너 신경 신호가 전달되는 데는 전기 화학적 방법이 아니라 화학 물질이 이용된다. 트위터에서 팔로워가 계속 변하듯이 시냅스도 꾸준히 변화한다. 새로운 시냅스가 생성되어 그 숫자가 많아지기도 하고 서로 결합하여 다음 신경 세포로 가는 경로를 새로 만들기도 하고 혹은 차단하기도 한다. 신경 신호가 얼마나 많이 통과했느냐에 따라 가지 돌기가 굵어지기도 하고 가늘어지기도 한다. 이것은 얼마나 빈번하게 사용되느냐에 달렸다.

지난 세기에 심리학자들은 두뇌 신경망의 이러한 복잡함을 어떻게 다루어야 할지 전혀 몰랐다. 하지만 최근 들어 선보인 심리학 이론들은 네트워크 분야의 용어와 개념을 도입하기 시작했다. 두뇌의 "영역(area)"이라는 용어보다는 "경로(pathway)"라는 단어를 사용하고 있고, 정신 질환을 "장애(disorder)"라고 표현하는 대신 "역학(dynamics)"이라는 용어로 설명하고 있

으며, "개념(concept)"이란 단어 대신 "의미 네트워크(semantic network)"라
는 용어를 쓰고 있다.

가장 먼저 네트워크 분야의 비유를 사용하여 자신들의 이론을 재정립한 것
은 기억 이론 분야의 학자들이었다. 기억이란 현상을 다룰 때 사용해 왔던 보
관 용기라는 개념을 포기함으로써 그 변화는 시작되었다. 기억을 무언가를
채워 넣는 양동이가 아니라 컴퓨터 하드 드라이브와 같은 것으로 보기 시작
한 것이었다. 두뇌와 하드 드라이브는 어떤 장소에 무언가를 보관하는 것이
아니라 반영구적인 접속 패턴을 생성함으로써 정보를 보관한다는 점에서 유
사하다. 더구나 인간은 행동하는 뇌와 기억하는 뇌를 따로 가지고 있지 않다.
하나의 뇌로 두 가지 기능을 동시에 수행해야 한다. 기억을 되살린다는 것은
최초의 경험이 일어났을 때 활성화되었던 두뇌 경로에 신호를 다시 흘려보내
는 것이다. 이런 관점에서 본다면 기억은 영화와는 다르다. 우리가 무엇인가
를 기억한다는 것은 실제로 일어났던 일을 기록한 비디오를 돌려보는 것이
아니라 일어났을 법한 일을 다시 재구성하는 것이다. 물론 매우 정확한 이미
지, 소리, 냄새 등의 정보들이 같이 포함되어 있을 수는 있다. 하지만 이런 것
들도 어떤 가정과 함께 연결돼 있다.

결론적으로 새로운 기억은 보존되고 저장되는 것이 아니다. 연결되고 조합
되는 것이다. 그 기억들과 연결된 요소들이 많을수록 더 많은 경로를 통해 기

억을 소환할 수 있다.

파블로프의 놀라운 발견을 그 당시에 지나치게 단순화하지만 않았어도 심리학자들은 이러한 사실을 적어도 수십 년 전에 깨달을 수 있었다. 파블로프의 개가 고기 분말 냄새에 침을 흘렸을 때 개들은 벨소리만으로 그런 반응을 보인 것이 아니었다. 개들은 그릇의 모양, 실험실의 컬러, 연구원들에게서 나는 냄새, 복장, 수염, 목소리의 톤, 심지어 하루 중 언제였는지와 같은 많은 정보로부터 고기를 연상해 낸 것이다. 실제로 개들은 그들이 속해 있던 환경의 모든 요소를 네트워킹하여 기억하고 있었다. 파블로프는 이 사실을 잘 알고 있었다. 그가 실험실에 들어가는 순간 개들이 침을 흘렸기 때문이다. 하지만 기억이 맥락에 의존(context dependent)한다는 사실을 심리학자들이 깨달은 것은 1970년대가 되어서였다. 즉 기억은 그것이 형성되는 순간 존재했던 내외적 환경의 모든 자극 요소와 결합한다는 것이다.

이것이 뜻하는 것은 당신이 만든 밈을 경험했던 그 당시 존재한 모든 자극 요소들은 밈에 대한 기억을 되살리는 데 도움을 줄 수 있다는 것이다. 영국 케임브리지 대학교의 심리학자 고든과 배들리(Godden & Baddeley)는 1975년 스쿠버 다이버를 대상으로 이와 같은 사실을 분명하게 증명했다. 그들은 스쿠버 다이버에게 육지와 물속에서 단어를 외우는 과제를 주었다. 그 연구 결과 물속에서 외웠던 단어는 물속에서 더 기억이 잘 난다는 사실이 밝혀졌다.

기억을 향상시키기 위한 다른 특별한 노력이 필요한 것은 아니었다. 지루하게 반복해서 외우는 일도, 힘들게 기억술을 익힐 필요도 없었다. 연구자들은 기억하고자 하는 밈이 애초에 부호화되었던 것과 같은 환경을 사용하여 기억의 네트워크를 활성화하였을 뿐이었다. 이 연구가 발표되고 나서 스쿠버 다이빙 강사들은 수영장 바닥에서 강습을 하기 시작했다.

더불어 당신의 밈이 부호화되는 순간 존재했던 기억 소환 요소들의 네트워크를 더 풍부하게 하는 방법이 있다. 기억을 떠올릴 수 있는 경로를 더 많이 만드는 것이다. 그 방법은 바로 새로운 밈을 선보일 때 이미 잘 알고 있는 기억들과 함께 보여 주는 것이다. 예를 들어, 아플락(Aflac) 보험 회사는 오리(duck), 가이코(GEICO) 보험 회사는 게코(gecko) 도마뱀, 그리고 고대디(GoDaddy) 도메인 등록 회사는 경주용 자동차(혹은 매력적인 레이싱 드라이버)와 연결 짓는다. 실험 대상 그룹들이 회사 이름을 기억해 내려고 애쓰는 모습을 보면 피실험자들의 사고 과정을 엿볼 수 있다. 심지어 어떤 이들은 기억 소환 요소들을 크게 소리 내어 알려 주기도 한다. "게코 도마뱀과 동굴에 사는 원시인이 등장하는 그 보험 회사에서는 15분 만에 15%를 절약해 준다고 했어…. 그래, 생각났어. 가이코 보험!" 신경 세포 단계에서 보자면 잘 알고 있는 기억 회로를 점화하여 새로운 기억 회로를 활성화하는 전략이다. 신경 과학자들에게는 활성화 확산(spreading activation)이라고 알려진 과정을 이용하는 것이다. 당신이 만든 밈을 "짝"과 함께 보여 주는 것은 대상자가 후에 기억을 되살리는 데 훨씬 효과적인 방법이다. 이 방법이 "GEICO, Government Employees Insurance Company"를 계속 반복해서 외우는 것보다 더 낫다.

이런 이유로 긴 비밀번호로 가장 좋은 것은 잊을 수 없는 문구의 첫 번째 알파벳 조합이다. 당신 사이트의 가입자들에게 각자 좋아하는 영웅들이 쓰던 문구를 생각하게 하고 그것과 관련된 비밀번호를 만들도록 추천하라. 미식축구 구단 시애틀 시호크의 감독 피트 캐롤은 다음과 같은 말을 했다. "Stay hungry, remain humble, and get better today." 이 문구에서 각 단어의 첫 알파벳을 따오고 특수 문자 몇 개를 추가한다. 그리고 좋아하는 숫자와 대소문자를 구별한 뒤 해당 서비스와 관련된 몇 개의 고유한 문자를 추가로 덧붙이면 다음과 같은 페이스북 비밀번호를 생성하게 된다.

sHrHaGBtFB*5

이 12글자의 비밀번호를 해커가 뚫기 위해서는 브루트 포스 해킹법으로 200년이 소요되어야 한다. 이렇게 비밀번호를 만들면 기억 소환의 요소가 많아서 쉽게 기억해 낼 수 있다. 감정을 자극하는 요소들과 함께 많은 기억이 녹아 들어가 있는 비밀번호이기 때문에 뜻대로 다시 불러내는 것이 매우 쉽다.

이런 아이디어를 바탕으로 우리가 당신 사이트의 이름과 비밀번호를 잘 기억할 수 있도록 밈을 개발할 때 기억 소환 요소들을 잘 이용해야 한다. 당신이 만든 밈이나 사이트의 이름을 사용자에게 선보일 때 크레이크(Craik)와 록하트(Lockhart)가 1972년에 소개한 정교 부호화(elaborative encoding)라는 과정을 사용자들이 거치도록 해야 한다. 이 과정은 사용자들이 이미 가지고 있는 기억과 새로 선보이는 밈을 최대한 연결할 수 있도록 적극적인 노력을 하게 만드는 것이다. 당신의 밈을 더 오랜 시간 동안, 더 깊이 있게 처리할수록 관련 네트워크에 더 많은 전류(행동 전압)를 흘려보내게 된다. 이럴 때 당신이 만든 밈까지 도달하는 경로에 놓인 가지 돌기는 더 굵어지고 더 많은 시냅스가 자라나게 할 수 있다.

정교 부호화를 장려하는 것은 킥스타터(Kickstarter)의 많은 캠페인에 큰 도움이 될 것이다. 킥스타터는 발명품을 선주문하는 방식으로 아마추어 투자자들로부터 펀딩을 받는 사이트이다. 이 사이트에서 어떤 캠페인들은 정교 부호화를 통해 회상이 용이하도록 만들어져 있고 어떤 캠페인들은 그렇지 못하다(그림 10-1).

그림 10-1. 어떤 킥스타터 캠페인들은 방문객들이 자신의 밈을 정교 부호화하도록 유도하여 나중에 쉽게 기억할 수 있게 해 준다.

음운적/청각적 처리: 당신이 만든 밈이 어떻게 불리는지가 중요하다. "Jeaux-Racha – One taste and we gotcha"와 같은 태그는 이것을 잘 이용한 훌륭한 예이다. 하지만 MAIIKEstore Café의 경우 어떻게 발음할지 알 수 없고 따라서 나중에 기억을 떠올리기도 매우 힘들다.

구조적/시각적 처리: 독특한 로고와 아이콘을 만들어 낼 수 있는 디자이너를 고용하라. 그리고 이것을 전면에 배치하여 사용자들이 글자체, 대문자화, 색채를 음미할 수 있도록 하라. Craft Beverage Underground는 이런 작업을 훌륭하게 해냈다.

반복: 이것은 가장 얕은 깊이의 처리 과정이다. 하지만 당신이 만든 밈이 작업 기억 공간에 더 오래 머무를 수 있도록 해 준다. 장기 기억 공간으로 가기 위한 가장 기본적인 단계이다. Meadowlands Chocolate는 "Meadowlands"라는 단어를 광고 페이지에 41번 사용했다.

이미지 처리: 제품 사진 또는 제품 사용 방법을 포함하라. 그것이 없다면, 아이스라이너스(IceLiners)로 어떻게 마니티 잔 바닥에 얼음을 층층이 쌓았는지를 기억할 수 없다.

의미론적 처리: 당신이 만든 브랜드 이름의 의미, 어원, 그리고 문장 내에서 어떻게 사용해야 하는지를 알려 주어라. Comedor 레스토랑은 광고에서 Comedor가 스페인어로 "다이닝 룸"이라는 뜻임을 알리고 있다.

연상 점화: 이름을 선택할 때 활성화 확산을 다시 명심하라. 당신이 만든 이름이 우리가 이미 가지고 있는 어떤 기억 네트워크를 점화시키는가? 그 네트워크가 당신의 밈이 같이 연상되길 원하는 네트워크가 맞는가? 예를 들면 BTU Brasserie가 원래 의도하는 중국 식당과 수제 맥주에 대한 연상 기억을 떠올리는가 아니면 프로판 가스의 냄새와 맛을 연상시키는가?

단계적 처리: 사용자들에게 당신의 아이디어를 만지고, 쓰고, 그려 보게 하라. 기억으로 저장되는 과정은 많은 근육적, 단계적, 행동적 요소들이 결부되어 있다. 다시 말해 당신이 제시한 아이디어에 대해 어떤 종류든 행동을 하도록 하면, 나중에 기억을 불러오기가 훨씬 쉬워진다는 뜻이다. 사용자들에게 쓰게 하거나 타이핑을 치게 하거나 그리게 하거나 어떤 것이든 좋다. 이것은 나중에 점화할 수 있는 기억 경로를 하나 더 만드는 행위이다. SunCreature Studio는 "Tales of Alethrion"이라는 만화 영화 시리즈의 제작 광고를 할 때 그림 콘테스트를 열었다. 적어도 여기에 응모한 200명의 참가자는 이 프로젝트를 확실하게 기억할 것이 틀림없다. 이 광고의 다음 업데이트 버전에는 응모한 그림 중 수상작이 게재되었다.

The Reward - Tales of Alethrion

반복: 사이트의 중요 정보를 사용자들 자신의 언어로 표현하게 하라. 엘로이(Elroy)는 마그네틱 도킹이 되는 블루투스 이어폰을 개발하였다. 하지만 광고의 태그라인은 만들지 않았다. 대신 사용자들에게 광고 태그라인을 만들 것을 요청하였다. 응모한 사람들은 엘로이를 기억하게 된다. 설사 응모하지 않은 사람들도 잠시 몇 분 동안은 어떤 마케팅 카피가 어울릴까 머릿속으로 생각해 보게 된다.

장소 프로세싱: 당신의 아이디어를 연상하는 것에 도움을 주기 위해 사람들이 잘 아는 장소를 연결하라. 킥스타터에서는 종종 투자자들이 자기 지역 발명품을 사 주는 경우가 많다. 게재된 발명품 중 특정 지역만 선별하여 보여 주는 기능도 있다. 당신의 아이디어를 더 생생하게 표현하기 위해 특정 지역을 연결할 수도 있다. Carrots on Fire 광고는 매운 스리라차 소스가 가미된 당근칩이 맛있어 보이기 위해 최선을 다하고 있다. 하지만 제품의 출처인 캘리포니아와 연결하는 데는 실패했다. 반면 Stroopwafel Heaven은 광고에서 네덜란드가 원산지임을 5번이나 강조하고 있다.

셀프 프로세싱: 당신의 아이디어를 사용자들이 가지고 있는 가장 중요한 기억과 연결하라. 그것은 다름 아닌 자기 자신이다. 대부분의 킥스타터 광고는 회사에서 펀딩을 통해 어떤 것을 할 것이고 사용자들이 어떻게 자신들을 도와줄 수 있을지를 집중적으로 홍보하고 있다. 반면 OmieBox 광고의 태그라인은 "당신의 자녀들이 좋아하는 음식을 싸서 보낼 수 있도록 찬 음식과 따뜻한 음식을 동시에 담을 수 있는 점심 도시락통"이다. 매우 대단한 천재적인 광고 같지는 않다. 하지만 OmieBox는 2,000명의 투자자를 통해 $120,000 투자금을 펀딩하는 데 성공했다. 광고의 태그라인이 사람들의 마음을 움직였다는 뜻이다.

OmieBox: Hot & Cold Food in 1 Lunchbox

우리가 실제로 경험했던 것과 끈끈하게 연결된 밈은 그렇지 않은 밈보다 나중에 훨씬 더 기억해 내기가 쉽다는 것이 이 이야기의 핵심이다.

■핵심 포인트_ 정교 부호화는 이전에 저장된 기억에 새로운 밈을 적극적으로 연결하며, 밈이 회수될 수 있도록 돕는다. 당신은 사용자가 밈을 다양한 방법으로 더 깊이 처리하도록 장려할 수 있다.

어디선가 많이 들어본 이야기인가? 아마도 그럴 것이다. 기억 소환 요소 최적화(retrieval element optimization, REO)는 검색 엔진 최적화(search engine optimization, SEO)와 매우 유사하기 때문이다. 수십 년간 온라인 벤처 기업들은 SEO에 많은 돈을 투자했다. 새로운 웹 사이트를 기존의 웹 사이트와 연결하고 구글의 검색 봇이 상세 텍스트를 포함하여 가능한 한 많이 찾을 수 있도록 했다. REO 역시 SEO와 같은 원리로 기억을 찾고 그것을 다시 불러온다.

하지만 흥미롭게도 SEO에 너무 의존하면 REO 작업에 게을러지는 현상이 발생한다. 인류는 항상 기억을 다시 불러오고자 할 때 외부의 도움에 의존해 왔다. 석판에 기록한다든지 종이에 연필로 쇼핑 리스트를 작성한다든지 혹은 경험했던 친구나 배우자에게 물어보는 식이다. 다른 사람에게 어떤 것에 대한 기억을 묻는 것을 분산 기억(transactive memory)이라고 부른다. 이 현상은 보통 노인들에게 많이 나타나는 것으로 알려져 있다. "여보, 지난번에 크루즈에서 만났던 부부 이름이 뭐였지?"와 같은 식이다. 하지만 점점 상황은 변해 갈 것이다. 구글이 우리의 가장 친한 친구가 되어 가기 때문이다.

우리는 인지 활동 과정에서 최소한의 에너지만 사용하여 목표를 달성하고자 한다(이 경우 회상이 되겠다). 따라서 만약 외부의 도움으로 나중에 기억을 떠올릴 수 있다는 사실을 알고 있다면 굳이 다양한 신경 접합점을 이용하여 부호화하는 작업을 할 필요가 없을 것이다. "기억할 필요 없어. 적어 놓으면 돼"라고 생각하거나 "남편한테 물어보면 돼" 혹은 "구글에 찾아보면 되지"라고 생각하게 되는 것이다.

컬럼비아 대학교 교수 벳시 스패로우(Betsey Sparrow), 위스콘신 대학교 매디슨 캠퍼스 교수 제니 류(Jenny Liu), 그리고 기억학의 대가 다니엘 웨그너(Daniel Wegner)는 2011년에 이런 현상을 생생하게 증명해 보였다. 대학생들에게 "타조의 눈은 뇌보다 크다.", "우주 왕복선 컬럼비아호는 2003년 2월 텍사스 상공을 통과하여 대기권에 진입할 때 폭발했다." 등등 40개의 상식 문구를 보여 주었다. 그리고 나중에 시험을 칠 것이므로 주어진 문장을 컴퓨터에 입력하라고 지시하였다. 이 중 절반의 학생들에게는 입력된 문장이 컴퓨터에 저장될 것이라고 말해 주었다. 이렇게 함으로써 분산 기억 파트너가 있음을 믿게 하였다. 나머지 반의 학생들에게는 입력된 문장이 컴퓨터에 저장되지 않을 것이라고 말했다. 그렇게 함으로써 시험을 위해 의지할 것이 자신의 기억밖에 없다고 생각하게 하였다. 전자의 경우 학생들은 문장을 다양한 방법으로 기억하고자 하는 노력을 하지 않았다. 내부 기억 네트워크 대신 나중에 찾아볼 수 있는 수단이 외부에 존재한다고 생각했기 때문이다. 실제 시험에서 전자의 성적이 훨씬 낮게 나타났다.

노인들이 가끔 배우자 없이 여행해야 하는 상황처럼, 외부 장치의 도움 없이 기억을 떠올릴 수 있도록 사용자에게 어떻게 하면 밈을 각인시킬 수 있을까에 대한 많은 논의가 있다. 소셜 네트워크를 통한 공유가 급증하고 있지만, 입으로 전해지는 정보의 극히 일부만이 디지털화된다. 따라서 사람의 기억을 이용하지 않는다면 엄청난 양의 무료 마케팅 수단을 포기하는 것이다. 운전하거나 다른 활동을 하는 동안에는 안전하고 간편하게 검색 기능을 이용할 수 없다. 구글 나우(Google Now) 같은 음성 비서를 통해 더 많은 핸즈프리 기능을 이용할 수 있게 되었지만, 속도가 중요할 때 우리의 작업 기억 용량(working memory capacity)을 사용할 수밖에 없다. 구구단을 암기한 초등학교 3학년의 계산 속도를 전자계산기가 쫓아갈 수 없다는 사실을 떠올려 보라.

■핵심 포인트_ "구글 효과"가 기억력에 미치는 영향에 대한 연구 결과에 따르면 우리가 찾고자 하는 것을 나중에 검색 엔진이 찾는다고 생각할 때 더는 정보를 부호화하려고 하지 않는다는 사실이 증명되었다.

그렇다. 우리는 언제든 구글을 통해 우리가 기억할 수 없는, 하지 않는, 혹은 하고자 노력하지 않았던 상세한 정보를 찾아볼 수 있다. 하지만 기억 소환 요소가 너무도 없는 나머지 심지어 구글 검색 기능도 사용할 수 없을 정도가 되면 어떻게 할까? 사용자들이 꼭 필요한 순간에 도움을 주지 못하고 또 하나의 밈이 침묵의 숲에서 쓰러지는 일이 발생하게 될 것이다.

이것은 정교 부호화 과정을 생략하고 REO(기억 소환 요소)를 최소화하여 밈을 제작하는 경우 발생하는 현상이다. 하지만 기억을 되살리는 데 아무런 어려움이 없어지면 우리에게 어떤 일이 일어날까? 너무 약하게 부호화된 표적 기억을 활성화할 수 없을 때 그 영향은 특정 정보를 알고 있다고 느끼지만 즉시 특정 정보를 인출할 수 없는 상태에 한정되어 있을까?

그렇지 않다. 아이러니하게도 복잡한 정보를 찾는 능력이 점점 더 보편화되고, 핸즈프리가 가능하며, 심지어 외과적으로 내장될 수도 있게 되었지만, 기술의 도움을 받지 않고 정보를 저장하고 기억해 내는 능력은 개인의 지적 능력을 상징하는 특성처럼 인정받는다. 한 일자리에 두 명의 구직자가 있다고 가정해 보자.

- 구직 후보 1: "제가 최근에 읽은 보건 관련 블로그에서 굉장히 좋은 아이디어를 보았습니다. 하지만 누가 썼는지 기억은 안 나는군요. 나중에 구글에서 찾아보고 링크를 보내드리겠습니다."
- 구직 후보 2: "제가 최근에 읽은 보건 관련 블로그에 마이클 굿하임(Michael Goodheim)이 쓴 좋은 아이디어가 있었습니다. 그는 소규모 회사들이 할 수 있는 일들을 열거하였는데 한번 고려해 보아야 할 아이디어입니다.

누구를 채용할 것인가?

우리가 친구들에게 "우주 왕복선 컬럼비아호가 몇 년도쯤 폭발했지?"라고 물어보면 아마 많은 사람이 짜증을 부리며 "내가 널 위해 구글에서 검색해 줄게(let me Google that for you)"라고 말할 것이다. 누구든 우리의 분산 기억 파트너가 되는 것보다 자신들이 관심 있어 하는 일에 집중하고 싶어 한다. 심지어 let me Google that for you의 앞글자만 딴 lmgtfy.com이라는 사이트도 존재한다.

하지만 누군가가 일말의 주저함도 없이 2003년이라고 답했을 때 어떤 일이 일어날까? 바로 그 사람에게 마치 해시태그 #smart를 붙이는 것과 같은 효과가 나타날 것이다. 일상적인 사회생활에서 우리가 다른 사람들의 능력과 지적 수준을 평가할 때 누구의 보조나 도움을 받는 것처럼 보이면 그 능력을 평가 절하하는 경향이 있다. 많은 거물급 기업들이 인공지능이나 디지털 비서(Digital Assistant) 기능을 개발하기 위해 치열하게 경쟁하고 있다. 하지만 그것을 사용하는 사람들의 능력이 의심받지 않도록 디자인하거나 제품 포지션을 잘 선택해야 할 것이다.

검색 엔진 최적화(SEO)와 대칭되는 기억 소환 요소 최적화(REO)의 약자가 마음에 들지 않을 수도 있다. 아마도 1980년대 우스꽝스러운 큰 머리 록 밴드에 대한 연상 기억 네트워크가 활성화되어서일 것이다. 여러분은 새로운 개념인 REO를 기억 속에 있는 기존의 개념(록 밴드: REO)과 연결하는 시도를 했다는 것을 눈치챘을 것이다. 여기 한 가지 제안 사항이 있다. 작명 대회를 열어 보자.

The Bottlenecks of Disposition

4부

취향 병목 구간

11장
성격

Personality

만약 당신이 만든 밈이 이 장의 단계까지 도달했다면 우선 축하한다. 앞서 설명한 심리적 병목 구간들을 잘 통과하여 경쟁자들을 물리치고 무사히 살아남았음을 뜻하기 때문이다. 지금 현재 당신이 만든 밈의 사용자 혹은 관객들은 당신의 밈에 시선을 집중하고 의미를 해석한 후 장기 기억에 보관했으며 뜻대로 다시 기억을 꺼낼 수 있도록 충분한 기억 소환 요소를 결부시켜 놓은 상태이다.

하지만 "뜻대로"라는 말은 무엇을 의미하는 걸까? 왜 당신이 만든 밈에는 애착을 갖고 다시 사용하게 되고 다른 밈에는 전혀 관심을 보이지 않게 되는 것일까? 콘텐츠가 왕이다(사용자 경험은 여왕). 그렇다면 어떤 콘텐츠가 사람들에게 어필하게 될까? 허핑턴 포스트, 폭스, 패치, 넷플릭스, MSN과 같은 대형 매체들과 일해 봤거나 그런 사이트에 광고를 한 사람이라면 이 질문에 답하는 것이 당신의 커리어에 매우 중요하다는 것을 알고 있다.

이 질문을 잘못된 방향으로 바꾸면 훨씬 더 대답하기 힘든 질문이 된다. 경영 분야의 유명 작가 말콤 글래드웰(Malcolm Gladwell)은 "어떤 것이 멋진 것인가?"에 대한 정의를 내리려 했을 때 "멋진 사람들이 좋아하는 것"이라는 결론에 도달했다. 이러한 깨달음을 통해,"어떤 것이 보상될 수 있는가"라는 질문에 답하기 위해 쏟았던 노력과 시간을 이제는 "보상을 받는 사람들이 누구인가?"로 돌려야 한다. 다르게 표현하자면 당신이 개발한 밈과 사용자의 취향(disposition)을 연결하는 데 초점을 맞추어야 한다는 것이다(그림 11-1).

그림 11-1. 같은 디지털 밈이라 하더라도 개인별 취향에 따라 어떤 경우에는 환영받고 어떤 경우에는 거부당하게 된다.

이미 2장에서 취향 매칭(disposition matching)이라는 개념을 소개한 바 있다. 사용자의 목적에 맞게 밈을 만들어야 한다는 것이다. 특정 목적을 가지고 사이트를 방문한 사용자에게는 검색창을 제공하고 그렇지 않은 사용자에게는 링크와 섬네일을 제공한다. 매우 단순한 이론이다.

앞으로 3장에 걸쳐 개인별 취향에 대한 논의를 가장 글로벌하고 안정적인 것부터 가장 독특하고 일시적인 것에 이르기까지 세 단계로 나누어 소개하겠다(그림 11-2). 우주 전체로부터 지구 그리고 사람으로 확대하여 들여다보는 것과 유사한 방식이다. 먼저 전체 사용자들의 성격 영역(personality domain)을 파악한 후 발달 단계(developmental stage), 그리고 현재 어떤 욕구(needs)가 있는지로 좁혀 가도록 하겠다. 이 과정을 통해 우리는 사용자들이 어떤 사람들이고 어떤 콘텐츠에 만족하는지 알 수 있게 된다. 이 결과를 바탕으로 광고 카피를 작성하는 사람들은 다음 작업을 할 수 있을 것이다.

그림 11-2. 취향의 유형

먼저 성격 매칭(personality matching)부터 시작해 보자. 시간과 상황에 따라 사용자들의 선호도와 반응 양태에 따른 프로필을 만들 수 있다. 어떤 사람들은 당신이 만든 기사, 모바일 앱, 음악 장르, 광고를 환영하고 또 다른 사람들은 거부한다. 그들이 가진 성향과 맞지 않기 때문이다.

■**핵심 포인트**_ 모든 사람에게 다 통하는 광고, 기능, 게임이란 것은 존재하지 않는다. 각자의 성격에 따라 당신이 만든 밈과 맞을 수도 있고 그렇지 않을 수도 있기 때문이다.

성격을 연구하는 심리학 분야에서 가장 일반적으로 사용하는 성격 특성(personality traits) 분류 체계는 빅 파이브 모델(Big Five Model)이다.(비즈니스 세계에서는 마이어 브릭스 유형 지표(MBTI)를 더 많이 사용하고 있다. 이 지표는 빅 파이브 모델과 상당 부분 유사한 점이 많으나 심리학계에서는 별로 관심이 없다.) 심리학자들은, 프로이드와 융 시대로부터 오랫동안 기본적 성격 특성의 범주를 고민했지만, 3가지부터 16가지 혹은 그 이상으로 의견이 엇갈렸다. 1960년대 튜프스와 크리스탈(Tupes & Christal)의 연구로부터 시작하여 1990년대 맥크레이와 코스타(McCrae & Costa) 팀의 연구에 이르기까지 인간의 차이를 설명하기 위해 20,000개의 영어 단어를 축적해 왔다. 이를 이용하여 군에 복무하는 여자와 남자를 표본으로 각 단어가 자신을 잘 설명하는지 평가하게 하였다. 이 연구는 단순한 이론적 고찰을 넘어 성격을 구성하는 기본 변인들을 파악하기 위해 객관적 데이터를 사용한 최초의 사례이다. 많은 연구를 통

해 심리학자들은 5가지가 있다는 사실을 발견했다.

그들의 이름은⋯ 흠, 잠깐만 기다려 보라. 성격의 접근 방법이 이전과는 매우 달라 심리학자들은 이 5가지 요인에 대한 이름을 짓는 것에 아직도 애를 먹고 있다. 지금까지 이루어진 어떤 연구도 같은 이름을 사용하고 있지 않다. 그 첫 번째 이유는 빅 파이브가 성격 유형(personality type)이 아니라 성격 변인(personality variables)이기 때문이다. 즉 이 모델에 의하면 어떤 사람을 "외향적"이라고 분류하지 않고 그 사람의 "외향성 수준"이 어느 정도인지로 보게 된다. 이 분야의 과학자들은 외향성을 뜻하는 영어 extroversion을 extraversion으로 쓴다. 이러한 낮은 수준에서 높은 수준까지의 성격 변인은 종래의 성격 유형을 명명하는 데 사용되었던 명사("외향적인 사람, extravert")보다 형용사("외향적인, extraverted")로 명명하는 것이 좋다. 지나치게 세밀한 분류 체계로부터는 벗어났지만 빅 파이브 모델도 여전히 설명할 수 없는 이유로 명사적 명명법에 붙잡혀 있다. 골드버그(Goldberg)의 경우는 예외적으로 로마 숫자를 사용하여 표기하기도 했다. 빅 파이브 모델은 혼란스러운 "높고 낮은" 점수 개념으로 인해 어려움을 겪고 있다. 외향성에서 "낮은" 점수를 보인다는 것은 다소 오해의 소지가 있는 표현이다. 이 말은 키, 몸무게, 지능이 모자란다고 말하는 것과 비슷하다. 어떤 특성이 부족하다는 뜻으로 들리기 때문이다. 하지만 빅 파이브 변인들은 단극적(unipolar)이지 않고 양극적(bipolar)이다. 따라서 어떤 특성에 있어서 "수준이 낮은" 게 아니라 뭔가 다른 특성이 있는 것이다. 수학적으로는 맞는 표현이라 할지라도 어떤 사람이 "외향성이 낮다"라고 할 것이 아니라, "더 내향적이다"라고 이야기해야 한다. 이렇게 하는 것이 더 정확하게 정보를 전달하면서도 동시에 반대 극단의 성향에 대해서도 간과하지 않는 방법이다. 마지막으로 빅 파이브 이론가들은 지능에 대해 어떻게 다루어야 할지 오랫동안 갈피를 잡지 못했다. 코스타와 맥크레이가 주장하고 많은 사람이 동의하는 것은 지능의 경우 빅 파이브 모델에서 완전히 배제되어야 한다는 것이다. 지능은 다른 성격 특성과는 매우 다르고 그것을 연구하는 분야가 독립적으로 존재하기 때문이다. 문제는 빅 파이브 변인 중 하나가 지능, 불복종, 예술성이 겹쳐지는 영역에 위치한다는 점이다. 성격 이론가들이 이 성격 변인을 "지적이다" 혹은 "지적이지 않다"라고 정의하는 것에서 벗어나려면 이 변인의 새로운 이름이 필요하다.

이 모든 것을 고려하여 빅 파이브 성격 변인의 이름을 양극적 형용사를 이용하여 명명하였다. 이 명명법을 이용하면 당신이 만든 디지털 발명품이 사용자의 취향과 어울리는지 설명할 수 있다.

사람들은 다음의 다섯 가지 성격 변인에 대해 일정한 점수를 갖게 됐다.

준법적인가 자유스러운가 (disciplined to casual)
추상적인가 현실적인가 (abstract to concrete)

불안증이 있는가 안정적인가 (neurotic to placid)

협력적인가 경쟁적인가 (cooperative to competitive)

외향적인가 내향적인가 (extraverted to introverted)

나중에 이 변인들을 잘 기억하도록 할 기억 소환 요소를 소개하겠다. 성격 특성 매칭 요소의 첫 알파벳을 따면 DANCE가 된다(Disciplined, Abstract, Neurotic, Cooperative, Extraverted). 당신이 살사를 좋아하는 사용자의 취향에 맞춰 살사 관련 밈을 만들고 사용자는 그것에 따라 춤을 춘다고 기억하면 되겠다. 그렇지 않고 폴카 음악을 틀어 주면 사용자는 춤을 추지 않을 것이다.

빅 파이브 변인들을 좀 더 자세하게 다뤄 보자. 그 후 어떻게 양극단의 사람들을 목표로 삼는지 보여 줄 것이다(표 11-1).

표 11-1. 빅 파이브 성격 영역의 양극단에 대한 설명

준법적인 성향이 강한 사람은 신뢰할 수 있고, 성취 지향적이고 자기 통제력도 강하다. 옷차림이 깔끔하고 시간도 정확하게 지키기 때문에 이런 성향의 사람은 알아보기 쉽다. 승진 사다리를 올라가며 성공하려 애쓴다.	자유로운 성향의 사람은 즉흥적이고, 정리 정돈이 되지 않고 조심성이 없다(걱정 없이 보인다). 옷차림이 깔끔하지 않고, 일하는 주변도 어질러져 있다. 흡연하거나 정크 푸드를 먹을 가능성이 있다.

불안증이 있는 사람과는 구별할 필요가 있다. 걱정되어 깔끔하려고 노력하거나 성공하려 애쓰는 것이 아니라 자신이 가진 야망 때문이다.

추상적인 성향일수록 새로운 경험에 대해 더 너그러운 태도를 보인다. 예술적이거나 문학적이다. 복잡하거나 정치적으로 평범하지 않은 아이디어에 대해서도 관대하다. 고학력일 가능성이 있고 진보적인 투표 성향을 가지고 있으며 문신을 하고 있을 확률이 높다.

현실적인 성향일수록 관습에 따라 행동하고 주류의 흐름을 따른다. 환상을 따라가는 것을 거부하고 익숙한 것을 선호한다. 편안하고 즐거움을 주는 것을 추구한다. 보수적인 투표 성향을 보이고 해외여행보다는 국내여행을 선호한다.

불안증적인 성향일 경우 걱정이 많고 쉽게 흥분하고 화를 낼 것이다. 그리고 세상은 살아가기에 위험한 곳이라고 믿는다. 건강에 대해 염려하여 의사를 자주 찾아간다. 하지만 의외로 건강을 보호하기 위한 조치를 취하지는 않는다. 식습관 장애, 귀울림, 공포증 진단을 받는 경우가 많다. 위험에 대해 너무 과대 평가를 하는 경향이 있고 일을 할 때는 "현실적"이다.

안정적인 성향일수록 침착하고, 평온하며 감정적으로 차분하다. 건강에 대한 염려로 괴로움을 겪지 않는다. 모든 일은 잘될 거라고 생각한다. 감정적으로 급격히 고양되거나 가라앉는 일이 적다. 다른 사람들은 무서워하는 일도 그다지 걱정스럽게 생각하지 않는다.

협력적인 성향일수록 더 공감 능력이 높고 사려 깊으며 온화하고 상대방의 의사를 자신의 것보다 더 우선시한다. 특별한 기념일에는 항상 카드나 케익을 준비한다. 조직 내에서 함께 협력할 때 좋은 결과를 낸다. 흥분한 사람들을 달래고 합의를 이끄는 사람이다.

경쟁적인 성향일수록 비판적이고 다른 사람과 자주 다투는 일이 발생한다. 어떤 생각이나 행동에 대해 다른 사람과 논쟁을 벌이는 것에 익숙하다. 공격적인 성향을 보이는 것이 문제라고 생각하지 않는다. 자신이나 가까운 사람들을 다른 사람보다 우선순위에 놓는 것에 대해 미안한 마음을 갖지 않는다. 다른 사람의 감정을 이해하지 못하기 때문이 아니라 그것이 더 중요하다고 생각하지 않기 때문이다.

외향적인 성향일 경우 다른 사람들을 찾게 되고 그로부터 기쁨을 느낀다. 열정적이고 긍정적이며 위험을 감수한다. 음악을 크게 틀고 차를 빨리 몰기 때문에 자동차 사고가 날 확률이 더 높다. 사람들과 잘 어울리는 것을 친절함과 헷갈리면 안 된다. 외향적인 것과 협력적인 것은 성격 특성상 공존 관계에 있지 않다.

내향적인 성향일수록 혼자 있기 좋아하고 독립적으로 일하고 싶어 한다. 속마음을 잘 드러내지 않고 조용하며 사색적이다. 다른 사람과 함께 있는 것이 에너지를 많이 소모하는 일이라고 느낀다. 남의 이야기를 잘 들어주고 무대 위에서 완벽하게 잘 해내는 사람이어도 자신을 재충전하기 위해서는 혼자만의 시간이 필요하다.

마케팅 전문가, 디자이너, 콘텐츠 제작 전략을 수립하는 사람으로서 과도한 경쟁이 벌어지고 있는 밈 시장에서 살아남으려면 이 표를 통해서 해서는 안 되는 두 가지 핵심 교훈을 배워야 한다. 먼저 사용자의 성격 특성이 엄청나

게 다양한 범위에 걸쳐 있는 상황에서 "모든 것에 다 통용되는 정답"을 찾을 수 있다는 생각을 버려야 한다. 모든 사람에게 어필할 수 있는 광고, 기능, 게임은 존재하지 않는다. 두 번째로는 제작자의 취향에만 맞는 밈을 개발해서는 안 된다. 사용성 연구의 대가 제이콥 닐슨의 말을 빌리면 "당신은 사용자가 아니다." 제작자의 취향은 사용자의 취향을 절대 대변하지 못한다.

당신이 타깃으로 하는 사용자들의 빅 파이브 프로필은 무엇인가? 광고 수입에 의존하는 사이트를 제작해야 할 때 이런 정보를 파악하는 것은, 전략적으로 매우 중요한 의미를 가진다. 당신이 제작하는 밈의 알고리즘을 사용자들의 성향에 맞춤으로써 게재되는 광고들이 거부당하지 않을 확률을 높일 수 있기 때문이다.

처음에는 모든 사용자에게 성격 검사를 요청하는 것이 비현실적이라고 생각할 수 있다. 하지만 이것이 정확히 당신이 추구해야 할 목표이다. 이런 정보들이 당신이 만든 알고리즘을 더 풍부하게 만들어 주기 때문이다. 사용자는 등록 시 또는 등록 직후에 발송되는 프로모션 이메일을 통해 당신과 선호도를 공유하는 것에 점점 익숙해질 것이다. 이런 문장으로 시작하면 좋다. "당신에 대해서 조금 더 알려 주세요. 당신에게 방해되는 광고가 보이지 않도록 사용 환경을 개선하기 위해 사용하겠습니다." 아마 많은 사람이 메일에 답할 것이다. 긍정적인 것을 더 얻기 위해서가 아니다. 부정적인 것을 제거하기 위해서이다. 질문을 다음 10개의 문항으로 축약하라. 그리고 사람들에게 질문에 대해 강하게 동의하지 않는 (1)부터 강하게 동의하는 (5)까지 점수를 답하게 하라.

나를 평가할 때 나는 이런 사람이다⋯

믿을 수 있고, 자기 통제가 강하다 (D1)

조심성이 없다 (D2)

새로운 경험이나 복잡한 일에 거부감이 없다 (A1)

관습에 따르는 편이고 창의적이지 않다 (A2)

걱정이 많고 쉽게 흥분한다 (N1)

차분하고 감정적으로 안정되어 있다 (N2)

공감을 잘하고 온화하다 (C1)

비판적이고 논쟁적이다 (C2)

외향적이고 열정적이다 (E1)

자신을 잘 드러내지 않고 조용하다 (E2)

이 설문의 결과를 계산하는 방법은 다음과 같다.

(D1-D2+6)/2, 이 점수가 높으면 준법적이고 낮으면 자유롭다

(A1-A2+6)/2, 이 점수가 높으면 추상적이고 낮으면 현실적이다

(N1-N2+6)/2, 이 점수가 높으면 불안증적이고 낮으면 안정적이다

(C1-C2+6)/2, 이 점수가 높으면 협력적이고 낮으면 경쟁적이다

(E1-E2+6)/2, 이 점수가 높으면 외향적이고 낮으면 내향적이다

물론 모든 사용자가 설문에 답하지는 않을 것이다. 일단 최대한 많은 사용자가 답을 하도록 유도한 다음 데이터 과학자들에게 회귀 모델링이나 베이지안 모델링을 통해 수학적으로 가장 근사한 수식을 만들어 달라고 요구하라. 가장 많이 본 광고, 기능, 콘텐츠를 기반으로 사용자들의 성격 프로필이 어떠한지 유추하기 위해서이다. 하지만 사용자들에게 직접 물어보기를 멈춰서는 안 된다. 25% 사용자에 대한 설문을 이용하여 100%의 정확도로 광고 효과를 향상하기는 어렵다. 반대로 모델링을 통해 얻은 25%의 정확도를 100%의 사용자에게 적용하기도 어렵다. 양쪽 모두 시도해 보라.

"당신이 좋아할 것 같은 다른 제품"이라는 탭을 만들 때 유사한 성격을 가진 사람들이 좋아할 것 같은 항목들을 좀 더 세분화해서 보여 줄 필요가 있다. 그리고 이때 각자가 가진 성격에 따라 더 강하게 어필할 수 있는 메시지를 사용하는 것이 중요하다.

효과가 있는가? 성격에 따라 마케팅 광고에 대한 반응이 어떻게 달라지는

가에 대한 연구는 여전히 초기 단계에 머물러 있다. 2011년 워싱턴 대학교의 인간 중심 디자인 및 공학과(Human Centered Design & Engineering, HCDE) 학생들은 100명의 사람을 대상으로 21문항 성격 테스트 후 15개의 광고를 보여 주고 광고의 내용을 평가하도록 했다. 그 결과는 표 11-2와 11-3에 나타나 있다.

표 11-2. 성격에 따라 같은 광고가 공감을 얻기도 하고 거부되기도 했다.

"당신이 가 보지 못한 세상을 향해"라는 카피를 단 스쿠버 다이빙 장비 광고

외향적인 성향의 사람들에게는 공감을 얻고 불안증적인 사람들에게는 거부 반응을 일으켰다.

아기가 살바도르 수염을 한 사진의 예술 학교 광고

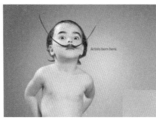

좀 더 추상적인 성향의 사람들에게 공감을 얻었다.

반려견 보호소에 대한 광고

불안증적인 사람들에게 더 공감을 얻었다.

온라인 주식 중개인에 대한 광고

더 안정적인 사람들에게 공감을 얻었다.

비행기 통로 좌석 쪽으로 맨발을 내놓는 손 세정제 광고

협력적인 성향의 사람들에게 거부감을 일으켰다.

햄버거, 주식 중개인, 대형 SUV, 반려견 보호소에 대한 광고

좀 더 현실적인 성향의 사람들에게 공감을 얻었다.

광고	성격	반응	상관성 (피어슨 상관계수)
스쿠버 다이빙 장비	외향적	공감	+.279**
스쿠버 다이빙 장비	불안증적	거부	-.280**
예술 학교	추상적	공감	+.224*
반려견 보호소	불안증적	공감	+.167*
주식 거래인	안정적	공감	+.206*
손 세정제	협력적	거부	-.302**
햄버거	현실적	공감	+.400*
SUV	현실적	공감	+.259*
반려견 보호소	현실적	공감	+.256**
* p<.05일 경우 상관성 높음 ** p<.01일 경우 상관성 높음			

표 11-3. 성격 유형에 따라 다양한 광고들에 공감 혹은 거부감을 나타냈다. Easter, Martin, Thelander & Evans (2011).

이 연구 결과는 두 가지 측면에서 흥미롭다. 하나는 취향 매칭을 통해 훨씬 나은 광고 효과를 얻을 수 있을 것이라는 점이다. 다른 하나는 뒤집어 생각해 보면 광고가 대규모 사용자 그룹의 성격을 평가하는 또 다른 방법이 될 수 있다는 것을 보여 주었다. 대형 SUV 허머를 클릭하는 사용자들의 경우 현실적이라고 분류해도 좋을 것이다. 스쿠버 다이빙 장비를 클릭하는 사람들의 경우 외향적이라고 분류해도 된다. 충분히 많은 수의 클릭을 분석하면 굳이 따로 설문 조사하지 않고도 빅 데이터 예측 모델을 만들 수 있다.

■ **핵심 포인트 _** 사용자의 성격을 파악하고 그에 맞는 광고를 게재해야만 사용자들이 클릭할 가능성이 높아진다. 반면 어떤 광고를 클릭하는지를 분석하는 것으로도 사용자들의 성격을 파악할 수 있다.

배너 광고를 이용하는 것은 모든 가능성의 시작일 뿐이다. 빅 파이브는 브라질, 네덜란드, 영국에서 동시에 진행된 연구에서 확인된 바와 같이 사용자의 음악 선호도를 예측할 수 있다. 이 연구 결과는 판도라(Pandora)나 스포티파이(Spotify) 같은 음원 사이트에 당신의 밈에 공감할 가능성이 있는 성격을 타깃으로 어떤 음악 장르에 광고해야 하는지를 보여 준다.

당신이 제작한 밈이 각 성향 중 하나와 매칭된다면 광고를 실어야 할 음악 장르는 다음과 같다.

준법적인 성향 – 팝 뮤직

자유로운 성향 – 록이나 메탈

추상적인 성향 – 클래식, 블루스, 재즈, 록, 메탈 (어떤 음악이든 거부하지 않음)

현실적인 성향 – 컨트리, 아메리칸 포크

불안증적 성향 – 인디 록 ("불평 록"이라고도 불림)

안정적인 성향 – 랩

협력적인 성향 – 어떤 장르의 음악이든 무관

경쟁적인 성향 - 메탈, 인디

외향적인 성향 - 랩, 블루스 (무거운 베이스를 동반하거나 시끄러운 음악)

내향적인 성향 - 클래식

이런 연구 결과를 좀 더 발전시켜 어떤 성격의 사람들이 어떤 사이트, 휴대폰 앱, 콘텐츠를 선호할지 추정하는 것은 그다지 어려운 일이 아니다. 다음은 빅 파이브 모델에 대한 수많은 연구를 기반으로 한 몇 가지 예측이다.

다른 성격 점수를 받은 사람들보다 다음과 같은 경향이 있음을 예측할 수 있다.

준법적인 성향의 사람들은 생산성 향상에 도움이 되는 도구를 사용하고 운동이나 건강 콘텐츠에 관심이 많으며 교육적이고 자기 학습적인 웹 세미나에 참여했다.

자유로운 성향의 사람들은 도박이나 확률 게임을 즐긴다. 담배나 술을 즐기고 섹스 관련 광고를 클릭할 확률이 높다.

추상적인 성향의 사람들은 더 진보적인 콘텐츠를 소비하고 교육, 예술, 정치, 여행 사이트를 방문할 확률이 높다.

현실적인 성향의 사람들은 더 보수적인 콘텐츠를 소비한다.

불안증적인 성향의 사람들은 동물 복지 사이트를 방문하고 자신들의 신용 평가 점수가 어떻게 되는지 알고 싶어 했다.

안정적인 성향의 사람들은 위협을 주는 방식의 광고에 거부감을 보였다.

협력적인 성향의 사람들은 온라인 기부를 선호한다.

경쟁적인 성향의 사람들은 일반 스포츠, 극한 스포츠 관람을 즐기고 좀 더 "신랄한" 코미디언을 좋아한다.

외향적인 성향의 사람들은 놀이공원, 스카이 다이빙, 모험 여행을 즐긴다.

내향적인 성향의 사람들은 책과 서평을 읽고 정원을 가꾸고 철인 3종 경기를 즐긴다.

이 장을 통해 여러분들이 이 분야의 연구 결과에 대해 더 학문적으로 깊은 관심을 가지길 바란다. 하지만 그전에라도 언제든 미디어 계획을 짜거나, 알고리즘을 튜닝하거나, 제품 로드맵을 작성하거나, 검색 엔진 최적화 작업을 할 때 이러한 성격 유형 매칭 분석을 포함할 수 있을 것이다.

성격은 시간이 지남에 따라 거의 변하지 않으므로 이 성향과 일치시키는 것은 쉽다. 메타데이터(metadata, 데이터를 효율적으로 이용하기 위해 구조화하는 데이터 정보)를 개별 사용자에게 추가할 수 있기 때문이다. 게다가 심리학자들은 2살 때 보이는 성격으로 성인이 된 후의 성격을 예측할 수 있다는 사실을 발견했다. 그리고 30살이 지날 때쯤 결정되는 빅 파이브 성격의 점수가 남은 삶 동안 안정적으로 유지됨을 확인했다.

반대로 밈 개발자로서 당신이 일치시켜야 할 다른 성격 요소는 서서히 시간에 따라 변한다. 바로 발달 단계(developmental stages)이다. 이에 대해서는 다음 장에서 자세히 다룰 것이다.

12장
발달 단계

Developmental Stages

이전 장에서 보았듯이 당신이 만든 디지털 밈의 가치 제안(value proposition, 상품 구입으로 얻게 되는 고객의 편익과 그 구입 비용 간의 차이를 제안하는 것)과 사용자의 성격 특성을 매칭시키는 작업은 멀고도 험난한 길이다. 사용자, 관객, 고객의 사용 의지를 고취해 당신의 밈에 애착을 갖게 하기 때문이다. 사용자는 밈이 "정확히 나 같은 사람을 위한 것"이라는 느낌을 받아야 한다. 이것은 브랜드 리서치에서 핵심이 되는 설문 조사 질문으로 밈과 사용자의 성격 특성이 잘 매칭되고 있는지를 알려 주는 척도와 같은 것이다. 만약 당신이 만든 밈이 사용자에게 이런 느낌을 주지 못한다면 빨리 포기하고 이런 목적을 달성할 수 있는 밈을 만들어야 한다.

개인간의 차이 다음으로 가장 안정된 형태인 발달 단계에서도 마찬가지이다. 성인이 된 후로 성격 특성은 거의 변하지 않고 유지되지만, 발달 단계는 우리의 성숙도에 따라 달라지며 그에 따라 존재론적 질문이 다르게 형성된다 (그림 12-1).

　　이 개념에 대한 자세한 정의는 1959년 에릭 에릭슨(Erik Erikson)에 의해 제시되었다. 그는 요람에서 무덤에 이르기까지 사람의 인생 전체에 관해 연구하는 발달 심리학자 중 첫 세대였다. 그의 이론에 따르면 우리는 나이를 먹어 가면서 마음을 온통 빼앗기게 되는 다양한 존재론적 질문 안으로 들어가고 벗어난다. 긴 자동차 여행에서 어떤 지역을 지날 때마다 라디오에 다른 방송 채널이 잡혔다가 사라지는 것과 유사하다. 우리 인생이 어느 방향을 향해 가느냐와 같은, 우리 자신에게 던지는 심오한 질문은 별거 아닌 것처럼 시작했다가 점점 더 심각한 문제가 된다. 그러다 더 성숙해지고 문제가 해결되면 그 중요성은 점점 희미해진다. 여기에 채택된 에릭슨의 질문은 미국 인구의 연령과 그 인구 구성비를 기준으로 다음과 같다.

　1. 다른 사람에게 의지할 수 있는가? 0-1세 : 2%

　2. 내가 스스로 할 수 있는가? 1-2세 : 2%

　3. 나는 좋은 사람인가 나쁜 사람인가? 3-5세 : 2%

　4. 나는 어떤 것에 특기가 있는가? 6-12세 : 12%

　5. 나는 누구인가? 12-19세 : 10%

　6. 내 인생을 다른 사람과 함께할 수 있는가? 20-39세 : 30%

　7. 나는 중요한 사람인가? 40-64세 : 30%

　8. 나는 평온하게 죽을 수 있는가? 65세 이상 : 12%

그림 12-1. 우리의 생활 연령을 기준으로 생애 각 단계에서 우리가 어떤 존재론적 질문에 직면하게 될지를 예측할 수 있다. 따라서 생애 단계에 같은 경험을 하더라도 다양한 해석이 가능하다.

질문이 간단하다고 해서 질문의 중요성까지 과소평가하면 안 된다. 에릭슨이 분류한 생애 단계들은 여러 막으로 이루어진 한 편의 서사 영화에 비유할 수 있다. 좀 더 자세하게 들여다보면 각 단계로 휴먼 드라마의 세계가 펼쳐진다.

■**핵심 포인트_** 생애 각 단계로 존재론적 질문에 도움을 주는 밈이라면 사용자로서는 기꺼이 사용할 것이며 사용 목적도 달성할 수 있을 것이다. 생애 단계에서 부딪히게 되는 존재론적 질문과 무관한 밈은 사용자가 관련이 없다고 느끼게 된다.

인간은 다른 포유류에 비해 발달 단계상 매우 미성숙한 상태에서 삶을 시작하게 된다. 이 모든 것은 지나치게 큰 인간의 두개골 때문이다. 처음에는 너

무 무거워서 바닥으로부터 들어 올리지도 못할 정도이다. 누구의 도움 없이
는 무엇도 할 수 없는 상태에서 그나마 걸을 수 있는 단계로 진입하는 생의
첫 번째 해에 우리는 존재론적 질문을 처음 접하게 된다. 생존을 위해 누군가
를 믿을 수 있느냐 아니면 혼자서 해내느냐 하는 것이다(질문 1). 우리가 생애
에서 배우는 가장 첫 번째 교훈은 사회적 네트워크를 형성해야 한다는 것이
다.(동시에 이 시기의 부모들은 본인들이 누군가를 보살피는 일을 감당할 수 있는 사
람인가를 질문한다.) 다른 사람에 대한 신뢰를 배움과 동시에 곧 우리는 스스
로의 힘으로 일어서게 되고 독립성을 요구하게 된다(질문 2). 우리의 두뇌와
근육을 원래 목적에 맞게 협력적으로 사용할 수 있게 되면서 일어나는 일이
다.(개인의 독립성을 깨닫고, 집단주의에 대해서도 배우게 된다.)

  하나의 독립된 개체로서 행동하고, 장소를 이동하고, 달릴 수 있게 되면 우
리는 문화 속에 뿌리 깊게 박힌 여러 관습과 부딪히게 된다. 해야 할 일과 하
지 말아야 할 일, 옳고 그름, 어지럽혀도 되는 곳과 그렇지 못한 곳에 대한 규
칙을 접하게 되는 것이다. 이로 인해 다음으로 집착하게 되는 질문은 우리가
좋은 사람인가 나쁜 사람인가 하는 것이다(질문 3). 하루도 이런 질문과 부딪
히지 않은 채 지나가는 날이 없다. 10대로 접어들면서 대부분 우리는 더는 좋
은 사람으로 행동하기를 거부하게 된다. 대신 어떤 것에 대해서 잘하는 사람
이 되고 싶어 한다(질문 4). 따라서 끊임없이 게임을 만들어 내고 친구들과 경
쟁하며 스스로 능력을 계속 평가하게 된다. 이러한 모든 능력, 경쟁력과 취향

은 하나의 정체성으로 융합되고 우리가 누구인가 하는 질문에 답을 해야 하는 단계에 접어든다(질문 5). 옷을 바꿔 입을 때, 어울리는 무리를 바꿀 때, 머리 색깔을 바꿀 때마다 새로운 정체성을 시험해 보고 버리는 과정이 반복된다.(이 시기에 흔히 일어나는 일이긴 하지만 문신을 하게 되는 인생 최악의 단계이다.)

이러한 단계와 겹치는 시기에 대부분은 어떤 사람과 평생을 함께할 수 있을지에 대해 좌절감을 동반한 의문을 가지게 된다(질문 6). 진정한 사랑을 찾아 헤매는 과정에서 우리는 "너 자신을 발견하기 전까지는 다른 사람을 사랑할 수 없다."라는 진리를 발견하게 된다. 그러나 곧 둘 중 어떤 것도 잘할 수 없음을 깨닫는다. 그러던 어느 날 절대 정복하기 어려울 것 같았던 질문인 누군가와 평생을 함께할 수 있을 것인가 하는 문제가 어느새 현실이 되어 있음을 깨닫게 된다. 그와 함께 인생의 가장 긴 단계로 접어든다. 그리고 유전자와 밈을 퍼뜨리고 자식들이 살아남아 다음 세대를 이룰 수 있도록 돕게 된다. 이 과정에서 우리는 도움을 줄 수 있는 중요한 사람이 되기 위해 노력하게 된다(질문 7).

다음 단계로 우리를 기다리고 있는 것은 은퇴이다. 이 단계에서 우리는 보낸 시간, 직장, 자식들이 우리의 소중한 세월을 투자할 만큼 가치가 있는가에 대한 질문에 사로잡히게 된다(질문 8). 후회를 만족감으로 대체하기 위한 존재론적 싸움을 진행하면서 빠뜨린 것은 채우고 이미 관련된 것은 바로 잡으려 한다. 그리고 인생을 막 시작하려는 이들을 돕기도 하면서 영원한 결말의 순간을 맞을 때 괜찮은 기분이 들기를 희망하게 된다.

장황한 묘사로 들릴 수도 있지만 인간의 삶과 고난에 대해 모욕적으로 들릴 만큼 축약된 설명이다. 하지만 에릭슨은 핵심을 정확히 지적했다. 여기 당신을 위한 핵심 포인트가 있다. 이 8가지 질문은 어떤 콘텐츠가 사용자에게 도움이 될지 판단하는 첫 번째 가이드라인이 될 수 있다. 사용자들은 자신들이 발달 단계별로 직면하게 되는 존재론적 질문에 답할 수 있게 도와주는 콘텐츠나 제품을 원한다. 따라서 그러한 밈에 관심을 기울이고 돈을 지불하게 된다.

당신이 해야 할 일은 간단하다. 사용자들을 연령별로 질문 리스트에 대입해 보라. 그리고 그들이 아침, 점심, 저녁으로 고민하는 존재론적 질문과 당신의 메시지를 일치시킬 수 있도록 노력하라. 다음은 에릭슨의 질문과 관련 있는 회사들이다.(처음 4단계에서 구매자는 제품 사용자가 아니라 그들의 부모라는 점을 기억하라.)

1. 다른 사람에게 의지할 수 있는가? 팸퍼스(기저귀), 카터(아동복), 그라코(유모차)
2. 내가 스스로 할 수 있는가? 레고(장난감), 크래욜라(크래용), 멜리사&더그(장난감), 베이비 아인슈타인(교육용 장난감), 립프로그(교육용 게임)

3. 나는 좋은 사람인가 나쁜 사람인가? 디즈니(영화), 마블(영화)

4. 나는 어떤 특기가 있는가? 나이키(운동화), 게토레이(음료), 스프라이트(음료), 플레이스테이션(게임기), 엑스박스(게임기)

5. 나는 누구인가? 빈야드 바인스(의류), 애플 아이튠즈(앱), 페이스북(SNS)

6. 내 인생을 다른 사람과 공유할 수 있는가? Match.com, eHarmony, Tinder, David's Bridal, The Knot(온라인 데이팅 사이트)

7. 나는 중요한 사람인가? 피닉스 대학, 마이크로소프트, 포브스

8. 나는 평온하게 죽을 수 있는가? Ancestry.com(DNA 뿌리 찾기), Expedia(여행), AARP(노인 복지), Carnival Cruises(크루즈 여행)

이 모든 질문에 대해 답을 찾을 수 있게 도와주는 콘텐츠와 서비스를 인터넷이 제공하고 있음이 증명되었다.

첫 번째 질문, "다른 사람에게 의지할 수 있는가?"는 사실상 가장 흥미로운 질문이다. 우리는 이 질문을 유아로서 삶이 시작될 때 뿐만 아니라 부모로서 자식에게 또 다른 삶을 주는 순간에도 접하기 때문이다. 아이가 태어나기 몇 분 전 우리 중 많은 사람은 구글에서 다른 사람들의 경험을 검색해 보게 된다. 또는 핸드폰을 손에 들고 SNS에 글을 올린다. 그 순간을 나와 함께할 사람들이 있음을 확인하는 것이다. 새로 태어난 아기가 우리에게 자신을 맡겨도 되는지를 물어보는 그 순간 우리도 가장 가까운 사람들이나 인터넷에 도움을

구하며 그들을 믿어도 되는지 물어본다는 것이다.

　다음 질문, "내가 스스로 할 수 있는가?"에 대한 답을 줄 수 있는 것은 아이들이 자신의 능력을 발견할 수 있게 도와주는 장난감이다. 저렴한 컴퓨터 자원 덕분에 여러 세대로 진화한 대화형 전자식 장난감들이 생산되었다. 부모들은 자식들에게 교육적인 자극이 될 것이라는 거부하기 힘든 가치 제안 때문에 이런 장난감들을 구매하지 않을 수 없게 된다. 하지만 이런 광고는 실험을 통해 증명된 것보다 과장된 측면이 많다. 일회용 배터리가 쓰레기 폐기장에 매립되는 것은 둘째 치고 이런 장난감들은 금방 아이들의 관심을 받지 못하고 땅바닥에 뒹굴게 된다. 그 사이 정작 아이들은 실에 꿰어진 구슬, 천 조각, 막대기를 가지고 노느라 정신이 없다. 왜 컴퓨터 기술이 접목된 장난감들이 막대기보다 더 관심을 받지 못하게 되는가? 아마도 프로그래밍이 필요한 장난감은 모두 폐쇄된 시스템이기 때문일 것이다. 폐쇄된 시스템은 정해진 종류의 입력과 미리 결정된 형태의 출력만 가능하다. 반면 프로그래밍이 없는 장난감의 경우 개방형 시스템이므로 입력과 출력에 제한이 없다. 따라서 아이들 마음대로 규칙을 바꿔서 놀 수 있게 되는 것이다.

　핵심은 이 나이 또래의 아이들은 장난감이 무엇을 할 수 있는지에는 관심이 없다는 것이다. 대신 아이들은 자신들이 무엇을 할 수 있는지 알고 싶어 한다. 따라서 막대기와 같은 단순한 개방형 장난감이 아이들이 가진 존재론적 질문에 대한 답을 주는 데 더 적합하다. 소비자용 로봇의 진화에도 같은 어려움이 있다. 퍼비와 아이보의 성공에 이어서 레고는 인공지능을 탑재한 장난감 로봇에 많은 돈을 투자하고 있다. 하지만 수천 년 동안 아이들이 부모에게 말했던 것처럼, 아이들은 장난감 로봇에게 "안돼, 내가 할거야."라고 말한다. 이런 아이들을 보면 장난감 로봇은 너무 앞서 나간 기획이라는 사실을 깨닫게 된다. 아마도 다음 날이면 로봇 장난감은 땅바닥에 뒹굴고 있을 것이다. 사용자 선택으로 버려진 밈의 또 다른 사례이다.

　아이들에게 "나는 좋은 사람인가 나쁜 사람인가?"라는 다음 단계의 존재론적 질문을 던지게 만드는 영화, 만화, 비디오 게임, 애니메이션 영화의 수는 셀 수 없이 많다. 여기서 결정적인 것은 등장인물의 크기이다. 작지만 멋진 주인공(파워퍼 걸, 피카츄, 소닉)이 어른 크기나 그보다 큰 악당을 상대하면서 환상적인 능력과 기술을 발휘하여 힘의 열세를 극복하는 스토리이다. 이 이야기들은 모두 아이들 세계를 묘사하고 있는 것처럼 들린다. 왜 악당에 맞서는 착한 등장인물들은 마법과 같은 초능력 상태를 계속 유지하지 않는 것일까? 아이들이 공감하게 하려면 그들과 같은 크기로 돌아가야 하기 때문이다. 이와 유사한 스토리 라인이 이야기만 바꿔 가며 계속 반복되고 있다.

　아이들이 스스로 "나는 어떤 것에 특기가 있는가?"라는 질문을 던질 때는 전통적으로 신체적 능력이나 스포츠를 기준으로 생각해 왔다. 비디오 게임에

서 구현되는 엄청난 능력은 시간이 갈수록 이런 존재론적 질문에 대한 답이
되어 가고 있다. 언제든 상황이 급할 때는 숨겨져 있던 초능력이 발휘되는 것
은 우리의 상상력을 충족시킨다. 더는 뉴스 콘텐츠가 종이 형태로 전달되지
않고 음악은 레코드판이 필요없는 것과 마찬가지로 이제 더는 능력을 증명하
기 위해 공, 운동장, 골대, 높이뛰기 바가 필요 없는 세상이 되었다. 현재 부모
들이 방에서 NFL 경기를 보고 있는 시간에 아이들은 E-스포츠 경기를 보기
위해 스타디움에 모이거나 게임 중계 채널인 트위치에 로그인한다.

2016년 미국의 로버트 모리스 대학은 최초로 E-스포츠 학부를 창설하면
서 장학금을 지급하였다. 농구나 미식축구와 같은 급으로 E-스포츠를 대우하
게 된 것이다. 하지만 이 장학금을 받기 위해서는 전통적인 운동선수들만큼
힘든 훈련을 해야 한다. 존재론적 질문과 마주하고 있는 사람들이 승리의 기
쁨을 느낀다면 그것은 승리임이 분명하다. 체육관은 선택 사항일 뿐이다.

어떤 시대의 한 시점에 애플, 폭스바겐, 힙합 음반사 데쓰로 레코드와 같은
브랜드들은 제품과 무관하게 그 브랜드 파워가 워낙 막강했다. 다섯 번째 존
재론적 질문인 "나는 누구인가?"에 대한 답을 하는 데 사용될 정도였다. 나는
맥(Mac) 세대, 나는 PC 세대와 같은 식의 표현이 등장하기도 했다. 2000년대
초반 대단히 성공적이었던 애플의 광고 캠페인은 청소년들의 언어를 잘 대변
했다. 그로 인해 그 당시 많은 X세대, Y세대들은 자신들을 정의 내리는 데 컴
퓨터 운영 체제의 이름을 사용하기도 했다. 이런 존재론적 질문을 잘 이용한

마케팅 전략을 구사하기 위해서는 먼저 대도시 청소년들이 제품을 쓰도록 해야 한다. 그런 후 그들처럼 멋져지기를 열망하는 훨씬 더 많은 숫자의 지역 청소년들에게 접근해야 한다. 의류 기업 타미힐피거나 버버리는 이런 전략을 사용하기 전까지는 그냥 테니스 선수들이 즐겨 입는 옷에 지나지 않았다. 어떤 경우에는 밈 개발자들이 자신의 의도와 부합하지 않는 "나는 누구인가"라는 존재론적 질문과 헛된 싸움을 벌이기도 한다. 2006년 루이 로드레(Louis Roederer)는 한 병에 300달러에 판매되는 크리스탈 샴페인 회사로 자신들의 제품이 데프 잼 레코드사의 이사이자 엔터테이너인 제이 지(Jay Z)가 운영하는 VIP 스포츠 라운지에서 힙합을 선도하는 사람들이 선택하는 술이 되었다는 사실을 발견하게 되었다.

하지만 크리스탈 샴페인은 1876년 러시아의 황제 알렉산드르 2세를 위해 만들어진 "가장 오래된 고급 샴페인"이라고 생각했고 새로운 화려한 라이프 스타일을 대표하는 이름으로 불리는 것을 거부했다. 결국 이 제품에 대한 보이콧이 이어졌고 힙합 스타들은 크리스탈 대신 돔 앤 크룩을 사기 시작했다. 이 소동은 모든 사람이 "나는 누구인가?"라는 질문에 수긍할 대답을 찾는 것으로 결말이 나게 되었다.

2014년에 실시된 설문 조사에 따르면 신혼부부의 30%가 결혼 후 가장 먼저 한 일은 자신의 페이스북의 혼인 상태 표시를 바꾸는 것이었다. 이런 식으로 "내 인생을 다른 사람과 공유할 수 있는가?"라는 질문에 대답하게 되면서 동시에 "나는 누구인가?"라는 질문에 답을 하게 된다. 관계를 맺는 것에 있어서 생각했던 것보다 사람들은 인터넷을 필요로 했고, 인터넷은 그에 답했다.

2016년 퓨 리서치 센터는 24-35세 사이의 미국인 22%가 온라인 데이트 사이트를 이용하는 것으로 발표했다. 그리고 그해 결혼한 커플의 5%는 온라인에서 만난 것으로 나타났다. 인터넷 데이트 사이트는 시간이 갈수록 그 사용층이 젊어지는 몇 안 되는 온라인 시장이다. 그러나 이 단계를 다 지나지 않아 에릭슨의 존재론적 질문에 대답할 준비가 되지 않은 사람들은 어떨까? 이런 사람들에게도 인터넷의 역할은 크다. 2013년 미국인의 12%는 인터넷상에서 성인 콘텐츠를 이용했다고 퓨 리서치 센터에 답했다. 25%의 성인 남성은 어떤 형태이든 온라인 동영상을 접한 경험이 있다. 많은 사람은 사람들이 솔직히 설문에 답하지 않아 이 숫자가 제대로 된 현실을 반영하지 않고 있다고 의심했다. 그래서 퓨 리서치 센터는 같은 질문을 6가지 다른 방법으로 물었지만 2005년 이래로 그 결과는 크게 달라지지 않았다. 미국인들의 1/6밖에 안 되는 사람들만이 포르노 사이트를 방문하는 것으로 나타났다. 인구의 1/3만이 짝을 찾는 발달 단계에 속해 있기 때문이다.

"나는 중요한 사람인가?"라는 7번째 존재론적 질문으로 고민하는 사람들에게 공감을 얻을 수 있는 콘텐츠는 어떤 것들일까? 이 책도 그에 해당한다.

당신의 밈을 어떻게 더 많은 사람들에게 중요하게 만드는지에 대한 책이기 때문이다. 혁신, 발상의 전환, 디지털 혁명과 같은 단어들을 포함하고 있는 경영 부문 베스트셀러나 온라인 기사들도 그에 해당한다. 이 발달 단계에 있는 사람들은 클라우트(Klout), 링크드인, 빙(Bing)과 같은 사이트에서 시행하고 있는 다양한 "인플루언서 점수"에 많은 신경을 썼다. 인플루언서 점수는 SQL 쿼리(SQL queries)나 네트워크 알고리즘을 통해 가장 저비용으로 제작할 수 있는 밈으로서 디지털을 통해 생산되는 어떤 것에든 다 갖다 붙일 수 있다. 이 발달 단계를 거치고 있는 사람들에게는 거부할 수 없는 유혹이다. 우리는 내가 쓴 트윗이 트렌드를 선도하고 링크드인에서는 인플루언서가 되길 바란다. 또한 아마존에서는 상단에 랭크되는 작가가 되길 원하고 유튜브에선 더 많은 조회수를 달성하고 싶어 한다. 그리고 이러한 디지털 지위를 나타내는 상징이나 척도가 점점 더 높아지길 바라면서 컨퍼런스, 연수 과정, 대학 졸업장을 위해 현금을 지불하게 됐다.

마지막 단계의 질문인 "나는 평온하게 죽을 수 있는가?"를 묻는 시점에 이르면 사람들은 가치 있는 일을 하지 못했던 것을 하지 말았어야 할 부끄러운 일을 했을 때 보다 더 후회하는 것으로 연구 결과 나타났다. 인터넷과 모바일 컴퓨팅 기술은 손쉽게 세계 여행을 할 수 있도록 했고 "버킷 리스트"의 꿈을 이룰 수 있도록 했다. 우리가 어떤 것을 하지 못한 것에 더는 정보 부족을 탓하기는 어렵게 되었다. 하지만 우리는 더 자주 재원의 부족을 탓하게 되었다.

오늘날에는 여행을 다니기에 자금이 넉넉하지 않은 사람들이 거꾸로 세상을 본인이 있는 곳으로 부를 수 있게 되었다. 숙소를 예약하고 싶어 하는 다른 나라에서 온 여행객들에게 우리 집 소파를 제공할 수 있게 된 것이다.(에어비앤비, Airbnb라는 이름은 air-bed and breakfast로부터 왔다. 여행의 즐거움을 만끽하기 위해 많은 돈이 필요하지 않다는 점을 강조한 이름이다.) 자신의 뿌리를 찾도록 도와주는 사이트인 Ancestry.com은 인터넷상에서 꽤 일찍 성공한 사례다. 소셜 미디어가 대세를 이루자 현재 살아 있는 친척들과도 과거처럼 쉽게 연결될 수 있게 되었다.

■ **핵심 포인트_** 당신 사이트를 방문하는 사용자들이 어떤 존재론적 질문을 접하는 발달 단계에 위치해 있는지를 먼저 파악하고 당신이 제안하는 가치와 제품의 포지션이 그에 합당하도록 설계되어야 한다.

지금까지 예시로 든 많은 사례의 핵심은, 당신과 같은 밈 개발자들이 훌륭한 아이디어를 구현한 디지털 제품을 선보여도, 사용자들의 존재론적 질문을 제대로 다루지 못하면 아무 소용이 없다는 것이다. 당신의 상품과 제품 포지셔닝이 이런 질문들을 정면으로 다룰 수 있도록 하라. 그 경우 더 많은 판매를 할 수 있을 뿐만 아니라 사람들이 이런 존재론적 질문에 답하는 것에 도움을 주게 될 것이다.

또 다른 핵심적인 교훈은 당신이 광고하고자 하는 대상의 연령대를 조정해서 당신의 제품에 연결해야 한다는 점이다. 만약 사용자들의 존재론적 관심보다 너무 빨리 혹은 너무 늦게 콘텐츠를 선보인다면 시간을 되돌리려는 시도만큼이나 성공하기 쉽지 않을 것이다.

이런 존재론적 질문과 당신이 만든 밈에 쏟게 될 사용자의 관심을 연결하는 것 사이에는 매우 밀접한 관계가 있다. 당신의 콘텐츠와 밈을 소비하는 우리는 사용자로서 높은 기준을 유지할 수밖에 없다. 당신의 밈에 시간을 사용할 경우 그 시간에 다른 것을 하지 못한 후회와 이에 따른 기회비용을 치러야 하기 때문이다. 당신의 밈에 적용되는 사용자 선택 압력은 관심이라는 우리의 재원이 한정된 것 뿐만 아니라 우리에게 허락된 시간도 한정되어 있기 때문이다. 사용자들은 뒤를 돌아보며 소셜 미디어, 게임 플랫폼, 학위, 계좌 잔고, 의견 표현, 아이패드 쳐다보고 있기, 가상 현실에 빠지기 등에 들였던 시간이 가치 있었다고 말할 수 있기를 원한다. 가장 중요한 것은 콘텐츠이다. 하지만 더 중요한 것은 그 콘텐츠에 사람이 관련되어 있어야 한다는 사실이다. 취향을 일치시킨다는 것은 사용자를 중심에 두고, 그들을 도와 그들의 삶과 욕구에 최대한 맞추는 것이다. 그래야만 당신이 만든 밈이 널리 퍼질 수 있다.

13장
욕구

Needs

앞선 두 장에서 살펴본 바에 의하면 내향적인 사람에게 가라오케를 권하거나 10대 청소년에게 가계도 서비스 가입을 제안할 경우 비즈니스적으로 어떤 성과도 얻을 수 없다. 사용자의 성격 특성이나 생애 단계에 맞춰 디지털 광고나 앱을 제작하지 않을 때 취향 병목 구간을 통과할 수 없기 때문이다. 물론 인구 전체를 상대로 무작위 광고를 할 수는 있다. 하지만 취향 매칭을 통해 정확하게 타깃 광고하는 당신의 경쟁자보다 더 많은 시간과 돈을 낭비할 것임은 틀림없다.

생애 단계별 관심사나 성격 특성을 타깃으로 하는 것은 쉽다. 그런 것들은 불변이거나 매우 느리게 변하기 때문이다. 하지만 사용자들의 욕구는 일단 하나가 만족되면 그 순간 다른 욕구로 옮겨간다. 시간과 상황에 따라 변하는 이런 욕구의 가변성에도 사용자들의 욕구를 만족시키는 것은 매우 중요한 일이다. 당장 집세 내는 것을 걱정하는 사람에게 "멋지게 셀카 꾸미기 앱"과 같은 광고가 소용없다고 생각하면 쉽게 이해될 것이다.

타깃 사용자의 어떤 욕구를 만족시켜야 하는지 어떻게 알 수 있을까? 빅 데이터 모델링 기술을 이용해야 한다. 시장 조사 애널리스트를 고용하여 사이코그래픽 세그먼테이션(소비자의 개성, 태도, 라이프 스타일 등 소비자 행동의 심리학적 기준에 따라 시장을 세분화하는 것)을 해 달라고 요구해 보라. 다음은 그들이 하게 될 일이다.

애널리스트는 먼저 사용자들이 당신의 제품을 사용할 때 하게 될 모든 행위나 달성하고자 하는 가치 제안 목록을 요구할 것이다. 콘텐츠, 검색, 프로필 작성, 정보 공유 툴 등을 모두 갖춘 소셜 미디어 웹 사이트의 경우 150개 이상의 리스트가 나올 것이다. 이 리스트들에는 "프로필 사진 갱신", "댓글 작성", "댓글 평가"와 같은 활동들이 포함되어 있다. 더 나아가 "비즈니스 제안", "사람들과 소통", "내 삶의 정리 정돈"과 같은 사용자들이 가질 수 있는 조금 더 추상적이고 높은 단계의 욕구를 리스트에 포함할 수도 있다. 이런 리스트를 작성할 때 10개 정도는 사용자들의 성격 특성과 관련된 항목을 포함하고 나머지 8개 정도는 생애 단계별 존재론적 질문이 들어가도록 하라.

이 리스트를 작성하는 과정을 끝내면 애널리스트는 당신의 밈을 사용하는 사람 중 1,500명 정도를 대상으로 실제 설문 조사를 실시한다.(좋은 비율은 문항당 약 10명이다.) 그리고 사용자들에게 꼭 필요한 일인지 혹은 제공하는 가치 제안이 사용자의 욕구에 적합한지를 5점 만점으로 평가한 결과를 제출해 달라고 요구할 것이다. 이때 누구를 대상으로 조사할 것인지 정하는 것이 매우 중요하다. 당신 사이트에 유료 회원 가입을 하고 이용하는 사용자들의 경우 무료 사용자 혹은 미래 사용자들과는 다른 욕구가 있을 수 있다. 이 모든 사용자 그룹을 각각 조사할 필요가 있다.

일단, 이 조사가 이루어지고 나면 애널리스트는 자료를 가지고 통계 분석실로 간다. 그곳에서 전문가의 도움을 얻어 다음과 같은 두 단계 모델링 과정을 거친다. 요인 분석(factor analysis) 과정을 통해서는 모집단 150명 중 유사한 욕구를 가진 사용자 그룹을 찾으려 할 것이다. 클러스트 분석(cluster analysis) 과정에서는 어떤 욕구에 대해 유사한 반응을 보이는 사용자 그룹을 찾으려 할 것이다. 이 작업을 할 때 애널리스트의 주관적인 의견을 기준으로 각각의 그룹을 나누지 않는다. 대신 모집된 데이터를 근거로 통계적 기법을 이용하여 당신 제품의 "구매 소구력(hook)"과 함께 비슷한 생각을 하는 "사용자 그룹(segment)"을 분석하게 된다.

이런 분석 용역에 비용을 지불하기 전에(싸지 않다), 미리 어떤 분석 결과가 얻어질 수 있을지 예측해 보는 것으로부터 일을 시작하라. "내가 만든 디지털 밈은 어떤 사이코그래픽 욕구를 만족시키는가?"와 같은 매우 현대적인 질문을 해도 돌아오는 답은 이미 1943년 심리학자 에이브러햄 매슬로(Abraham Harold Maslow)에 의해 밝혀진 결론일 가능성이 있다. 매슬로는 지그문트 프로이드의 똑똑한 조카로서 동시대 심리학계의 거장이었던 알프레드 아들러를 멘토로 두고 있었다. 그의 연구 방법은 통계적이기보다는 인간적인 쪽에 가까웠다. 다시 말해 실험 데이터를 얻고 그것을 분석하기보다는 현상을 자세하게 관찰하고 깊이 사고하는 방법을 사용했다. 매슬로는 러시아 제정 군주의 핍박을 피해 도피한 유대인의 아들로서, 뉴욕에서 가난한 삶을 살았던 개인적인 경험을 바탕으로 인간이 가지는 다양한 욕구에 대해 깊이 있게 이해하는 사람이었다. 이런 배경하에 매슬로는 인간에게는 다음과 같이 요약될 수 있는 욕구 단계(hierarchy of needs)가 있다고 믿게 되었다(그림 13-1).

각 단계의 욕구가 충족되어야 다음 단계로 갈 수 있다.

생리적 욕구(음식, 물, 온도, 수면)

안전 욕구(신체, 직업, 가족, 재산)

소속 욕구(소속, 수용, 애착)

존경 욕구(지위, 허락, 인정)

자아실현 욕구(오락, 지식, 창의, 의미, 만족)

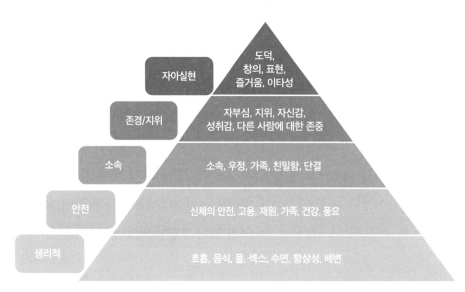

그림 13-1. 매슬로의 욕구 단계

　최고의 데이터 과학자들을 동원하여 고객들이 당신의 혁신적인 제품으로부터 무엇을 원하는지 알아내도록 요청해 보라. 십중팔구 최신 통계 기법을 사용한 분석이 끝나고 나면 지금 이야기한 대략 5가지의 근본적인 욕구에 대한 보고서를 당신에게 제출할 것이다.

■ 핵심 포인트_ 데이터 애널리스트를 고용하여 당신 고객들의 욕구에 대한 사이코그래픽 세그멘테이션 분석을 의뢰하면 십중팔구는 1943년 발표된 매슬로의 5단계 욕구 유형에 대한 보고서를 제출할 것이다.

이것이 정확히 2011년 미국의 이동 통신사 티모바일(T-Mobile)이 휴대폰 사용자들을 대상으로 사이코그래픽 세그먼테이션 용역을 의뢰했을 때 일어난 일이다(그림 13-2). 분석 결과 도출된 사용자 그룹들을 매슬로의 욕구 단계에 대입해 보았을 때 꽤 잘 맞는 결과를 보였다.(각 세그먼트에 티모바일이 붙인 이름은 괄호 안에 표시되어 있다.) 그들의 분석에 의하면 휴대폰 사용자들은 다음과 같은 욕구가 충족되길 원했다.

생리적 욕구와 안전 욕구, 유사시 도움을 청할 수 있어야 했다("911 사태 대비")

소속 욕구, 배우자나 자녀 혹은 다른 친척들에게 연락되는 상태를 유지해야 한다("가족 소통"), 사진을 찍어 문자나 소셜 네트워크 앱을 통해 공유하고자 했다("사교적 소통")

존경 욕구, 지위의 상징으로 가장 최신 전화기를 사고자 했다("기술 선도")

자아실현 욕구, 직장에서 생산적인 상태를 유지하면서도 음악을 듣고 게임을 즐기고 싶어 하거나("직업적인 균형") 일만 하고자 한다("일 중독")

물론 심리학자들 사이에는 기본적인 욕구의 종류가 두 가지인지 네 가지인지 혹은 일곱 가지인지에 대한 논쟁이 있다. 당신 또한 인류 전체에 관심이 있는 것이 아니라 당신의 고객한테만 관심이 있음을 인정해야 한다. 충분한 비용을 쓸 수 있고 충분한 조사 대상을 보유하고 있다면 매슬로의 주장을 그대로 따를 것이 아니라 사이코그래픽 세그먼테이션을 하라.

매슬로 욕구	티모바일 세그먼테이션	Allrecipes.com 세그먼테이션	피플 투 피플 세그먼테이션
자아실현 욕구	일 중독	식도락가	경험자/모험가
존경/지위 욕구	기술 선도자	엔터테이너	장학금 신청자
소속 욕구	사교적 소통가	네트워크 연결자	그룹 여행자
안전 욕구	가족 소통	제공자	추종자
생리적 욕구	911 사태 대비자	초보자	선택자

그림 13-2. 휴대폰 사용자, 요리 커뮤니티, 여행 애호가에 대한 사이코그래픽 세그먼테이션 결과를 보면 모두 매슬로의 욕구 단계와 일치한다.

요리 웹 사이트인 Allrecipes.com 역시 2008년 사이코그래픽 세그먼테이션을 실시한 결과, 매슬로의 욕구 단계와 잘 일치했다(그림 13-2). 음식 테마 사이트를 사용하는 사람들은 다음과 같은 욕구들을 충족시키고자 했다.

생리적 욕구, 모든 사람이 먹을 수 있거나 식이 요법을 해야 하는 사람들이 먹을 수 있는 음식을 배우려 했다(초보자)

안전 욕구, 정신없이 바쁜 날에 가족들에게 급히 음식을 해서 먹이려 했다(제공자)

소속 욕구, 프로필을 생성하고 요리 레시피를 다른 사람과 공유하려 한다(네트워크 연결자)

존경 욕구, 친구들이 칭찬하는 멋진 디너 파티를 개최한다(엔터테이너)

자아실현 욕구, 요리 기법을 즐기고 전 세계에 존재하는 새로운 유기농 재료에 대해서 배우고 싶어 했다(식도락가)

사이코그래픽 세그먼테이션 결과에서 배울 수 있는 명백한 교훈은 사람들은 자신들과 상관없는 욕구에 초점을 맞춘 기능에 모호한 태도를 보이지 않는다는 것이다. 사람들은 그것을 아주 싫어하거나 집중을 방해하는 성가신 존재로 여긴다. 삶과 죽음을 걸고 식이 요법을 하는 사람들이나 참을성 없는 가족들에게 먹일 음식을 찾는 사람들은 프로필을 작성하고 레시피를 공유하며 음식에 맞는 와인을 선택하는 일에는 전혀 관심이 없다. 반면 어떤 사람들은 소속 욕구나 존경 욕구를 채우기 위해 사이트를 찾는다. 이런 사람들에게는 디너 파티에서 친구들을 기쁘게 해 주거나 스페인의 판당고 춤을 곁들인 결혼식을 성공적으로 치르는 일이 매우 중요하다. 이들은 영양학적 정보에는 아무런 관심이 없다.

　이런 강한 감정은 매슬로가 "우성(prepotency)"이라고 불렀던 원리로부터 비롯된 것이다. 다시 말해 "하위 욕구가 만족될 때만 그보다 상위 욕구에 관심을 보였다."라는 것이다. 물론 배고픈 예술가가 생리적 욕구를 해결하기 전에 자아실현 욕구를 먼저 채우려 하는 것과 같은 예외적인 사례를 찾을 수는 있다. 하지만 일반적으로는 관심, 인지, 기억 병목 현상과 마찬가지로 당신의 밈에 매우 엄격하게 적용되는 동기 부여 원리이다. 매슬로에 의하면 기초적인 욕구가 충족되지 않았을 때는 다른 상위 욕구들은 아예 보이지 않거나 후순위로 밀리게 된다. 시를 쓰고 싶다거나 자동차를 사고 싶은 욕구, 미국 역사에 대한 관심이나 새 신발을 사고 싶은 욕구는 극단적인 상황이 닥치면 잊거나 후순위로 밀리게 된다. 심각한 건강상의 문제 때문에 요리 사이트를 찾은 사람의 경우 프로필을 만드는 것에 관심이 없는 이유도 이 때문이다. 119 응급 전화나 자동차 긴급 출동 전화가 잘 걸리지 않을 때 플래피 버드(Flappy Bird, 새를 조종해 각종 장애물을 피해 더 멀리 날아가야 하는 인기 모바일 게임)와 같은 게임을 하고 싶은 생각이 들지 않는 이유도 같은 원리 때문이다.

■ **핵심 포인트_** 휴대폰 통신 회사, 요리 커뮤니티, 여행사에서 실시한 사이코그래픽 세그먼테이션의 결과는 모두 매슬로의 욕구 단계와 일치하였다.

매슬로의 욕구 단계는 여행이나 관광 서비스에도 적용된다. 2011년 피플 투 피플 인터내셔널에서 사이코그래픽 세그먼테이션을 실시하였다. 이 회사는 1963년 드와이트 아이젠하워(Dwight David Eisenhower) 대통령이 고교 "학생 대사"를 해외로 파견하기 위해 고용한 교육 관련 여행사이다. 여행 경비는 학생들이 냈고 그 부모들은 자식들을 만나기 위해 피플 투 피플을 이용하였다.

생리적 욕구와 안전 욕구, 음식을 제공하고, 안전을 보장함(선택자와 추종자)

소속 욕구, 오래된 친구나 친한 선생님들과 여행을 할 수 있도록 함(그룹 여행자)

존경 욕구, 대학 입학 지원을 위해 좋은 자료를 제공함(장학금 신청자)

자아실현 욕구, 제대로 된 문화 경험과 지적 포용 범위가 넓어짐(경험자)

피플 투 피플 인터내셔널과 티모바일을 통해 사용자들이 충족하고자 했던 욕구는 생리적 욕구와 안전 욕구가 같이 합쳐진 것임을 알 수 있다. 서비스, 여행, 기술 분야의 사업들은 우리에게 음식, 산소, 물을 제공해 주지는 못한다. 그들은 기초적인 생리 욕구가 만족되지 않은 사람은 잠재 고객이 될 수 없다는 정확한 가정을 바탕으로 조사를 진행했다.

여기 핵심적인 요점이 있다. 만약 사이코그래픽 세그먼테이션을 실시하여 당신의 비즈니스가 고객들의 일부 욕구를 충족시키지 못하고 있다는 사실이 발견된다면 그것이 뜻하는 것은 무엇일까?

사업의 확장 가능성을 뜻할지도 모른다. 뉴스 모음 사이트나 스트리밍 비디오 사이트와 같이 콘텐츠를 기반으로 서비스를 제공하는 사업의 경우 매슬로의 욕구 피라미드를 올라가며 고객의 소속, 존경, 자아실현 욕구를 충족시킬 수 있는 기능을 추가할 수 있다. 충분히 많은 수의 고객을 확보하게 되면 사용자들에게 프로필을 만들게 하거나, 친구를 사귀고 다른 사람을 팔로우할 수 있도록 하라. 직접 메시지를 주고받을 수 있게 되면 다른 사람들과 연결되어 있고 그룹의 일원으로 받아들여지고 있다는 느낌이 든다. 몇 달 후에는 사용자들이 포스팅한 콘텐츠에 점수를 매기는 기능을 도입하여 평판/활동 점수를 기록함으로써 존경과 성취감 욕구를 충족시킬 수 있도록 하라. 아주 적은 비용으로도 이런 디지털 지위를 나타내는 상징적인 표식을 도입할 수 있다. 이것들은 사회적으로 인정되는 어떤 표식 못지않은 중요한 상징으로 사용자에게 다가가게 된다. 우리는 초등학교를 다닐 때 리본, 자격증, 표창장, 트로피를 계속 받아 왔음을 기억하라.

또 다른 장점은 일단 이런 지위 표식을 얻으면 없어지지 않도록 하기 위한 노력을 하게 된다는 것이다. 이를 위해 별다른 이유가 없어도 해당 사이트에서 계속 활동을 하게 된다. 마지막으로 게임을 추가하라. 게임은 느슨한 의미로 자아실현 욕구를 채워 주는 기능이 있다. 게임은 다른 욕구가 모두 채워졌을 때 우리가 찾게 되는 그 어떤 것을 제공해 준다. 그것은 바로 재미(fun)이다. 물론 모든 사용자가 이런 기능을 사용하지는 않는다. 하지만 일단 사용하게 되면 다양한 범위의 욕구를 충족할 수 있고 더 오랫동안 몰두하게 된다. 또한 커뮤니티를 활성화하고 다른 사용자들이 즐길 수 있도록 콘텐츠를 제공하게 된다.

반면 페이스북은 매슬로의 욕구 단계를 따라 내려가며 확장하는 서비스이다. 처음에는 소속 욕구, 존경과 자아실현 욕구를 충족시키기 위해 만들어졌고 인간의 기본적인 생리 욕구나 안전 욕구와는 거리가 멀었다. 2012년 워싱턴 대학교의 디지털 미디어 커뮤니케이션 석사 과정 프로그램에서는 페이스북 사용자를 대상으로 사이코그래픽 세그먼테이션을 실시했다. 그 결과 사용자들이 페이스북을 사용하는 이유는 다음과 같다고 밝혀졌다.

소속 욕구, 정치 예술 음악 동호회에 가입하거나 다른 웹 사이트로 연결해 주는
페이스북 커넥트(Facebook Connect)를 사용했다(팬)

다른 일에는 별 관심 없어 하면서도 가족이나 친구들의 생일과 같은
이벤트는 챙긴다(중립적 사용자)

존경 욕구, 개인 아이덴티티와 상업적 브랜드를 구축하고 개인적인 소통을 통해
사회적 자산을 축적한다(브랜더)

다른 사람들과 영상, 링크, 좋은 조건의 구매 정보를 공유하고 개인적으로 메시지를
보내는 것보다는 공개적으로 포스팅을 하는 것을 선호한다(인플루언서)

자아실현 욕구, 자신만의 네트워크를 통해 뉴스, 미디어, 엔터테인먼트 주제에 대해
배운다(소셜 서쳐). 게임을 즐기고, 앱을 사용하며, 쿠폰을 얻었다(게이머)

하지만 최근에는 페이스북과 그 경쟁사 트위터가 좀 더 기본적인 생리 욕
구나 안전 욕구까지 만족시키고 있는 것으로 나타나고 있다. 트위터의 경우
자연재해나 정치적 격변기에 실질적으로 AM 라디오 방송국의 역할을 함으
로써 사용자들의 생사와 관련된 역할을 한다.

페이스북의 경우, 사용자들이 가장 극단적인 욕구를 충족시키고자 하는 순
간에 유용하게 사용될 수도 있다. 가장 충격적인 사례는 2016년 7월, 미국에
서 다이아몬드 레이놀즈라는 여성이 페이스북 라이브를 통해 남자친구인 필
란도 카스틸이 경찰이 쏜 총에 맞아 사망한 사건을 생중계한 일이다. 이 사건
의 슬프고 의미심장한 측면은 그녀가 자신의 목숨을 구하는 데 생방송이 도
움이 될 것이라고 생각했다는 사실이다.

 욕구 스펙트럼의 다른 끝에서 페이스북이 인류애적 도움을 줄 수 있다는 것이 2014년 루게릭병을 위해 수백만 불의 기금을 모금한 "아이스 버킷 챌린지"의 사례에서 다시금 증명되었다. 전 세계적으로 기금을 모금하고 재원을 연결하는 더 크고 공식적인 역할을 페이스북이 해낼 수 있을까? 적어도 자금 및 결제와 관련된 기능을 구축하고 있다면, 훌륭한 론칭 전략은 자선과 기부라는 내러티브(narrative)에 그런 기능을 포함시키는 것이다.

 당신이 제작하고자 하는 밈이 페이스북과 같은 종류이고 매슬로의 욕구 단계에서 가장 꼭대기에 있어 다른 욕구가 모두 충족되어야 당신의 밈에 관심을 가질 수 있다고 가정해 보자. 그럴 때 당신은 성격 매칭을 한 단계 더 진행하고 사용자들이 원하는 것에 집중할 필요가 있다. 당신의 밈을 사용자들의 성격과 생애 단계별 질문에 일치시키고 당장 필요한 욕구까지 만족시켰다면 이제는 사용자들이 재미를 찾을 수 있게 도와줄 시간이다. "재미가 무엇인가?"라는 질문을 완전히 피하려 했던 것은 아니었다. 재미에 관해서는 다음 장에서 다루도록 하겠다.

14장
재미

Fun

무엇이 재미인가? 디즈니 테마파크의 전직 디자이너이자 비디오 게임 기술 분야의 대부인 제시 쉘(Jesse Schell)이 제안한 다음의 공식이 있다(그림 14-1).

공포 - 죽음 = 재미

틀림없이 재미를 정의하는 한 가지 방법임에 확신한다. 이 공식은 청룡열차 같은 스릴 넘치는 놀이 기구나 짚라인(zip line) 혹은 심지어 1인칭 사격 비디오 게임에도 적용 가능했다. 재미란, 위협은 느끼면서도 실제 생명에 대한 위험은 최소화된 경험이라고 정의할 수 있다. 독일의 철학자 프리드리히 니체(Friedrich Nietzsche)의 유명한 명언이 있다. "나를 죽이지 않는 모든 것들은 나를 강하게 할 뿐이다." 이 명언을 약간 변형하면 "나를 죽이지 않는 모든 것들은 나를 즐겁게 할 뿐이다."가 된다.

그림 14-1. 공포 - 죽음 = 재미

공기, 물, 음식, 5.5L에 달하는 혈액과 같이 인간의 생존에 없어서는 안 될 요소들이 디지털 밈을 사용하는 동안 위협받는 일은 없다. 물론 디지털 밈이 생존에 필수적인 요소를 제공해 주지도 않는다. 따라서 당신이 개발한 밈과 다른 밈의 차별화에 매슬로의 기본적 생리 욕구와 안전 욕구의 만족 여부가 결정적이지는 않다. 즉 사용자의 생존에 도움이 되는지의 문제로 밈의 생존이 좌우되지 않는다는 뜻이다. 마찬가지로 소속 욕구나 존경 욕구의 만족 여부가 당신이 만든 밈의 가치를 높여 주지도 않는다. 특히 게임의 경우가 그렇다. 대부분 게임은 사용자들에게 높은 점수를 획득하는 방법을 알려 준다. 그리고 많은 게임이 다른 사용자들과 공동 플레이를 할 수 있게 해 주고 있다. 물론 이런 욕구들을 만족시키지 못하는 게임은 살아남기 힘들겠지만, 욕구를 만족시켰다고 사용자들의 관심을 특별히 더 받지는 못했다.

대부분의 밈과 게임들은 매슬로의 욕구 단계에 있어 최상위에 위치해서 하위 단계의 욕구들이 충족되어야만 사용된다. 따라서 이 단계에서는 어떤 밈이 환영받고 어떤 밈이 사라지는지를 결정하는 것은 다름 아닌 "재미"이다. 그렇다면 무엇이 재미인가? 사람들은 어떤 차이점 때문에 관심을 기울일 가치가 있다고 생각하는가?

■ **핵심 포인트_** 재미가 무엇인지 이해하는 방법을 발전시키고 있는 것은 심리학자가 아닌 게임 디자이너이다.

행동주의 학파가 번창하던 1940년대에서 1970년대 사이에 심리학자들은 보상이라는 것에 강박적으로 사로잡혀 있었다. 따라서 그들은 보상이란 개념에 대해 상세히 연구할 수 있는 최적 조건에 있었다. 하지만 그들은 보상이 무엇인가에 대한 정의를 내리는 대신 보상의 최적 시점에만 관심을 집중했다. 그들은 더 정확하기를 원했다. 눈에 보이지 않는 것(감정)에 대해 추측으로 결

론을 내리고 싶지 않았고 다룰 수 있는 대상(행동)을 상대로만 연구하려 했다. 보상에 대해서는 별 의미 없는 다음과 같은 정의를 남겼을 뿐이다. "어떤 것을 얻기 위한 행동을 증가시키는 것을 보상이라고 한다."

그다지 재미있게 들리지 않는다.

심리학자들은 후에 이런 시각의 한계점을 발견했다. 감정이라는 수수께끼를 풀지 않고는 설명하기 힘든 보상의 한 가지 사례가 행동학파 에드워드 손다이크(Edward Thorndike)의 고양이에 관한 것이다. 모든 행동학파 학자들은 저마다 선호하는 동물이 있었다. 이반 파블로프는 개를 좋아했고 존 왓슨은 쥐를 좋아했다. B. F. 스키너는 비둘기를 좋아했고 손다이크는 고양이를 좋아했다. 만약 오늘날 그가 살아 있었다면 수없이 많은 그럼피 캣(특유의 부루퉁한 표정을 짓고 있는 고양이)과 관련한 밈이 넘쳐나는 것을 보고 좋아했을 것이다. 1911년 동료 학자들과 마찬가지로 그는 고양이가 어떻게 학습하는지에 대한 연구를 하면서 그 보상으로 먹이를 주었다. 그런데 그의 온갖 노력에도 불구하고 고양이는 퍼즐 상자 밖으로 계속 뛰쳐나왔다. 어느 날 손다이크는 고양이들이 스스로 박스에서 나올 수 있게 해 주는 레버를 설치해 보았다(그림 14-2). 그 후로 고양이는 이 보상을 얻기 위해 열심히 레버를 작동하려고 노력했다. 단순히 박스로부터 벗어나기 위해 매우 고난이도의 행위를 학습한 것이다.

여기서 이야기하는 보상은 음식, 물, 섹스, 더 기분 좋은 온도와 같은 매슬로의 욕구 단계상 낮은 생리적 욕구가 아니었다. 대신 고양이는 자유를 보상으로 간주한 것이었다. 혹은 이것을 얻기 위해 문제를 해결하는 행위 자체를 보상으로 여겼을 수도 있다. 이것은 욕구 사다리 이론에서는 전혀 예상치 못했던 사건이었다. 아마도 행동학파 학자들이 재미라고 여겨지는 새로운 동기부여 요인을 발견하게 된 첫 번째 사례였을 것이다. 이어서 그들은 개에게는 장난감을, 침팬지에게는 가짜 돈을 보상으로 줄 수 있다는 사실을 발견했다. 갈수록 인식과 감정이 이루어지는 내적 세계를 무시할 수 없게 되었다.

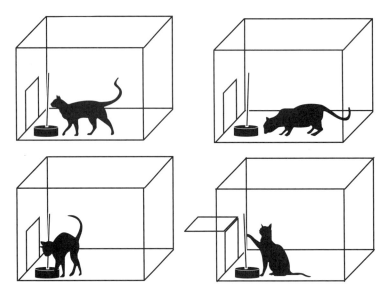

그림 14-2. 퍼즐 상자에서 탈출하는 고양이

하지만 그 후 몇 십년 간은 재미의 분류 체계 구축에 실패했다. 행동학파 시대가 지나자 심리학자들은 마침내 우리 행동에 영향을 미치는 것 중 눈에 보이지 않는 내적 힘에 관심을 가지기 시작했다. 이로 인해 인지, 성격, 발달, 동기 부여와 관련된 심리학 분야는 발전했다. 그렇다고 해서 이전에 행동학파들이 정립한 이론들이 모두 부정된 것은 아니었다. 오히려 디지털 분야의 경험을 설명하는 데는 행동학파의 이론들이 더 탁월하게 적용 가능했다. 다음 장에서는 그들이 이룩한 최고의 업적에 대해 살펴볼 것이다. 다만 단 한 가지 그들이 오류를 범한 것이 있다. 그들의 생각과는 달리 명확하게 드러난 행동의 저변에 깔린 심리학적 요인을 파악할 수 있게 된 것이었다. 단지 관찰과 연구를 위해 더 영리한 과학적 방법과 더 나은 신경 시스템의 이미지가 필요했을 뿐이었다.

인지학의 이런 발전에도 불구하고 재미에 대한 이론이 확립되었을까? 유감이지만 그 답은 "아니오"이다. 행동주의 이론의 퇴조를 불러온 혁신적인 인지학의 발달 또한 다른 문제로 인해 쇠퇴하였다. 그것은 그 이론이 너무 심각하다는 것이었다. 매슬로의 욕구 단계에서 가장 상위에 있는 자아실현 욕구로는 사람들이 폭넓게 추구하는 재미를 설명하기에 부족하고, 경제적 결정을 내릴 때 얼마나 중요한 요소로 작용하는지도 설명되지 않는다. 사실 매슬로도 에이브러햄 링컨이나 마하트마 간디와 같은 정말 지적인 사람들만이 이런 높은 경지의 경험을 할 수 있다고 말하곤 했다. 그도 재미에 대해서는 진지하

게 고려하지 않았다. 이런 종류의 비전들이 재미를 줄 수 있을지에 대해 확신
하기는 어렵다. 그러나 분명한 것은, 그들이 플래피버드 게임을 하며 시간을
보내지는 않았을 것이다.

밈 개발자들에게 도움이 되는 심리학자들은 매우 적다. 이제는 밈 개발자
를 심리학자들에게 소개해야 할 때가 되지 않았나 싶다.

한 가지 사례로 젊은 피에르 알렉산더 가녀의 경우를 살펴보자. 그는 2001
년 퀘벡의 라발 대학교에서 컴퓨터 사이언스 학위를 취득하였다. 졸업 후 게
임 디자이너로 일할 직장을 찾는 동안 미국의 게임 매체 Gamasutra.com에
"14가지 유형의 재미"라는 제목의 글을 기고했다. 이것은 일반적으로 인터넷
에서 볼 수 있는 글은 아니었다. 당시까지 사람들이 보지 못했던 재미를 유형
별로 분류한 최초의 시도였다. 물론 게임이나 게임 설계 이론에 관해 유형별
분류 체계를 확립한 사람들도 있었다. 그들의 이론은 심리학자들에게 흥미
를 유발하는 요인에 대한 새로운 관점을 제공해 주었다. 하지만 가녀는 그들
과는 완전히 다른 관점에서 접근했다. 그가 속한 비즈니스가 완전히 다른 개
념의 게임을 개발하는 것이었기 때문이었다. 그는 먼저 사용자들이 어떤 것
을 재미로 여기는지에 대해 완벽하게 파악하고 싶어 했다. 그것을 바탕으로
사용자들을 만족시키는 게임을 만들고자 했다. 이미 존재하는 유형의 게임을
개발함으로써 비슷한 유형의 게임을 또 하나 더 추가하는 것은 피해야 했기

때문이었다.

그의 신선한 접근 방법은 틈새시장 공략에 사용할 수 있었고 급속히 확산되었다. 2004년 미국 캘리포니아의 산호세를 기반으로 하는 게임 개발 업체들이 주최한 컨퍼런스 워크샵에서 가너의 재미 분류 체계에 대한 교육이 있었다. 여기서 게임 디자인 전문가인 로빈 허니키(Robin Hunicke), 마크 르블랑(Marc LeBlanc), 로버트 주벡(Robert Zubek)이 "게임 디자인과 게임 연구"라는 주제로 강의를 하였다. 같은 해에 미시간 주립대의 커뮤니케이션학과는 가너의 분류 체계에 2가지 유형을 더하여 상업적 게임과 교육적 게임에 모두 적용될 수 있는 재미 분류 체계를 발표하였다. 또 다른 컨퍼런스의 기조연설에서 디즈니의 제시 쉘은 가너의 통찰에 대해 극찬하고 게임 디자인 분야에서 대단히 중요한 방향을 제시해 주었다고 평가했다. 재미학이라는 새로운 학문 분야가 탄생한 것이다. 2003년에는 같은 이름으로 교육 교재가 발간되었다.

다음에 열거한 것은 재미 분류 체계를 일반 사람들이 잘 이해할 수 있는 언어로 옮긴 것이다. 이를 이용하여 당신의 상사에게 설명을 할 수 있고 당신이 개발하는 밈에도 적용할 수 있을 것이다. 처음 가너가 제시한 14가지의 재미에 허니키, 르블랑, 주벡이 15번과 16번을 추가하였고 미시간 주립 대학교의 연구원들이 17번과 18번, 제시 쉘이 19번과 20번, 게임 이론가 건(Gunn)이

21과 22번을 추가하였다. 그리고 마지막 두 가지는 전통 심리학으로부터 추가된 것이다.

재미를 정의하면 다음과 같다.

1. 이미지나 소리가 사용자의 감각을 만족시키는 것 아름다움)

2. 익숙하지 않은 환경으로 탈출하는 것(몰입)

3. 문제에 대한 해법이나 난관을 극복하는 방법을 찾기 위해 숙고하는 것(지적 문제 해결)

4. 타인이나 자신을 능가하는 우월성을 획득하는 것(경쟁)

5. 성공한 집단의 일원이 되는 것(사회적 상호 작용)

6. 웃음(코미디)

7. 소멸할지도 모른다는 것(위험 앞에서 느끼는 스릴감)

8. 격렬한 신체적 움직임에 참여하는 것(신체 활동)

9. 누군가 혹은 어떤 것에 대해 강한 애착을 느끼는 것(사랑)

10. 무에서 유를 만들어 내는 것(창조)

11. 강한 힘과 파워를 느끼는 것(파워)

12. 새로운 것이나 장소를 찾는 것(발견)

13. 전진하고 목적지에 도달하는 것(진보와 완성)

14. 새롭게 얻은 능력을 발휘하는 것(능력의 적용)

15. 이야기가 펼쳐지는 것을 목격하는 것(서술)

16. 어떤 역할을 하거나 무엇인가를 연기하는 것(자기 표현)

17. 다른 사람을 돕거나 구해 주는 것(이타성)

18. 이해도를 높이는 것(학습)

19. 물건들을 원래 있던 자리에 위치시키는 것(정리)

20. 엄청난 힘에 의해 완전히 압도당하는 것(굴복)

21. 시간과 자원을 관리하는 것(관리)

22. 취득하거나 만든 것들을 계속 보유하는 것(손실 회피)

23. 익숙한 것들을 다시 경험하는 것(단순 노출)

24. 우연히 얻어진 결과를 우리 자신의 공으로 돌리는 것(행운)

이 리스트를 이용하여 어떤 일을 할 수 있을까? 공학적 제품이나 마케팅에서 당신이 개발하는 밈을 더 재미있게 만들 수 있을 것이다. 이 리스트를 가설로 삼아 실제와 일치하는지 실험하라. 창의적인 사람들을 모아서 재미에 대해 다음과 같은 토론을 해 보라. "좋습니다. 같이 밈을 한번 디자인해 봅시다. 게임이 되어도 좋고 원래 콘텐츠의 한 부분이어도 좋습니다. 사람들에게 재미를 느낄 수 있도록 합니다[정리하는 재미 혹은 다른 일의 재미]."

이 리스트들을 훑어보면서 당신이 만들었던 밈에 어떤 종류의 재미를 부여할 수 있을지 생각해 보라. 먼저 당신이 타깃으로 하는 사용자들이 과업 지향적인지 과업 회피적인지에 초점을 맞추고 살펴보는 것이 좋다. 이때 둘 중의

하나만 바꿔서 효과를 비교해 보는 AB 테스트 방법을 사용해서 어떤 것이 더 효과가 좋은지 알아보도록 하라. 같은 사람들을 대상으로 어떤 재미 조합들이 더 효과가 좋은지 클러스터 분석을 해 보는 것도 좋다. 만약 그 결과가 성격 특성과 높은 상관관계를 보이더라도 놀라지 않기를 바란다.

어떤 종류의 "게임화"도 당신이 만든 밈에는 적용되지 않는다고 가정해 보자. 실제로도 많은 밈이 그렇다. 하지만 사용자가 당신이 원하는 어떤 행위를 했을 때 그래픽적 보상을 주는 것 정도는 고려해 보라. 상상할 수 없을 만큼 싼 제작비를 들이고도 놀랄 만큼 반응이 좋은 디자인 요소를 만들 수 있기 때문이다. 매우 좋은 예가 링크드인 프로필란에 삽입된 그래픽이다. 프로페셔널한 경력을 많이 올릴수록 온도계처럼 어떤 높이까지 올라가게 되어 있다 (그림 14-3). 이러한 그래픽으로 인해 사용자들은 그들의 프로필을 더 보강하고 싶은 생각이 들게 된다. 이것은 사용자와 링크드인 모두에게 좋은 일이다.

그림 14-3. 링크드인의 그래픽은 사용자가 프로필을 완성하도록 동기 부여를 한다.

초기 행동학파들의 주장에서 옳았던 것이 있다면 그것은 음식이나 섹스 같은 일차적 강화물(primary reinforcers)과는 거리가 먼 상징적 보상을 얻기 위해서도 일정 행동의 빈도가 증가할 수 있다는 발견이었다. 사람들은 실제 생리적 보상을 떠올릴 수 있는 상징적인 이차적 강화물(secondary reinforcers)을 획득하기 위해 애쓴다. 생리적 보상이 발생할 때 이것들이 함께 합쳐져 있었기 때문이다. 가장 대표적인 사례는 금전이다. 휴가 기간 즐기는 맛있는 음식은 일차적 강화물이다. 이런 일차적 강화물을 얻기 위해 사람들은 일하고 애쓰고 경쟁한다. 하지만 정작 현실에서 사람들은 돈을 벌기 위해 열심히 일한다. 돈은 이차적 강화물이지만 사람들은 이것을 일차적 강화물인 맛있는 음식과 연계하는 것이다. 사람들은 이 때문에 은행 온라인 계좌에 찍히는 잔고를 늘리기 위해 열심히 일하게 된다. 계좌의 잔고는 돈을 의미하며 이것은 결국 파티와 연결된다. 많은 사람들은 월급날 온라인 은행 계좌에 로그인하여 돈이 새로 입금된 것을 보면 동공이 확장되고 심장 박동이 빨라진다. 추수감사절 맛있게 구워진 터키를 앞에 놓았을 때 사람들이 보이는 반응과 같은 것이다.

■ **핵심 포인트_** 당신이 만든 밈에 그래픽적으로 이차적 강화물을 삽입해 보라. 사람들은 일차적 강화물을 떠올리며 그것을 얻기 위해 애쓸 것이다. 당신의 밈에 재미를 주는 방법이다.

당신이 만든 밈에 디지털적인 이차적 강화물을 삽입하는 것은 거의 추가적인 비용 없이 엄청난 효과가 나타나는 방법이다. 이러한 사례는 매우 많다. 페이스북에서 "좋아요"를 받는 것이나 당신이 오퍼업(OfferUp) 앱에서 팔고 있는 아이템을 구매하기 위해 누군가가 연락을 해 왔을 때 울리는 "땡그랑"하는 스마트폰 금전 등록기 소리가 그런 예이다.

이차적 강화물은 매슬로의 욕구 단계상 여러 욕구 단계에 걸친 다양한 일차적 강화물을 상징적으로 나타낼 수 있다. 어떤 것들은 음식 사진과 같이 생리적 욕구 만족과 관련이 있고 "https" 웹 사이트에 보안 소켓 암호화가 사용되고 있음을 상징하는 자물쇠 아이콘은 안전 욕구를 충족시킨다. 페이스북의 "좋아요"는 소속 욕구, 별점 평가는 지위 욕구, 움직이는 그래픽 GIF는 순수하게 재미 욕구를 충족시키는 것들이다. 게임을 제작한다면 이차적 처벌물(secondary punisher)을 디자인할 수도 있다. 사람들은 일차적 처벌물(primary punisher)을 피하려고 안간힘을 쓰는 것만큼 이차적 처벌물을 피하려 노력할 것이다. 이차적 처벌물은 매슬로의 여러 욕구에 위협이 될 수 있다. 무기나 이빨과 같은 아이콘들은 생리적 욕구를 위협하는 이차적 처벌물이다. 이런 의미에서 덫은 안전 욕구를 위협하는 상징물이고 차이거나 무리에서 쫓겨나는 것은 소속 욕구에 대한 처벌물이다. "소심하고 약함"을 의미하는 배지는 지위에 대한 위협이며 찡그린 이모티콘은 재미가 없음을 연상시키는 이차적 처벌물이다.

아마 가장 성공적으로 이차적 강화물을 활용한 사례는 여행 가이드 사이트
인 포스퀘어(Foursquare)일 것이다. 여기서는 지난 60일 동안 다른 사람들보
다 더 많이 접속했을 경우 그 지역의 "시장(Mayor)"이 되었음을 상징하는 배
지를 붙여 준다. 이러한 그래픽 요소들은 지위를 상징하는 이차적 강화물이
다(그림 14-4).

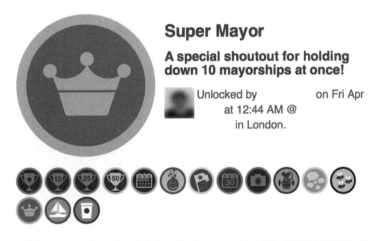

그림 14-4. 배지들은 사용자가 포스퀘어에 더 자주 방문하도록 동기를 부여하는 차원에서 주어진다. 지난 60일 동
안 가장 많이 방문하는 사람이 될 경우, "시장" 배지가 부여됐다.

왜 이러한 이차적 강화물을 얻기 위해 애쓰는 것이냐는 질문을 받게 되면
사람들은 그런 상징물들이 사이트에 금전적 도움이 된다는 사실을 알고 있음
에도 이렇게 답을 했다.

"잘 모르겠어요, 그냥 재밌잖아요."

The Bottlenecks of Motivation

5부

동기 부여 병목 구간

15장
강화 계획

Schedules of Reinforcement

당신이 개발하고자 하는 밈(휴대폰 앱, 소셜 미디어 서비스, 비디오 게임)은 지금쯤이면 상당한 경쟁력을 갖추게 되었을 것이다. 관심, 인식, 기억, 취향의 병목을 통과하도록 최적화 과정을 거쳐 왔기 때문이다. 그 결과 사용자들은 당신의 창작물에 더 관심을 가짐으로써 개발자인 당신의 노력에 보상을 주게 된다.

사용자들이 당신의 밈을 클릭했다. 어쨌든 한번은 클릭한 것이다.

지금까지 사용자들의 관심을 끌어와서 당신의 밈을 클릭하도록 얼마나 노력을 했던가. 이제 개발자로서 당신이 생각해야 할 것은 어떻게 하면 사용자들이 계속 당신의 앱을 찾고 다시 사용하게 할 것인가 하는 점이다. 바람직하게는 계속 당신의 앱이 구동되도록 하는 것이다. 1950년 이래로, 자발적 심리학 분야의 전문가들은 어떻게 동기 부여를 해야 이런 일이 일어나는지에 대해 연구해 왔다. 이것이 이번 장의 주제이다.

■ **핵심 포인트_** 사용자를 늘리는 것보다는 기존 사용자의 방문 횟수와 클릭 횟수를 늘리는 것이 광고 수입이 더 증가하는 방법이다.

당신의 창작물을 통해 부자가 되려면 명심해야 할 단순한 사업적 교훈이 있다. 사용자들에게 밈 이용료를 받지 말라는 것이다. 사용자에게는 무료로 이용할 수 있도록 하고 대신 사용자들이 보유하고 있는 제한된 관심이라는 재화를 되팔아서 이윤을 획득하라. 사용자들은 이용료를 지불하고 싶어 하지 않는다. 그들은 대신 당신에게 관심이라는 재화를 지불한다. 하지만 당신도 관심이라는 재화로 바로 물건을 살 수는 없다. 대신 기업들이 매년 퍼붓는 190조 원에 달하는 막대한 디지털 광고비 시장에서 이 관심을 돈으로 바꾸어라. 사용자들도 이런 비즈니스 모델에서 통용되는 격언을 알고 있다. "사용자가 제품을 사기 위해 돈을 지불하지 않을 경우, 사용자 자체가 곧 제품이다." 사용자들은 자신들에게 가장 도움이 되는 콘텐츠를 골라내기 위해 강력한 심리학적 병목 현상으로 무장하고 있다. 관심이라는 재화를 자신들에게 가장 유리한 곳에 분배하는 것이다. 이런 비즈니스 모델로 충분한 매출을 올려 당신과 주주들에게 이윤이 분배될 수 있을지 확신하기 어려운가? 그렇다면 구글, 페이스북, 뉴욕타임스에게 물어보라.

여기까지는 전략이다. 다음으로 살펴볼 것은 회계이다. 당신이 광고 회사에 팔 수 있는 광고 인벤토리(advertising inventory, 일정 시간 광고할 수 있는 광고 공간의 총량)를 얼마나 보유하고 있는지 계산할 필요가 있다. 얼마나 많은 돈을 벌 수 있을 것인지는 이것에 의해 결정된다.

단순히 당신이 보유한 사용자 숫자와 한 페이지에 넣을 수 있는 광고 숫자를 곱하는 것으로는 충분하지 않다. 대신 다음과 같이 계산하라.

총 광고 인벤토리 =

페이지당 광고 *게재 수*

X 매달 정기적으로 방문하는 *사용자 수*

X 사용자별 *방문 수*

X *방문시 광고 클릭 수*

페이지당 1개의 광고가 게재되고 매달 1회 방문하는 사용자가 하나의 페이지를 클릭(스크롤, 스와이프를 포함한 다른 어떤 방법으로든 하나의 광고를 열고 다시 열지 않는 것을 가정)한다면 당신이 판매할 수 있는 광고 인벤토리는 1이 된다. 만약 사용자가 월 2회 방문하면 광고 수익은 즉시 두 배가 된다. 방문시 클릭하는 페이지의 수가 두 배가 되면 광고 수익 역시 두 배가 된다.

수학적으로 위의 식에 나와 있는 4개의 이탤릭체로 표시된 요인 중 하나를 1만큼 증가시키면 총 광고 인벤토리는 나머지 세 요인의 곱만큼 증가한다. 여기서 매우 중요한 사실을 깨달을 수 있다. 사용자의 수를 늘리는 것보다 훨씬 큰 매출을 올릴 방법은 방문 수와 클릭 수를 늘리는 것이다.

시간을 2010년 4월로 되돌려서 어떻게 페이스북이 이런 스킬을 마스터하여 수십 조의 가치를 지닌 회사가 될 수 있었는지 살펴보자. 닐슨에 의하면 그 당시 페이스북이 보유한 매달 정기적으로 방문하는 사용자들의 수는 4억 명이었다. 그 이후로 증가한 가입자 수에 비하면 별것 아니긴 하지만 그 정도로도 엄청난 사용자 수라고 할 수 있다. 하지만 정말 페이스북이 다른 사이트에 비해 돋보이는 점은 사용자 수에 있지 않다. 페이스북의 가입자들은 사이트를 한 달에 평균 11회 방문했다. 그리고 매번 방문할 때마다 평균 59회 다른 페이지를 방문함으로써 해당 페이지에 실린 광고가 표시되도록 하였다. 물론 이 숫자는 이후로 더 커졌다. 그 당시 숫자만 하더라도 이미 천문학적이었다. 반면, 클래스메이트의 경우 매달 1회 접속하여 10페이지만을 방문하였다. 페이스북의 통계를 앞에서 살핀 광고 인벤토리 공식에 대입해 보자. 빈도(방문)와 고착성(클릭)이 증가했을 때의 효과를 쉽게 알 수 있을 것이다.

2010년 4월 4억 명의 가입자를 기준으로 하면 다음과 같다.

페이스북이 가입자들의 매달 방문 횟수를 한 번만 더 늘리면(11회에서 12회로) 추가로 236억 개의 광고 인벤토리를 더 팔 수 있게 된다. 이것은 마이스페이스(Myspace) 전체 광고 인벤토리에 해당한다.

페이스북이 가입자들의 매회 방문 시 클릭 수를 1번만 더 늘리면(59회에서 60회로) 추가로 44억 개의 광고 인벤토리를 더 팔 수 있게 된다. 이것은 그 당시 트위터 전체 광고 인벤토리에 해당한다.

반면 페이스북이 추가로 가입자를 한 사람 더 늘렸을 때는 매달 추가로 459개의 광고 인벤토리를 더 판매할 수 있을 뿐이다.

그렇다. 페이스북이 마이스페이스 전체 광고 인벤토리를 비즈니스 포트폴리오상에 더하는 방법은 단순하다. 현재 사용자가 한 번 더 사이트를 방문하도록 유도하는 것이다. 트위터 전체 광고 인벤토리에 해당하는 양을 추가하는 방법은 페이지를 하나 더 클릭하도록 하는 것이다. 그것이 정확히 페이스북이 했던 방법이었다.

그렇다면 페이스북에서 이를 위해 어떤 방법을 사용했을까? 페이스북에서는 사람들에게 주는 보상 콘텐츠의 내용은 물론이고 보상을 주는 타이밍을 십분 활용하였다.

이는 대학교 과정에서 배우는 기초 심리학 수준의 이론을 적용한 결과이다. 1957년 미국의 행동주의 심리학자 C.B. 퍼스터(C.B. Ferster)가 출간한 책에 기술되어 있듯이 버러스 프레더릭 스키너(Burrhus Frederic Skinner)는 보상을 주는 타이밍의 중요성에 대해 정확히 알고 있는 심리학자였다. 퍼스터는 그와 함께 수백 가지 강화 계획(schedules of reinforcement)에 대한 실험을 진행하였다. 보상을 주는 타이밍에 대한 패턴을 바꿔 가며 컴퓨터와 연결된 특수 상자 안에 있는 비둘기와 쥐를 대상으로 실험했다. 예를 들어, 쥐들은 먹이를 얻기 위해 막대 스위치를 누르는 횟수를 5번, 10번, 100번 혹은 10번, 100번을 교대로 누르게 하거나 무작위로 누르도록 하며 결과를 비교해 보았다. 먹이가 제공되는 빈도를 컴퓨터의 스톱워치를 조정하여 5분, 20분, 100분으로 바꿔 보기도 했다. 먹이 보상을 주는 것을 중단하고 쥐가 막대 스위치를 누르는 것을 포기하기까지 걸린 시간을 측정하기도 했다. 소멸 행동을 관찰한 것이다.

그들은 모든 자극 주기를 기록하고 그에 따른 반응을 보고서로 남겼다. 수천 조 원에 달하는 전자 상거래와 게임 산업이 본격적으로 붐을 일으킨 때보다 40년 전에 이루어진 실험이었다. 스키너와 퍼스터는 쥐들이 막대 스위치를 누르는 것을 지켜보면서 오늘날 사람들이 마우스를 클릭할 때와 정확히 같은 현상이 일어나는 것을 발견하게 되었다(그림 15-1).

그림 15-1. 쥐가 막대 스위치를 클릭하는 것과 사람들이 마우스를 클릭하는 것 사이에는 매우 유사한 점이 있다.

어느 때 보상을 주는 것이 가장 효과가 있는지에 관한 연구 결과를 공개하기 전에, 밈을 사용하는 사용자의 입장에서 이 장에서 다루게 될 내용은 무서울 만큼 엄청난 위력을 가지고 있음을 미리 경고해 두어야겠다. 특별히 이 장은 이 책을 관통해서 흐르고 있는 불편한 긴장감의 최고점에 서 있다. 이러한 심리학적 원리를 적용하면 당신이 개발하고 있는 밈에 어마어마한 힘을 실어 주게 되고 결국 당신이 세운 회사의 경영 성과를 높여 줄 것이다. 하지만 사용자들로서는 원래 목적하던 바를 이루기 위해 우리의 관심을 끌려는 여러 공격을 각종 심리학에 기초한 최선의 신경학적 방어 기술을 이용해 막아야 했다. 디지털 밈에 사용자들이 "중독"되는 것이 밈 개발자에겐 최고의 찬사라 할 수 있다. 하지만 유전자와 밈 간에는 한정된 자원인 시간을 두고 피할 수 없는 경쟁이 벌어지고 있다. 따라서 중독적인 상황에 빠지게 되면 사용자들은 심한 후회를 느끼게 된다. 밈 개발자와 사용자 모두 스키너와 퍼스터가 실험실 상자 안에서 목격했던 강화 계획에 대해 이해할 필요가 있다. 그렇지 않을 때 "쥐의 복수"가 시작될 것이기 때문이다.

여기 핵심 작동 원리가 있다. 스키너와 퍼스터는 실험 결과의 두 가지 보상 타이밍 패턴이 쥐들에게서 가장 높은 확인과 클릭 빈도를 유도한다는 것을 발견했다.

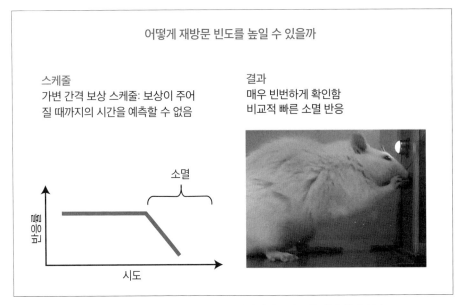

그림 15-2. 보상 타이밍을 일정하게 하지 않고 예측 불가능하게 할 경우 방문 횟수를 늘릴 수 있다.

첫 번째는 가변 간격 강화 계획(variable-interval reinforcement schedule) 이다. 다음 보상이 주어질 때까지의 시간을 예측할 수 없도록 하는 것이다(그 림 15-2). 앞으로 이야기할 모든 강화 계획 이름에 포함된 "간격"이란 그 기준 이 클릭이 아니라 시간이다. 보상 간격에 해당하는 시간이 되면 사용자가 클 릭할 때 보상이 주어진다. 그 이전과 그 이후에 몇 번의 클릭을 하건 보상을 얻는 타이밍을 결정하지는 못한다. 스키너와 퍼스터는 보상 간격을 일정하게 고정하는 실험을 해 보았다. 예를 들면 보상 간격을 5-10분 사이에서 일정 시간으로 고정해 사용자가 알아차릴 수 있도록 하는 것이다. 다음으로 0-10

분 사이에서 무작위로 보상 간격을 정하는 실험도 했다. 보상 간격을 고정할 경우 사용자들은 정해진 시간을 쉽게 알아냈다. 그 경우 사용자들은 보상 간격이 끝날 때쯤 클릭 수가 최고에 이르는 톱니형 패턴을 보였다. 주의력과 에너지를 절약하기 위해서 그때는 클릭하지 않게 되기 때문이다.

반면 가변적이고 예측할 수 없는 강화 간격 계획 실험의 대상이 된 사람들은 보상이 언제라도 주어질 수 있음을 깨달았다. 그러자 끊임없이 방문하고 보상이 도착했는지 클릭하여 확인하는 반응을 보였다. 바로 이것이 사람들로 인해 당신의 밈을 계속 방문하게 만들어 광고 수익을 올리는 방법이다. 웹 분석가들은 이것을 "빈도"라고 부르며 주요 측정 대상으로 삼는다. 반면, 사용자들은 이것을 "좋은 기회를 놓치고 있는 것 같은 두려움"의 형태로 경험하게 된다.

사례들: 다음과 같은 디지털 기능들은 보통 가변 간격 계획으로 예측할 수 없는 시간에 보상이 제공되어 사용자의 기분을 좋게 만든다.

- 1대1 메시지 (문자, 이메일)
- 1대 다 사용자 생성 콘텐츠 (UGC, 소셜 미디어 포스트, 이메일)
- 긴급 속보
- 할인 행사와 쿠폰

- 온라인 옥션과 경매 입찰

- 재고 사이트 (예: 부동산 리스트)

- 스포츠 경기 스코어 (예: 골, 터치다운)

가변 간격 강화 계획에서는 이런 기분 좋은 콘텐츠들이 언제 나타날지 모르기 때문에 사용자들은 자주 사이트를 방문하여 확인하게 된다. 심지어는 계속 보기도 한다. 따라서 이런 기능들을 심어 놓았을 경우 당신의 디지털 밈을 방문하는 통계적 빈도는 증가하게 됐다.

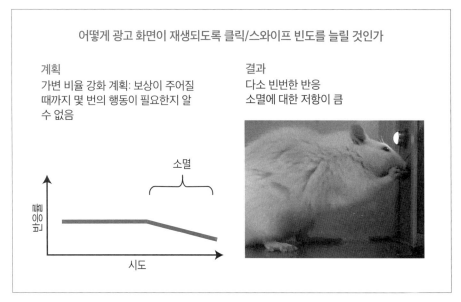

그림 15-3. 가변 비율 강화 계획을 적용할 경우 클릭 수를 늘릴 수 있다.

두 번째는 가변 비율 강화 계획(variable-ratio reinforcement schedule)이다. 이 실험은 보상으로 주어지는 밈을 획득하기 위해 얼마나 많은 행동이 필요한지 알 수 없도록 하는 것이다(그림 15-3). 여기서 "률(ratio)"은 보상이 주어지는 계획의 기준이 시간이 아니라 행동임을 뜻한다(클릭, 스와이프, 스크롤, 탭 등 콘텐츠와 광고 페이지의 로딩을 위해 필요한 행동). 이 실험에서는 보상이 주어지는 행동의 반복 횟수가 5번 혹은 10번 등으로 미리 정해진 숫자일 수도 있고 정해진 범위 내에서 무작위로 변하기 때문에 사용자들이 알 수 없는 가변 비율을 적용할 때도 있다. 앞의 실험에서와 마찬가지로 고정된 숫자일 경우 사용자들은 보상을 얻는 데 필요한 클릭 수를 재빨리 알아내고 이것에 적응하게 된다. 이럴 때 클릭의 수는 미리 정해진 횟수 부근에서 갑자기 늘어나거나 사인파(sine wave) 형태를 보이고, 그 사이에는 클릭하지 않게 된다.

반면 무작위적이고 예측 불가능한 가변 비율 강화 계획을 적용할 경우 사용자들로서는 한 가지 옵션밖에 없다. 보상이 나타날 때까지 계속해서 클릭해 보는 것이다. 이 방법을 사용할 경우 사용자들은 계속해서 사이트를 방문하여 페이지를 보게 되고 이 때 광고도 같이 보게 된다. 웹 분석 전문가들은 이러한 현상을 "고착성(stickiness)"이라고 하며, 우리는 이를 "중독성(addictiveness)"이라고 부른다. 가변 비율 강화 계획을 적용할 경우 나타나는 결과는 보상을 모두 중단하더라도 사람들이 클릭을 멈추는 데까지 걸리는 시간이 매우 길어진다는 것이다. 과업이 불가능해지거나 더는 보상으로 주어지는 콘텐츠가 없음에도 불구하고 가변 비율 강화 계획에 노출된 사용자들은 자신들의 행동을 멈춰야 한다는 것을 깨닫는 데까지 오랜 시간이 걸린다. 더는 클릭으로 얻어지는 것이 없어지게 된 후로도 오랫동안 행동을 멈추지 않는 것이다.

일반적으로 다음과 같은 디지털 기능은, 사용자가 즐거운 콘텐츠를 찾기 위해 얼만큼 클릭을 해야 하는지의 가변 비율 계획에 따라 사용자에게 보상을 제공한다.

- 인터넷 리스트 (각 아이템의 리스트는 각각 다른 페이지에 펼쳐진다)
- 섬네일 모음 (예, 핀터레스트, 미디엄, 포르노 모음)
- 데이트 사이트에서 프로필 모음
- 미로 게임이나 물리 법칙을 이용한 게임의 아이템 (예, 비밀 스위치나 통로, 앵그리 버드에서 탄환 궤적)
- 모든 게임, 일인 사용자 게임, 확률을 이용한 도박 게임
- 장벽과 피드

사용자는 가장 즐거운 콘텐츠를 찾기 위해 얼만큼의 클릭이 필요한지 모르기 때문에(게임을 이기기 위한 동작을 포함) 계속해서 클릭과 스크롤을 한다. 심지어 더는 흥미를 끌 보상이 남지 않은 상황에서도 소멸 현상에 저항하며 계

속 같은 행위를 하게 된다. 사용자들이 당신이 만든 밈에 소위 "집착"하게 만들어 페이지 뷰를 급격히 증가시키고 싶다면 이런 종류의 보상 스케줄을 적용하여 밈을 디자인하라. 그러므로 이러한 기능들을 구현하여 "고착성"이라고 하는 당신의 밈에 대한 페이지 뷰(웹 사이트 내 각 페이지의 방문 횟수)를 늘려야 한다.

■ **핵심 포인트_** 보상을 얻기 위해 얼마나 많은 시간이 흘러야 할지 혹은 얼마나 많은 클릭을 해야 할지 알 수 없도록 할 때 사용자들의 방문 수와 클릭 수는 급격히 늘어났다.

페이스북이 빈도와 고착성면에서 천문학적 수치를 보이는 것은 이 두 가지 강화 계획을 다양한 형태로 사이트에 적용해 놓았기 때문이다. 이로 인해 사람들은 집, 직장에서는 물론이고 심지어 운전하면서도 페이스북을 빈번하게 사용하게 된다. PC가 아니면 휴대폰을 통해 거의 하루종일 연결되어 있을 정도이다. 언제 친구가 메시지를 보내거나 새로운 포스팅을 올려놓을지 예측할 수 없기 때문이다. 언제라도 이런 일이 일어날 수 있어 확인을 위해 계속해서 접속하게 되는 것이다.

페이스북은 우리가 뉴스를 얻기 위해 가장 많이 사용하는 사이트이다. 우리로서는 언제 총기 사고, 재난, 애플의 새 제품 출시, 스캔들과 같은 뉴스가 헤드라인을 장식할지 예측할 수 없다. 어떤 사람들의 경우 페이스북에서 친구는 물론이고 모르는 사람들과 게임을 즐긴다. 게임에서도 상대가 어떤 새로운 움직임을 했는지 혹은 내가 기록한 스코어가 언제 깨졌는지 예측하기 어렵다는 측면이 있다. 페이스북을 해야겠다고 생각하고 사이트에 접속하는 경우, 시간이 몇 분 남아서 그 시간을 보내기 위해서일 경우도 있고 원래 의도했던 것보다는 훨씬 더 오래 머물며 시간을 소비하는 방법도 있다. 페이스북에서 우리는 끊임없이 페이지를 스크롤하고 클릭을 반복한다. 뭔가 흥미 있고 자극적인 콘텐츠를 보기까지 몇 번의 클릭이 필요한지 알 수 없기 때문이다. 정말 재미있고 감동적인 무언가를 발견하는 보상을 얻기 위해 몇 번이나 포스트를 열고 클릭을 해야 할지 예측할 수 없다는 것이 중요하다.

2014년 기준으로 페이스북에 가입된 사용자의 65%는 매일 사이트를 접속하는 것으로 나타났다. 그리고 매 방문 시 평균 21분을 머무르는 것으로 집계되었다. 29%의 사용자는 휴대폰에 페이스북을 하루종일 실행시켜 놓고 있으며 그중 27%는 운전을 하면서도 페이스북을 하는 것으로 나타났다. 인스타그램이나 왓츠앱에서도 같은 현상이 일어난다. 공교롭게도 페이스북은 이 두 사이트도 소유하고 있다. 유튜브, 인스타그램, 핀터레스트에서도 같은 일이 일어나고 있다. 유튜브의 창업자들은 HotOrNot.com 같은 종류의 사이트가 그들이 상상했던 비즈니스 모델 중 하나였다고 말한다. 그것은 2000년대 초반에 유행했던 사람들의 사진 섬네일에 점수를 매기는 저예산 사이트였다. 이 사이트에서 사람들은 누군가 정말 섹시하다고 느낄 만한 사람의 사진

을 찾기 전까지는 계속해서 클릭한다. 가변 비율 계획의 대표적 사례라고 할
수 있겠다.

   같은 방식으로 유튜브 역시 하나의 영상 재생이 끝나면 관련된 여러 동영
상 섬네일을 보여 주고 있다. 가변 비율이 적용된 사례로서 이런 사이트에서
사람들은 토끼 굴에 떨어진 것처럼 끝도 없이 굴러다니게 된다.
   저명한 뉴스 사이트인 ABC 뉴스(ABC News)나 비즈니스 인사이더(Business
Insider)와 같은 곳들에서도 이런 전략을 이용해 지금 읽고 있는 기사가 끝남
과 동시에 다음 기사를 읽도록 유도하는 팝업창이 표시된다. 다음 클릭을 유
도하는 전략이다.

   디지털 미디어가 등장하기 전 감성적 과거를 아쉬워하며 동경하는 사람들
도 있을 것이다. 유감스럽지만 가변 비율과 가변 간격 강화 계획은 예전부터
늘 우리 주변에 있었다. 오랜 세월 동안 인류 문화 역사와 함께해 온 도박이나
확률적 요소가 가미된 게임은 가변 비율 계획의 또 다른 예이다. 낚시, 사냥은
물론이고 뿌리를 캐고 딸기를 따는 것 역시 같은 성격을 지니고 있다. 이러한
강화 계획에 참여하고, 즐기고, 좌절하고 중독되는 것은 인간의 본성만큼이나
오래되었다. 어떻게 보면 인류 역사의 일부라고 할 수 있을 정도로 우리와 밀
접하게 연결되어 있다. 따라서 이러한 보상 전략을 이용하는 디지털 미디어
의 힘이 매우 강력하고 중독성이 있는 것은 그리 놀랄 일은 아니다. 현재 성공

적으로 비즈니스를 하는 사이트들은 어김없이 이런 전략들을 사용하고 있다.

흔치는 않으나 가끔 이러한 강화 계획이 의도하지 않게 개입하는 상황도 있다. 그리고 대개 이런 것들은 해체되는 것이 더 낫다. 마이크로소프트 아웃룩 이메일 프로그램의 초기 버전에서 나타난 사례는 너무 오래된 예로서 현실적으로는 별 의미가 없으나 학문적으로는 연구 대상이라 할 수 있다. 초기 아웃룩은 구형 이메일 서버(일부 대학의 메일 서버나 POP 계정)와 연동될 경우 도착한 이메일을 자동으로 다운로드하지 않았다. 대신 발신/수신(send/receive) 버튼을 수동으로 클릭해야 했다.

완벽하게 가변 간격 계획이 적용되는 상황이 된 것이다. 이럴 때 사용자들은 언제 이메일이 도착할지 알 수 없게 되고 계속해서 발신/수신 버튼을 클릭해야 한다. 교수나 연인에게서 중요한 이메일을 기다리고 있을 때라면 거의 계속 클릭하고 있어야 하는 상황이 된다. 2장에서 살펴보았듯이 과업 지향적 사고방식을 가지고 있는 사용자들은 가변 계획을 싫어한다. 사용자들은 대신 다른 일에 주의를 집중하게 된다. 과업 회피적 사고방식을 가졌다면 이런 가변적인 상황을 오히려 환영할 것이다. 아웃룩의 이후 버전은 이런 문제를 개선하여 이메일을 자동으로 수신하고 팝업 알림창을 띄워 줌으로써 사용자들이 아웃룩에 중독되지 않도록 했다(그림 15-4). 알림창은 알 수 없는 상황을 알 수 있는 요소로 바꾸어 줌으로써 가변 계획이 더는 적용되지 않도록 한다.

우리는 더는 새 이메일이 언제 수신될지 궁금해하는 상태로 있지 않아도 된다. 팝업창이 알려 주기 때문이다.

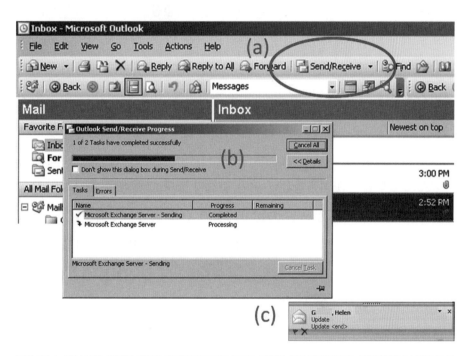

그림 15-4. 일부 구형 이메일 서버와 연동된 마이크로소프트 아웃룩 초기 버전의 경우 사용자들이 (a) 발신/수신 (send/receive) 버튼을 수동으로 클릭해야 한다, (b) 그러면 다운로드 대화 박스가 뜨면서 가변 간격 계획이 적용된다. (c) 이 기능은 제거되고 자동 다운로드로 대체되었다. 대신 팝업 알림창이 떴다.

이 논리를 기준으로 보면 페이스북에서 흥미로운 점을 발견할 수 있다. 페이스북에서 친구들이 내가 올린 포스트에 대해 "좋아요"를 누르거나 댓글을 썼다는 알림을 보내는 것은 미지의 시간 간격을 예측 가능한 것으로 바꾸는 의미가 있다. 오히려 사이트에 대한 방문 횟수를 줄이는 방향으로 작용하게 되는 것이다. 페이스북의 경우 이메일 서비스가 없다. 아이러니하게도 이것이 사용자들의 사이트에 대한 고착성을 믿을 수 없을 정도로 증가시키는 방향으로 작용했다. 물론 비용 절감은 말할 필요도 없다. 새롭게 사업을 시작하는 스타트업 기업의 경우 이런 전략을 구사할 수는 없다. 사용자들이 충분히 서비스에 만족하고 충성도가 높아질 때까지는 인기를 유지할 필요가 있기 때문이다.

  페이스북과 관련된 의문들로는 이런 것들이 있다. 그들은 사용자들의 중독 정도가 너무 지나치지 않은 수준을 유지하기 위해 알림 기능을 이용하는가? 아니면 이런 기능들이 그들의 매출 성장을 방해하고 있다는 사실을 모르는 것일까? 또는 여전히 가장 인기 있는 사이트로 남기를 원하는 것일까? 혹은 이런 이유와는 별개의 이유가 있는 것일까?

  "의존성"이나 "남용"과 같은 임상적으로 심각한 문제가 있는 현상의 존재를 시인하지 않고 "중독"이란 단어를 마케팅으로 순화된 단어로 다룬다면 이 문제에 대한 논의를 끝낼 수 없다. 물론 이 책에서 이 문제에 대해 자세히 다루기는 어렵다. 다만 1990년대까지 미국의 심리학자들 사이에서는 도박 중독을 하나의 병리학적 질병으로 다룰 것인지에 대한 논쟁이 있었다는 점은 얘기할 수 있다. 2000년대에 들어와서는 이 논쟁에 비디오 게임과 인터넷 중독이 추가되었다. 가변 강화 계획에서 빠져나오지 못하고 계속 매달리는 것은 모든 종류의 의존성 행동에서 공통적으로 발견되는 현상이다. 정신 건강학적 기준으로 볼 때 지나친 디지털 사용으로 친구, 가족과의 관계나 직장에서 원치 않는 현상이 벌어져 "스트레스, 장애, 위험"에 직면해 있다고 느끼는 사람은 누구든 전문가들의 도움을 받고 치료를 받아야 한다.

물질 의존성과 디지털 의존성은 신경학적 경로 면에서 매우 다를 것이라는 점은 분명하다. 하지만 물질 의존성에 대한 DSM(Diagnostic and Statistical Manual, 진단 및 통계 매뉴얼)을 읽어 본 사람이라면 디지털 의존성과 놀랍도록 유사한 점이 있음을 알게 될 것이다. 물질과 디지털 미디어는 "사용"이라는 단어를 쓸 때 그 의미가 다르다. 하지만 외면적으로 나타나는 현상은 놀라울 만큼 닮았다.

다음 7개의 질문 중 3개 이상에 해당할 경우 의료 전문가와 꼭 상의할 필요가 있다.

- 사용량 - [마약이나 술]이 시간이 지나면서 늘어나고 있는가?
- 금단 - 더는 사용하지 않았을 때 심리적 혹은 감정적 금단 현상을 경험한 적이 있는가? 다음과 같은 현상을 겪은 적이 있는가? 짜증, 불안, 떨림, 발한, 메스꺼움, 구토
- 사용 자제의 어려움 - 원래 하고 싶어 했던 것보다 더 많이 혹은 더 오래 사용한 적이

있는가? 취하기 위해 음주를 한 적이 있는가? 보통 몇 잔 마신 후 그만두는가 아니면 일단 한잔을 마시면 더 많이 마시게 되는가?

- 부정적 결과 – 기분, 자존감, 건강, 직장, 가족에 대해 부정적인 결과가 나타남에도 불구하고 사용을 계속한 적이 있는가?

- 해야 할 일을 무시하거나 미루는 행위 – 사회적 활동, 오락 활동, 직장에서의 업무, 집안일을 미루거나 줄인 일이 있는가?

- 상당한 시간과 감정 에너지를 소비함 – 대상이 되는 것을 얻어내고, 사용하고, 숨기고, 계획하고 사용 후의 후유증으로부터 회복되는 데 상당한 시간을 소비하는가? 대상을 사용하는 것에 대해 많은 시간 생각하는가? 사용을 숨기거나 최소화해 본 적이 있는가? 들키는 것을 피하기 위한 계획에 대해 생각해 본 적 있는가?

- 삭감하고 싶은 욕구 – 사용을 줄이거나 통제하는 것에 대해 가끔 생각해 보는가? 사용을 줄이거나 통제하려는 시도를 실패해 본 적이 있는가?

이와 같은 논의를 통해 원치 않는 밈으로부터 우리 자신을 지켜 주는 신경학적 병목 현상에 대한 진실을 이야기해야 할 때가 되었다. 이 시점까지는 사용자의 병목 현상을 밈 개발자들이 정복할 수 없는, 강철 같이 휘어지지 않고 굴복하지 않는 대상으로 묘사해 온 것이 사실이다. 하지만 달성하고자 하는 목표에 우리의 주의를 집중하고 에너지를 분배하는 것이 사실 쉬운 일은 아니다. 근육과 마찬가지로 이러한 활동을 위해 사용하는 조직들은 훈련하지 않으면 위축되어 버린다. 그리고 지나치게 사용되고 스트레스에 시달리면 결국 사용 불가능하게 될 수도 있다.

　앞에서 했던 이야기를 다시 하고 싶다. 밈 개발자들만이 달성할 목표를 가지고 있는 것은 아니다. 심리학은 밈 개발자들의 성공뿐만 아니라 사용자들을 보호하기 위해서도 필요하다. 이런 이유로 우리가 저항할 수 없는 타이밍에 주어져서 억지로 떠맡는 밈이 아니라, 진정으로 우리에게 보상이 되는 밈을 찾는 일을 멈추지 말아야 한다.

16장
몰입 상승

Escalating Commitment

지난 장에서 살펴보았듯이 성공적인 밈을 위해서는 콘텐츠만큼이나 밈을 전달하는 타이밍이 중요하다. 다시 말하면 순서가 내용을 결정한다는 것이다. 순서와 타이밍이 가진 힘에 대해 조금 더 자세하게 살펴보자.

사용자들을 위해 제공할 디지털 인터페이스 중에 가장 중요한 것은 (a) 초기 가입 및 앱을 다운로드하는 순서를 안내하는 페이지와 (b) 결제 페이지일 것이다. 꿈에 부풀어 개발자 친구와 차고에 앉아 있을 때는 이런 것까지 생각하지 못한다. 초창기에는 개발하고자 하는 밈의 내용과 사용자들의 욕구를 충족시켜 줄 수 있을 것인지 혹은 재미와 흥미를 줄 수 있을 것인지에만 관심이 있기 때문이다. 그러나 어느 시점이 되면 수익에도 관심을 기울여야 할 때가 온다. 이를 위해 가입 절차를 통해 관심 채널을 셋업하는 데 필요한 UX 흐름을 구성할 필요가 생긴다. 사용자는 이 흐름을 통해 요금을 결제하게 된다. 이 순간이 성공과 실패를 가늠하는 매우 중요한 시간이다. 이를 전환 흐름(conversion flow)이라고 부른다. 사용자들을 다음 단계로 전환하기 때문이다. 미가입자에서 가입자로 바꾸거나 무료 사용자에서 유료 사용자로 전환하는 것이다. 한 가지 사례로서 온라인에서 뉴욕 타임스를 구독할 때의 가입 절차를 살펴보자(그림 16-1). 사례에서 보듯 전환 흐름은 항상 여러 단계를 거치게 된다. 최소화하더라도 가입을 설득하는 페이지와 개인 정보, 결제 정보를 입력하는 페이지 등이 필요하다.

이런 페이지들이 등장하는 순서와 페이지에 표시되는 문구들은 사람들이 가입 절차를 끝내도록 함에 있어 매우 중요하다. 이것이 잘못되면 사람들이 관심과 지갑을 열려 하다가도 등을 돌리게 된다.

이 무렵에는 사업 파트너와 논쟁을 벌이게 되는 것이 보통이다. 아마 막 시작한 벤처 회사에서 겪게 되는 첫 번째 싸움이 될 것이다. 전환 흐름에서 단계마다 사람들이 떨어져 나가는 것을 목격하게 되기 때문이다. 이것은 모든 전환 흐름에서 흔히 발생하는 일이다. 이때 한쪽에서는 이것을 막기 위해 단계를 줄이는 것이 더 낫겠다는 논리적인 생각을 하게 된다. 그러나 다른 한쪽(보통 마케팅 경력을 가진 사람들)에서는 사람들을 끌어들이고 확신을 주는 단계가 더 필요하다고 주장할 것이다. 제공하는 제품의 가치를 설명하기 위해 몇 개의 단계가 더 필요하다거나 페이지 내에 일정 공간을 더 확보해야 한다는 주장이다. 다음과 같은 질문은 충분히 논쟁을 벌여도 좋을 만큼의 가치가 있는 문제 제기이다. "그냥 첫 번째 페이지에서 이메일 주소와 신용 카드 번호를 물어보는 것은 불가능한가?

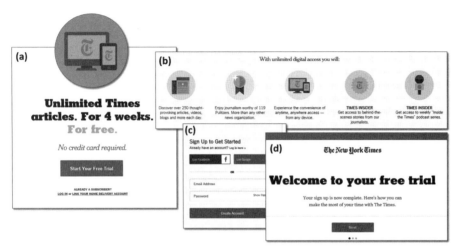

그림 16-1. 뉴욕타임스 온라인 콘텐츠의 이용을 위한 가입 절차 전환 흐름도. (a) 무료 서비스에 대한 소개 (b) 가치 제안 리스트 (c) 개인 정보 입력 (d) 가입 수락 페이지

    설사 논쟁이 격해지더라도 너무 마음 상하지 마라. 비슷한 종류의 격론이 아마존에서부터 왓츠앱에 이르는 거대 인터넷 회사에서도 일상적으로 일어나고 있기 때문이다. 이 회사들은 지금도 엄청난 규모의 비용을 "전환율 최적화(conversion rate optimization)"를 위해 쏟고 있다. 전환 흐름 단계에 들어선 사람들이 최종 가입 절차까지 마치는 비율을 높이기 위해 단계별 내용을 조정하고 이를 테스트하는 작업을 일컫는 말이다. 이런 종류의 일을 하는 사람들은 높은 임금을 받는다. 아마 이 책을 다 읽었을 즈음에는 여러분도 잘 훈련된 밈 개발자가 됐을 것이므로 이런 직업에 도전해 보는 것도 생각해 보기 바란다.

■핵심 포인트_ 사람들이 가입을 위한 전환 흐름 단계에 들어서면 단계마다 중도 포기하는 사람들이 생긴다. 그렇다면 아예 첫 번째 페이지에서 이메일 주소와 신용 카드 정보를 요구하는 건 어떨까?

물론 이런 종류의 논쟁이 2001년 클래스메이트에서도 있었다. 이 회사는 9장에서 소개된 대로 고등학교 동창생들을 다시 연결해 주는 서비스로 최초로 수익을 낸 소셜 네트워킹 사이트였다.

그 당시 CEO였던 마이클 슈츨러는 2001년 마케팅 리서치업체 마케팅셰르파(MarketingSherpa)와의 인터뷰에서 클래스메이트의 성공 요인을 다음과 같이 밝혔다. "클래스메이트 사이트에는 색채, 사용된 단어, 글씨체, 그래픽 등 모든 요소와 페이지들이 거듭된 테스트를 통해 검증된 후 사용된다. 가입 절차가 몇 단계로 되어 있고 각 절차에 번호가 매겨져 있는지 아닌지까지 확인을 한다."

초기 클래스메이트의 가입 과정은 왜 불필요해 보이는 단계를 넣어 많은 절차를 거치게 했는지 이해하기 어렵다(그림 16-2). 한번 세어 보자.

1. 고등학교를 졸업한 주를 선택하라.

2. 다녔던 고등학교가 있는 도시의 첫 번째 알파벳을 선택하라.

3. 당신이 선택한 도시가 이 중 하나인가? 선택하라.

4. 당신이 다녔던 고등학교 이름의 처음 알파벳을 선택하라.

5. 고등학교의 이름이 이 중 하나인가? 선택하라.

6. 와우! 당신이 다녔던 고등학교를 졸업한 수천 명의 사람이 클래스메이트에 등록했다! 그들과 함께하려면 다음 양식을 제출하라.

7. 당신의 이메일로 보낸 링크를 클릭하여 확인하라.

8. 확인되었다! 유료 골드 멤버가 되길 원한다면, 여기 가입해야 할 이유가 있다! (여러 해 동안 이 사이트의 주요 가치 제한 사항은 다른 사람들에게 이메일을 보낼 수 있다는 것이었다.) 가입하는 기간을 선택하라(월, 년, 2년).

9. 훌륭하다! 당신의 신용 카드 정보는?

10. 확인되었다! 당신의 이메일 정보는?

11. 멋지다! 프로필을 작성하라!

그림 16-2. 2010년 클래스메이트 홈페이지

고등학교 이름의 첫 번째 알파벳을 선택하라고? 왜 그들은 그냥 단순히 검색창을 삽입하지 않았을까? 자동 완성 기능은?

수학 퀴즈(가상의 데이터를 이용함): 이 가입 절차의 단계마다 5%의 사람들이 중도에 포기한다고 가정해 보자(사실은 이보다 훨씬 높다). 100명이 가입 절차를 시작한다고 했을 때 몇 명이나 가입을 마칠까? 몇 명이나 유료 서비스를 이용할까? 몇 명이나 모든 절차를 끝내고 프로필 작성까지 마칠까? 답: 8단계까지 가는 사람은 63명, 10단계는 56명, 11단계는 54명이다. 물론 클래스메이트는 사이트를 방문한 사람들이 더 많이 가입 절차를 마무리하길 바랄 것이다.

2003년경 자동 완성 기능이 있는 검색창이 현실이 되었다. 이때쯤 AJAX(비동기 자바스크립트와 XML)라고 부르는 코딩 기술이 개발되어 서버에 있는 페이지나 웹 서비스를 직접 불러올 수 있게 되었기 때문이다. AJAX를 이용하면 전환 흐름상에서 많은 제출 버튼을 없앨 수 있다. 또한 오래된 서버에서 흔히 보이는 빈 페이지가 새로 고침하는 시간을 없앨 수 있다. 클래스메이트의 개발자들은 과업 지향적인 성향의 사람들은 가입 도중 경험하는 이런 종류의 정지된 순간을 싫어할 것이라는 사실을 전혀 상상하지 못했다. 그로 인해 단계마다 몇 퍼센트의 사람들이 중도 포기하리라는 사실도 생각해 본 적이 없었다.

이러한 확실한 이론적 근거를 바탕으로 클래스메이트는 입력 자동 완성 기능을 적용하여 몇 개의 제출 버튼을 제거해 보았다. 그야말로 가능한 모든 테스트를 다 한 것이다. 이 한 가지 기능에 의해 처음 5단계가 1단계로 줄면서 다음과 같이 변했다.

1. 당신이 다녔던 고등학교의 처음 몇 알파벳을 다음 검색창에 입력하라.

2. 와우! 당신이 다녔던 고등학교를 졸업한 수천 명의 사람이 클래스메이트에 등록했다! 그들과 함께하려면 다음 양식을 제출하라.

3. 당신의 이메일로 보낸 링크를 클릭하여 확인하라.

4. 확인되었다! 유료 골드 멤버가 되길 원한다면, 여기 가입해야 할 이유가 있다! (여러 해 동안 이 사이트의 주요 가치 제안 사항은 다른 사람들에게 이메일을 보낼 수 있다는 것이었다.) 가입하는 기간을 선택하라(월, 년, 2년).

5. 훌륭하다! 당신의 신용 카드 정보는?

6. 확인되었다! 당신의 이메일 정보는?

7. 멋지다! 프로필을 작성하라!

이제 11단계 대신 7단계를 이용하여 계산을 다시 하라(매 단계 포기율을 5%로 가정). 이번에는 가입 절차를 시작한 100명 중 81명이 가입 절차를 마치고 74명이 유료 서비스에 가입한 후 70명이 프로필 작성까지 마치게 될 것이다. 전과 비교해서 매우 바람직한 결과를 보이는 것으로 계산됐다.

하지만 현실적으로 일어난 일은 예상과는 달랐다. 당황스럽게도 단계를 줄일수록 가입 절차를 끝내는 사람의 숫자는 점점 더 줄었다. 마케팅셰르파는 다음과 같이 표현했다. "어떤 시도도 원래 방법보다 좋지 못한 결과로 나타났다." 어떻게 확신할 수 있는가? 지금 http://classmates.com을 방문하여 가입 페이지가 어떻게 디자인되어 있는지 한번 보라(그림 16-3). "클래스메이트 사이트의 모든 요소를" 다 테스트하고도 1998년 디자인에서 바뀐 것은 없다. 2003년경 슈츨러는 마침내 다른 대안들을 테스트하는 것을 포기했다. 그리고 "지금까지 가입 절차와 관련해서 본론부터 먼저 꺼낸 회사 중 성공한 사례는 매우 적다."라고 말했다.

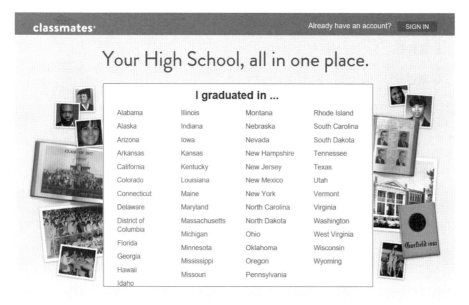

그림 16-3. 2017년 Classsmates.com의 홈페이지 디자인

이 이야기의 핵심은 실패를 두려워하라거나 다변량 테스트가 필요 없다는 점을 지적하려는 것은 아니다. 이런 종류의 테스트는 벤처 회사라면 차고에서 일을 시작하는 첫날부터 당장 해야 할 일임은 분명하다. 최적화 프로그램은 사이트에서 발생하는 트래픽의 일부에만 영향을 주는 정도로 변화 요인을 최소화하며 진행된다. 따라서 언제든 테스트를 중단하고 예전으로 돌아갈 수 있다. 어떤 피해도 발생하지 않는다. 왜 가입 절차가 긴 것이 짧은 경우보다 더 나은지에 대해 어떤 심리적 과정으로 설명할 수 있을까?

그 이유는 몰입 상승(escalating commitment)에 있다. 이러한 현상은 1960년대 초부터 이미 심리학자들에 의해 관찰되던 행동 패턴이다. 여러 건의 작은 행동을 통해 어떤 일에 참여하고 그로 인해 보상이 주어지는 일이 반복되면, 한꺼번에 부탁했을 때는 틀림없이 거절했을 일도 별 거부감 없이 받아들이게 된다.

Classmates.com을 방문하면 사이트에서 가장 먼저 요구하는 것은 고등학교를 졸업한 주를 선택하라는 비교적 작은 일이다. 그런 다음 요구하는 것은 해당 도시의 알파벳 첫 글자이다. 사용자들로서는 이런 사소한 정보를 제공한다고 큰일이 생기지는 않을 거라고 생각된다. 이런 사소한 행동에 대한 강화물로서 사이트는 내가 살던 동네의 이름을 보여 준다. 이것 자체가 보상이다. 사용자들은 그 결과 "흠, 적어도 이 사이트에 내가 살던 동네 이름은 들어 있군."이라고 생각하게 된다. 그리고 사용자들은 벌써 입가에 미소를 띠게 된다. 그런 다음의 절차는 졸업한 고등학교 이름의 첫 번째 알파벳을 입력하고 그 결과로 고등학교 이름을 보여 준다. 그러면 "오, 심지어 내가 졸업한 고등학교 이름도 알고 있네."라는 생각이 든다. 이 시점에 이를 때까지 사이트에서 사용자에게 요구한 것은 단지 세 번의 클릭이다. 더구나 어떤 정보도 입력하지 않은 익명 상태에서 진행된 일이다. 그리고 그 결과는 셀프 프로세싱(self-processing) 감각에 직접적으로 호소하게 된다(10장).

다음 단계에서 얼마나 많은 고등학교 동창들이 가입하고 있는지를 알게 되는 것도 또 다른 보상이다. 이것은 우리의 소속 욕구를 충족시키는 것이기도 하다(13장). 이메일 정보를 입력하는 단계에 이르러 익명성과 사용자의 관심 요구를 사이트의 콘텐츠와 교환해야 하는 시점이 되면 사람들은 이미 그렇게 할 준비가 되어 있다.

클래스메이트가 테스트해 봤을 법한 다른 대체 전환 흐름은 기존의 느린 기브 앤 겟(give-and-get) 방식보다 이런 교환 단계에 도달할 확률이 더 낮았다. 가장 짧고 논리적인 전환 흐름이라면 첫 번째 페이지에서 사용자의 이메일 주소를 물어보며 정보 입력을 요구해야 한다. 하지만 긴 절차를 거쳐가며 불편하게 많은 클릭을 해야 하는 경우보다 훨씬 적은 숫자가 마지막 단계까지 남아 있게 된다. 적은 가입 절차 단계로 전환 흐름을 설계하는 경우 효율 면에서는 앞서지만 가입률로 표현되는 효과 면에서는 더 저조했다. 이것은 마치 남녀 간의 만남에 있어서 내릴 때 차 문을 열어 주는 친절을 보여 주기도 전에 결혼부터 하자고 요구하는 것과 같다는 것이다.

■ **핵심 포인트_** 여러 번에 걸친 작은 참여와 그에 따른 강화물 보상이 이어지면 모든 것을 한꺼번에 요구했을 때는 보이지 않던 행동들이 나타났다.

지금까지 논의된 내용은 당신이 인턴이건 벤처 회사의 임원이건 무관하게 적용된다. 당신 회사의 전환 흐름도를 캡처한 후 잘 연구해 보라. 단계별로 얼마나 많은 사람이 중도에 그만두게 되는지는 따지지 마라. 대신 사람들을 마지막 단계까지 데리고 가기 위해 얼마나 많은 소소한 참여를 요청하고 그에 따라 작은 보상을 주고 있는지 세어 보라. 만약 이런 목적의 페이지가 보이지 않는다면 단계를 줄이기보다는 오히려 이런 페이지를 더 늘려라. 그런 후 사이트 최적화 프로그램과 함께 경기 지표(business indicator, 경기의 변동을 나타내는 경제상의 지표)가 개선되는지 확인하라.

불행히도 미리 경고하는 의미에서 이 이야기의 어두운 결말에 대해 밝혀야 한다. 클래스메이트에서 제공하는 전체 서비스를 이용하기 위해 가입 절차를 끝내고 신용 카드 정보를 입력하고 나면 사용자들은 사이트에 극도로 협력적인 상태가 된다. 이 상태에서는 보통이면 거절했을 제안들도 수용하게 되고 꼼꼼하게 살펴봤을 정보들도 맹목적으로 받아들이게 된다. 참여도가 점점 증가하다가 가입 절차의 마지막 단계에 이르면 사용자들은 어떤 종류의 정보 제공 버튼도 쉽게 누르는 상태에 빠지게 되는 것이다. "충동 구매"를 위해 슈퍼마켓에서 계산대 부근에 미끼 상품들을 진열해 놓는 것도 같은 원리이다.

2015년 타결된 수백만 달러에 달하는 분쟁 조정문에 따르면 이런 약점을 이용하여 클래스메이트는 "외부 마케팅 파트너"와 협력하여 클래스메이트의 가입 단계 도중 혹은 가입 후에 다른 사이트의 가입을 유도하는 광고를 게재하였음이 드러났다. 클래스메이트에서는 자발적으로 이런 광고 행위를 중단했고 어떤 불법 행위도 없었음을 주장했다. 하지만 법원은 가입 절차가 끝난 직후 결제 정보를 요구하는 행위를 중단하도록 했으며 외부 사이트로 사용자들을 유도하여 다른 제품을 더 구매하도록 할 때 그 의도를 분명하게 밝히도록 했다.

당신이 밈 개발자라면, 사악해지지 말라(don't be evil, 구글의 비공식적인 캐치프레이즈). 그리고 당신이 사용자라면 속지 말라. 판매자는 그들이 팔겠다고 하는 것만 팔아야 한다. 그리고 구매자는 사려고 의도했던 것만 사야 한다. 여러 단계에 걸친 소소한 기브 앤 겟 절차는 밈을 향한 우리의 마음을 열고 평소에는 우리를 잘 보호하던 병목의 크기를 확장하는 효과를 나타낸다. 우리는 얻고자 했던 것을 획득하고 나면 빨리 병목을 축소해야 한다. 현실에서는 모든 "확인" 페이지를 꼼꼼하게 확인하고 특히 제출 버튼이 나타나면 더 세심하게 살피는 행동이 필요하다.

　다음 장에서는 전환 흐름의 마지막 단계에 대해 더 자세하게 살펴볼 것이다. 그리고 기브 앤 겟, 제공과 수여, 접근과 회피의 심리학적 관점에 대해 설명할 것이다.

17장
접근과 회피

Approach-Avoidance

지난 장에서 전환 흐름(당신의 디지털 발명품에 등록, 다운로드 또는 지불에 사용하는 화면의 순서)이 단축될 경우 반드지 더 효과적이지는 않다는 것을 보여주었다. 더 많은 클릭이 필요하더라도 느리고 더 긴 단계의 기브 앤 겟 과정을 거쳐 차츰 그 몰입도를 높여 가는 것이 훨씬 효과적이다.

이는 컴퓨터 공학자들로서는 받아들이기 힘든 개념이다. 비효율적인 것이 더 효과적이라니? 하지만 적어도 이 경우에는 그렇다. 디즈니의 디자이너였던 제시 쉘도 게임에 대해서 같은 이야기를 한 적이 있다. 게임을 시작하자마자 우두머리 괴물을 앞질러 가서 최종 보물을 찾을 수 있다면 가장 재미없는 게임이 될 것이다. 기억하라. 당신이 만든 밈적 적합도는 사용자와 프로그래밍 사이에 최대의 시너지 효과가 발휘될 때 증명된다. 밈 개발자로서 프로그래밍이 만족스럽지 않아도 상관없다.

이와 마찬가지로 디지털 제품 마케팅 담당자들이 받아들이기 힘든 개념이 있다. 바로 디지털 밈을 받아들이고 비용을 지불하는 것에 대한 사용자의 우려를 인정하고 대책을 세우는 것이 부정하는 것보다 더 효과적이라는 것이다. 보통 전환 흐름의 페이지마다 당신이 삽입하는 모든 문구는 당신의 밈이 어떤 장점이 있는지 설명하기 위한 것이다. 사용자가 가질 수 있는 우려를 불식시키기 위한 설명을 페이지에 삽입하는 경우는 매우 드물다. 하지만 법률 팀에서 사용자가 경험할 수 있을 불편 사항을 페이지에 삽입하도록 요구받기도 한다. 이럴 때 되도록 깨알같이 작은 글씨로 표시하게 된다. 하지만 이런 문제와 관련하여 더 효과적인 방법이 있다.

그림 17-1. Allrecipes.com 전환 흐름에서의 서비스 선택 페이지

Allrecipes.com에서 유료 회원 가입을 권하는 전환 흐름 페이지를 사례로 들어 살펴보자. 각 페이지에서 사용된 사이트의 장점으로 소개된 문구들을 정리하면 다음과 같다.

- 당신의 레시피를 수정하라! 그리고 저장하라!
- 시간을 절약하라! 레시피를 바꿔라! 더 멋지게 프린트하라! 재료별로 검색하라! 요리하면서 확인하라!
- 싸다! 더 싸다! 가장 싸다!
- 쉽다!

다음은 말하지는 않지만, 사용자들이 갖게 되는 우려이다. 어떤 것들은 합리적이고 어떤 것들은 그렇지 않다. 비슷한 페이지들을 넘기는 동안 계속해서 이런 우려들이 우리를 괴롭히게 된다.

- 레시피를 수정하고 저장하고 싶다. 하지만 가입을 하게 되면 얼마나 많은 이메일에 시달리게 될까?
- 정말 시간을 절약할 수 있을까? 레시피를 프린트한다는 것은 멋지다. 하지만 프린트 잉크가 떨어지는 건 어떻게 하나? 검색 기능이 있는 건 좋다. 하지만 글루텐 프리 재료만 보여 주는 것도 가능할까? 부엌에서 레시피를 노트북으로 보는 것이 아이패드로 보는 것만큼 편할까?

- 특별 가입 요금은 좋은 조건 같다. 나중에 정상적으로 내야 할 요금은 어떨까? 오, 여기 있군. 그리 나빠 보이지 않는다. 혹시 유료 가입이 자동 연장되는 것은 아닐까? 만약 그렇다면 체크 카드보다는 신용 카드를 쓰는 게 낫겠군. 내 계정을 내 배우자도 쓸 수 있는 것일까?

- 오, 여기 결제 정보를 요구하는 페이지가 있군. 가입을 취소하면 돈은 돌려받을 수 있는 것일까? 내가 궁금한 점이 있을 때 전화로 물어볼 수 있는 고객센터가 있는가? 만약 제출 버튼을 두 번 누르거나 지금 인터넷 오류가 나서 중단이 되면 어떻게 될까?

Allrecipes.com은 이 모든 질문에 대한 답을 가지고 있다. 하지만 문제는 이것들을 언제 그리고 어디에 표시하느냐 하는 것이다.

■ **핵심 포인트_** 우리는 전환 흐름을 따라 계속 진행하면 할수록 접근적 사고방식이 아닌 회피적 사고방식을 가지게 된다.

이런 상황에 관련된 심리학적 현상은 접근과 회피(approach-avoidance)이다. 1959년 미국의 심리학자 닐 엘가 밀러(N.E. Miller) 이후 이 분야에서 많은 연구 성과가 발표됐다. 가상의 연속체(continuum)를 상상해 보자. 당신이 개발한 밈을 유료로 사용하는 시점을 기준으로 심리적으로 멀리 떨어져 있는 상태부터 밈 사용을 고려하는 단계 그리고 신용 카드 정보를 제출하기 직전의 상황에 이르기까지 다양한 상황이 있다. 여기서 중요한 것은 목표와의

거리다(사용자와 개발자 각자의 목표). 이전에는 단순히 추상적인 컨셉이었지만 지금은 전환 흐름상 마지막 화면으로부터 몇 페이지나 떨어져 있는지를 구체적으로 맵핑할 수 있게 되었다.

여기에 어려움이 있다. 우리가 목표로부터 멀리 떨어져 있을 때는 접근적 사고방식이 된다. 이때는 제품의 장점에 끌리게 된다. 하지만 당신이 개발한 밈을 받아들이거나 획득하는 결정적 순간에 가까워질수록 사용자들은 점점 더 회피적 사고방식으로 변하게 된다. 만약 당신이 사용자의 우려를 불식시킨다면 사용자는 가장 잘 반응할 것이다(그림 17-2).

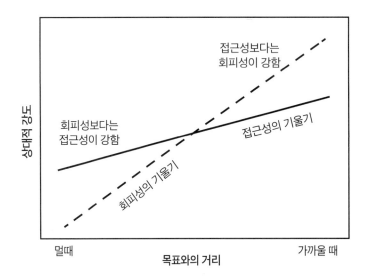

그림 17-2. 접근성과 회피성 상충에 관한 초기 개념도

어떤 사람들은 이것을 농담 삼아 "결혼 그래프"라고 부른다. 사람들은 청혼할 때는 미소, 직업, 멋진 몸과 같은 상대방의 장점에만 집중한다. 이때는 이런 장점만으로도 충분하다. 하지만 약혼식을 하고 결혼식을 준비하는 동안에 회피적 사고방식이 생기기 시작한다. 그리고 이로 인해 걱정이 많아진다. 결혼식장에 들어설 때쯤이면 접근성과 회피성이 비슷해지거나 심지어 회피성이 더 강해진다. 그때부터 우리는 배우자의 성격, 부채, 결혼식장에 앉아 있는 상대방의 집안사람들에 이르기까지 미래에 나타날 것 같은 여러 단점에 대한 걱정으로 가득 차게 된다. 주례의 질문에 "네"라고 대답하는 순간 울게 되는 것이 어쩌면 당연해 보인다. 그 순간부터 모든 것이 더 좋아지거나 더 나빠지는 일만 남았기 때문이다.

따라서 전환 흐름의 초기 페이지에서는 당근을 강조하는 문구를 사용하고 이후의 페이지에서는 채찍에 대한 걱정을 잠재우는 문구를 사용하는 것이 좋다. 여기서 핵심은 사람들의 걱정을 무시하는 것보다는 안심시키는 방법을 택하는 것이 많은 사람의 가입을 유도하는 길이라는 점이다.

밀러는 가입의 마지막 단계에 이르면 회피성이 접근성을 압도할 수 있다고 주장하였다(물론 항상 그런 것은 아니다). 그에 따르면 가입 단계의 마지막 페이지에 있는 장점에 관한 설명은 사용자의 주의와 페이지의 귀중한 공간을 허비하고 있다. 당신은 사용자에게 문제점과 단점이라고 느껴지는 것들을 해소하기 위해 노력해야 한다.

2007년도에 심리학자 에릭 놀즈(Eric Knowles)와 댄 라이너(Dan Riner)는 이런 현상을 "설득의 오메가 전략(omega strategy of persuasion)"이라는 용어로 재구성하였다. 그들은 저항을 극복하는 것이 종종 간과되는 전략이라고 말한다.

첫 번째 설득 전략은 제품이 가진 매력적인 장점을 소개하는 데 집중하는 것이다. 두 번째 설득 전략은 제품의 부정적인 요소들을 해명하는 것에 집중하는 것이다. 첫 번째 전략을 알파 전략(alpha strategy)이라고 부른다. 대개 가장 먼저 시도되는 전략이기 때문이다. 그리고 두 번째 전략은 결정에 저항하는 거부감을 줄이기 위한 노력으로 오메가 전략(omega strategy)이라고 부른다. 오메가는 저항을 상징하는 보편적인 기호이고, 마지막에 고려되는 전략이기 때문이다.

이것에 대해서는 다음 장에서 더 자세하게 살펴보겠다. 핵심적인 내용은 사용자들의 저항을 무시하지 말고 적극적으로 해소하기 위해 노력하는 것이 더 나은 결과를 가져다준다는 것이다. 그리고 이런 접근 방법이 가장 효과적으로 적용될 수 있는 타이밍은 전환 흐름의 마지막 단계이다. 물론 이것은 이론적인 이야기다. 당신의 전환 흐름 최적화 프로그램은 이 이론을 테스트할 수 있는 모든 기능이 있다. 최적화 프로그램이 해야 할 일은 처리-제어 실험

설계에서 흐름의 서로 다른 위치에 저항-극복 문장을 표시하거나 숨기는 것
뿐이다. 그리고 이를 통해 실험적인 페이지와 기존 페이지 간의 효과를 비교
해 보는 것이다. 이 책의 내용을 활용하면서 당신의 사용자들을 상대로 최적
의 결과를 찾아보라.

■ **핵심 포인트_** 사용자들이 갖게 되는 우려에 대해 부정하는 것보다는 그 우려를 해소하는
문구들을 사용하는 것이 가입률을 높이는 결과로 이어질 수 있다.

　이런 상황이 2015년 윈도우 10 개발자들이 직면했던 문제였다. 윈도우 10
은 디지털 기술 역사를 통틀어 가장 위험한 전환율 모험을 택한 제품이었다.
그 이전에 윈도우를 판매하는 방식은 인증된 윈도우 제품을 사용자들이 구매
하여 PC에 설치하는 것이었다. 하지만 윈도우 10을 출시하면서 마이크로소
프트는 기존의 윈도우 7과 8을 사용하던 사람들에게 1년간 무료로 업그레이
드를 할 수 있게 해 주는 모험을 감행하였다. 마이크로소프트의 계산에 따르
면 윈도우 10을 설치한 사람들은 검색 엔진인 빙을 더 자주 쓰고 MSN 뉴스
를 더 자주 본다. 또한 마이크로소프트 온라인 상점에서 더 많은 제품을 구매
하고 오피스 365에 더 많이 유료 가입을 하게 된다. 이런 활동들이 결국은 윈
도우 라이센스 제품 판매를 포기함으로써 감소하는 수익을 상쇄시켜 줄 것이
라고 확신했다.

그림 17-3. 윈도우 10으로 업그레이드할 것을 권유하는 알림창

그해에 사용자들은 윈도우 10으로 무료 업그레이드가 가능하다는 알림창을 데스크탑 스크린상에서 볼 수 있었다. 이는 모든 면에서 전환 흐름의 시작이였다.

윈도우 10 업그레이드를 고려하는 단계에서 실제로 업그레이드 프로세스를 시작하는 단계까지 이어지는 일련의 사고 과정을 상상해 보자. 현재 시점으로부터 수주일 혹은 수개월 내에 업그레이드를 고려하는 사람들은 접근적 사고방식 쪽에 가깝다. 이런 사람들의 경우 윈도우 10의 장점을 홍보하는 정보에 더 공감할 것이다. 또한 개인 비서인 코타나(Cortana), 웹 사이트에 메모를 하고 다른 사람과 공유할 수 있는 기능을 가진 새로운 웹 브라우저인 마이크로소프트 엣지(Edge)와 비밀번호를 기억하는 번거로움으로부터 해방할 안면 인식 기능인 윈도우 헬로(Windows Hello)와 같은 긍정적인 정보에 좀 더 수용적인 태도를 보일 것이다. 이런 사용자들은 윈도우 8에 비해서 윈도우 10이 얼마나 사용하기 편한지, 윈도우 7에서 사용하던 시작 메뉴를 여전히 사용할 수 있을지에 대해 알고 싶어 했다.

하지만 이번 주나 오늘 업그레이드를 계획하고 있는 사람들에게는 회피적 사고방식이 훨씬 강하게 나타난다. 발생할지도 모를 단점에 대한 우려를 불식시킬 수 있는 정보가 필요한 상태가 되는 것이다. 실제 행동을 하는 시점이 가까워질수록 윈도우 10이 내 PC에서 잘 작동할지, 업그레이드에 걸릴 시간은 길지 않을지, 윈도우 7만큼 사용하는 것이 편리할지와 같은 정보에 훨씬 더 민감하게 반응하게 된다.

이러한 사용자들의 심리 변화를 알아차리고 마이크로소프트에서는 데스크탑에 표시되는 업그레이드 권유창에 작지만, 심리학적으로 매우 중요한 변화를 주었다. 그들은 다음과 같은 문구를 삽입하였다. "이 PC는 업그레이드 시 호환성에 문제가 없습니다"(그림 17-4). 오메가 전략에서 정확히 사용자들이 필요로 하는 정보다. 이 문구는 실행 단계에 가까워질수록 사용자들의 우려를 인정하고 그들이 가진 불안을 해소하는 데 필요한 정보를 제공해 준다. 새로운 운영 체제가 현재 사용하고 있는 PC와 호환성에 문제가 없음을 확인시켜 주는 용도인 것이다. 그 외에도 마이크로소프트는 따로 아웃룩 사용자들에게 보낸 메일에서 윈도우 10을 사용하면서 겪게 될 문제점들을 해결해 줄 "윈도우 10 사용을 위한 상담 데스크가 여기 있습니다. 상담원들과 채팅을 하거나 전화 상담 예약을 하세요."라는 문구와 링크 주소를 포함했다. 사용자들의 불안을 무시보다는 적극적으로 해소하기 위한 노력인 것이다.

그림 17-4. 마지막에 삽입한 문구로 윈도우 10으로 업그레이드할 때 가지게 되는 우려를 해소한다. "이 PC는 윈도우 10과 호환성에 문제가 없습니다."

출시 첫해에 3억5천만 명의 사용자들이 윈도우 10으로 업그레이드하였다. 마이크로소프트 역사상 가장 짧은 시간에 전파된 운영 체제가 된 것이다. 적어도 이 결과에 의하면 사용자들은 "회피성"보다는 "접근성"이 더 강한 상태로 마지막 단계에 도달했음을 알 수 있다. 이렇게 마이크로소프트의 사례에서도 볼 수 있는 것처럼 가장 좋은 전략은 양쪽 모두를 공략하는 것이다.

18장
설득의 경로

Routes to Persuasion

지난 장에서 살펴본 것처럼 사람들은 앱을 다운로드하거나 어떤 사이트에 가입해야 하는 시점에 가까워질수록 회피적 심리 상태에 들어선다. 따라서 당신이 준비한 콘텐츠가 가진 장점의 홍보보다는 사람들이 가진 우려를 줄이기에 노력해야 한다. 결정적인 순간에 제품의 장점을 부각하기보다는 단점에 대한 우려를 줄여야 하는 것이다. 이렇게 하는 편이 어떤 단점도 없는 것처럼 덮고 넘어가는 것보다 훨씬 더 적극적인 가입자를 유치하는 길이다.

설득력 있는 문구를 작성하는 것은 우려를 불식시키기 위한 많은 방법들 중 하나이다. 그리고 그중 가장 직접적이고 합리적인 접근법이라고 할 수 있다. 4장에서 다룬 게슈탈트 심리학에서 살펴보았듯이 설득 문구를 작성하는 것은 디지털 세상에서 사용할 수 있는 여러 도구 중 유일한 방법도 아니고 가장 효과적인 방법도 아니다. 실제로 사용자들의 우려를 불식시키는 수많은 방법이 있을 수 있다. 이 장에서는 그런 방법에 대한 소개와 더불어 어떠한 타이밍에 사용해야 하는지에 대해 살펴보겠다.

어떻게 하면 사용자들을 설득하여 원하는 행위를 하도록 만들 수 있을까를 고민하는 첫 번째 밈 개발자는 당신이 아니다. 그 역사는 거슬러 올라가자면 세계 1차, 2차 대전 당시에 활동했던 선동 전략가에까지 이른다. 미국에서 선동 전략의 대가는 칼 이베어 호블랜드(Carl Iver Hovland)였다. 그는 그당시 조국을 위해 일하며 헌신한 심리학자로서 전쟁에 필요한 재원을 조달할 수 있도록 사람들을 설득하여 국채를 구입했다. 물론 호블랜드 이전에도 선동은 존재했다. 하지만 아마도 그는 사람들이 선동 전략에 어떻게 반응하는지를 세심하게 관찰한 첫 번째 전문가였을 것이다. 1949년쯤 그는 사람들이 전혀 수동적이지 않다는 것을 발견했다. 선동적인 메시지를 접했을 때 사람들은 "자신들이 어떻게 행동할지 머릿속으로 생각하고 그것을 뒷받침할 새로운 방법을 찾는다."라는 것을 발견했다. 1964년 미국의 심리학자 페스팅거(Festinger)와 맥코비(Maccoby)는 그 아이디어에 대한 십여 년의 연구를 통해 호블랜드가 옳았다는 결론을 다음과 같이 내렸다.

분명히 그런 종류의 대중들은 수동적이지 않다. 반대로 그들은 마음속에서 매우 적극적으로 반대 논리를 펼친다. 선동하는 사람에 대한 반론은 물론이고 선동의 요지에 대해서도 문제점을 찾는 것이다. 다시 말하면 실제로 한쪽은 언어적으로 다른 한쪽은 비언어적으로 소통하는 대화가 진행된다고 상상할 수 있다. 어떤 방법을 쓰던 사람들이 반론을 제기하는 것을 막을 수만 있다면 선동 메시지가 더 강력한 효과를 발휘하게 될 것이다(강조 추가).

듣는 사람들이 반론을 제기하지 못하게 막는 것은 반론에 대해 또 다른 반대 의견을 내놓는 것과는 완전히 다른 문제이다. 이런 생각은 20세기 설득분야에 완전히 새로운 시각을 도입하였다. 이로 인해 많은 연구가 촉발되었고 1986년 미국의 심리학자 리처드 페티(Richard Petty)와 존 카시오포(John Cacioppo)가 제안한 "설득의 중심 경로와 주변 경로(central and peripheral routes to persuasion)"라는 모델로 집대성되었다. 다음은 이 모델을 디지털 밈 개발자들이 응용할 수 있도록 요약해 놓은 것이다.

- 당신의 가치 제안이 다른 경쟁 제품보다 독특하고 소비자의 요구를 충족시키는 면에서 확실히 차별화될 정도로 강력하다고 하자. 이럴 때 설득의 중심 경로(central routes to persuasion)를 이용하라. 당신이 제공하는 합리적이고 논리적인 메시지를 처리하는 데 필요한 사용자들의 주의력이 향상된다.
- 반면 당신의 가치 제안이 경쟁 제품에 비해 뚜렷하게 나은 점이 없고 대체 제품과 차별화되지 않을 정도로 약하다고 하자. 이럴 때 설득의 주변 경로(peripheral routes to persuasion)를 이용하라. 사용자들은 감정적 이미지에 기초하거나 라이프 스타일에 근거한 당신의 메시지를 향한 반론에 할당하는 주의력이 낮아진다.

페티와 카시오포가 제안한 모델은 매우 강력하다. 인지 심리학(주의), 동기 부여 심리학(접근성과 회피성) 그리고 곧 다루게 될 사회 심리학(순응성과 유명성을 이용)을 모두 합쳐 놓았기 때문이다. 7장에서 작업 기억 병목이 모든 밈 개발자들이 상대하기 힘든 현실적 난관으로 작용함을 설명하였다. 반면 페티와 카시오포는 정보 치환 현상을 어떻게 이용할 수 있는지를 보여 준다. 그들의 이론에 의하면 강조하고 싶은 주장을 내세우기 위해서는 먼저 작업 기억 공간을 비워야 한다. 반면 몰아내고 싶은 저항 심리는 작업 기억 공간을 자극 요소들로 채움으로써 대체할 수 있다.

마지막으로 이 모델은 모든 종류의 벤처 사업들이 유사한 상황에 있지 않다는 점을 인정한다. 어떤 회사들은 사용자가 정말 필요로 하는 것을 판매하고 있고, 어떤 회사들은 설탕물이나 기름에 튀긴 곡물을 판다. 어떤 밈 개발자들은 WebMD(인터넷 의료 상담), 기후 변화 소통을 위한 예일 프로젝트, 루게릭병과 싸우기 위한 아이스 버킷 챌린지에 가입하도록 사람들을 설득해야 한다. 반면 다른 밈 개발자들은 "계급장"이나 다른 이차 강화물을 앱 내에서 구매하도록 설득하거나 "톱 10 콧수염을 깎은 콧수염 사나이들"과 같은 지루한 인터넷 순위 기사의 클릭과 포르노 사이트 가입을 유도하는 일을 한다. 위대한 가수 레너드 코헨에 따르면 모든 사람은 사기꾼(hustler)이다. 좋은 사람이건 나쁜 사람이건 페티와 카시오포의 모델은 모든 사람을 설득하는 데 필요한 방법을 제공했다.

설득의 중심 혹은 주변 경로를 이용하여 어떤 구체적 전략들이 가능할까? 먼저 당신이 광고해야 하는 제품의 가치 제안이 강력한지 약한지에 대한 판단이 필요하다. 그런 다음 광고 캠페인을 위한 메시지를 개발하기 위해 다음 중 해당하는 테마를 사용한다.

접근성 강화 혹은 회피성 완화를 위한 중심 경로 문구

- 장점은 많고 단점은 적다
- 매우 유용하지만 비용은 적다
- 이윤을 늘리는 대신 위험은 최소화한다.
- 시간을 절약하는 대신 시간 소요는 많지 않다
- 주의를 기울이지 않아도 된다(간단하고, 편리함)/주의를 요구하지 않는다 (스팸, 알림)
- 필요한 것을 충족시켜 준다/확실히 필요한 것이 충족된다

접근성 강화를 위한 주변 경로 문구

- 당신을 매력적으로 만들어 준다 (자원 효과)
- 당신과 비슷한 사람들이 이것을 좋아한다 (유사 타인과 비교)
- 전문가들이 추천하였다 (이미 검증된 것이므로 당신은 걱정할 필요 없다)
- 다른 사람들도 모두 이것을 한다 (순응)
- 이것을 사용하면 사회적 지위가 높아 보인다
- 이것을 사용하면 기분이 좋아진다
- 당신은 이것을 사용할 자격이 있다
- 이것 자체는 별로 가치 없을 수 있다. 하지만 이것을 사용함으로써 가치 있는 것에 도

달할 수 있다(이차 강화물)

회피성 감소를 위한 주변 경로 문구

- 당신의 생각은 신경 쓰지 말라 (밝은 컬러, 시끄러운 소리, 주의를 분산시키는 그림, 결정을 내릴 시간의 부족)

- 기회가 계속 주어지지 않는다 (희소성)

- 다소 혼란스러운 메시지로 반론 제기를 중단시킨다

- 당신은 이미 상당한 참여를 하고 있다. 하던 대로 계속하면 된다 (일관성 기준)

- 이미 당신은 무엇인가 받았다. 다시 돌려주는 것이 올바른 일이다 (상호 호혜 규칙)

　지난 장에서 소개했던 설득의 오메가 전략이 여기서는 회피적 사고방식을 완화하기 위해 설득의 주변 경로로 사용되고 있음을 알아차렸을 것이다. 오메가 전략 중 흥미로운 것은 의도적으로 혼란을 주는 메시지를 이용하여 반론 제기를 차단하는 것이다. 2004년 놀즈와 린(Linn)은 한 연구에서 제한 속도를 시속 24.5마일로 표시했을 때 25마일로 표시했을 때 보다 사람들이 속도를 더 잘 지킨다는 사실을 발견했다. 시속 24.5마일은 사람들이 그것에 저항할 가능성을 방해하는 혼란스러운 메시지였기 때문이다. 소셜 구매 벤처인 그루폰(Groupon)의 경우 초창기에 기이하고 혼란스러운 뉴스레터를 보내는 것으로 유명했다. 이런 메시지가 사람들이 행동하도록 유도하는 것에 도움이 되기 때문이었다. 후에 선보인 협력 플랫폼인 #슬랙의 경우 인터넷상에서 가장 빨리 사용자가 증가하는 앱이었다. 슬랙은 설치하는 동안 다음과 같은 다소 생뚱맞은 메시지를 보여 준다. "오늘 멋져 보이시네요." 이것은 사용자를 다소 의외의 상황에 놓이게 하려는 의도가 있다. 주의를 분산시켜 저항 심리와 회피적 사고방식이 되지 않도록 하기 위한 전략의 또 다른 사례가 되겠다.

설득을 위한 주변 경로의 또 다른 예는 어떤 사회적 규범과 관련이 있다. 그것은 마음을 자주 바꾸거나 "손바닥 뒤집듯" 결정을 바꾸는 것은 부끄러운 일이므로 일관성을 유지하는 것이 옳다는 것이다. 심리학자 로버트 치알디니(Robert Cialdini)는 이런 원리를 잘 이용하면 원하는 목적을 달성할 수 있다는 것을 증명하였다. 일단 상대가 들어줄 수 있는 사소한 부탁을 한다. 다음 단계로는 그런 행동을 멈추거나 다른 식으로 행동하면 안 된다는 뜻을 내비치는 것이다. 이런 원리를 이용한 사례가 음악 스트리밍 서비스(판도라 또는 그루브 뮤직)나 클라우드 저장 서비스(원드라이브 또는 드롭박스)이다. 이런 사이트에 가입을 마치고 나면 플레이리스트를 채우라거나 폴더에 데이터를 저장하라는 다음과 같은 요청 메시지가 뜬다. "여기 쓸쓸해요." "아직 음악을 추가하지 않았네요."

유사한 경우로서 우리 사회의 다음과 같은 규범은 황금률이 된다. 다른 사람이 나에게 무엇인가를 주면 나도 그 사람에게 무엇인가를 주어야 한다는 것이다. 치알디니는 이것을 설득의 주변 경로로 잘 이용할 경우 사람들은 아무 저항 없이 행동할 수 있다는 것을 보여 주었다. 이런 전략은 특히 디지털 세계에서 값싼 선물을 사용자에게 제공할 경우 매우 효과적이다. 예를 들면 몇 기가의 무료 저장 공간, 몇 분의 무료 통화 시간, 몇 편의 무료 온라인 기사, 몇 건의 무료 문자 메시지가 제공되었음을 사용자에게 알린다. 그 후 서비스 가입을 권유하는 메시지를 보낸다. 이 메시지가 의미하고 있는 것은 "받은 만큼 당신도 돌려줘야 한다."이다. 사람들이 해당 서비스에 가입하는 확률은 당신이 생각했던 것보다는 훨씬 높다. 가입했던 사람들조차 이런 사실을 인지하지 못한다.

당신이 내세울 장점이 약할 때 단순히 음악, 소리, 급격한 시각 효과를 증폭시키는 것만으로도 사용자들의 반론 제기를 막을 수 있다는 것이 페티와 카시오포의 설득의 주변 경로의 핵심이다. 반면 당신이 내세울 장점이 강할 경우에는 의도적으로 이런 것을 모두 없애야 한다. TV 광고뿐만 아니라 요즘 유행하는 온라인 동영상 역시 이런 원리로 인해 성공하기도 하고 실패하기도 한다. 이에 대한 이해를 돕기 위해 2016년 미국 대통령 선거를 위해 후보자가 직접 제작하거나 후원한 영상들을 모아 보았다.

다음은 랜드 폴 후보를 지지한 사람들이 만든 두 편의 동영상이다.

작업 기억 용량 확장을 위해 설득의 중심 경로를 이용한 영상

https://youtu.be/VNAQxMmuOrg

반론 대체를 위해 설득의 주변 경로를 이용한 영상

https://youtu.be/LtglptO4v34

걱정할 필요는 없다. 정치적으로 반대쪽에 서 있는 모두가 같은 전략을 사용하고 있다. 다음은 힐러리 클린턴 후보의 지지자들이 만든 두 편의 동영상이다.

작업 기억 용량 확장을 위해 설득의 중심 경로를 이용한 영상

https://youtu.be/41Eg7kZrKz4

반론 대체를 위해 설득의 주변 경로를 이용한 영상

https://youtu.be/0uY7gLZDmn4

사용자 입장에서 바라보아야 할 요점을 짚으면서 이 장을 끝내려 한다. 만약 어떤 회사가 주의를 분산시키거나 소란스러운 설득의 주변 경로를 사용

하고 있다면 그것은 곧 판매자가 자신의 제품이 가격에 합당한 가치가 없음을 인정하는 것일 수도 있다는 것을 눈치채야 한다. 십대용 옷 가게에 들어서면 시끄러운 음악, 어리둥절할 만큼 찬 에어컨, 당혹스러울 정도의 노출을 하는 매력적인 모델의 포스터가 벽에 걸린 것을 보게 된다. 그 순간 그 모든 것이 로고가 새겨진 티셔츠를 그만한 가격을 주고 사는 게 옳은 것일까라는 생각이 들지 않도록 당신의 주의를 분산시키기 위해 의도된 것은 아닌지 반문해 보아야 한다. 비슷한 질문을 정치가들을 향해서도 던져야 한다.

The Bottlenecks of Social Influence

6부

사회적 영향력 병목 구간

19장
사회적 자산

Social Capital

이제 당신이 개발한 밈은 사람들의 마음속에 굳건하게 자리를 잡았다. 주의를 끌었고, 이해되었으며, 기억되었고, 후에 다시 기억을 되살릴 수 있게 되었다. 우리의 취향에 잘 맞추었고 삶의 단계와도 일치하여 존재론적 욕구를 충족하는 것에 도움을 주었다. 게다가 당신의 창작품을 한 번만 사용하는 것에 그치지 않고, 여러 번 반복해서 사용하며 몇 시간 동안 로그인을 유지하기도 한다. 밈에 대한 우려를 완화하기 위해 주의를 다른 곳으로 분산시키는 데 성공하였다. 그로 인해 당신이 제공하는 서비스를 유료로 이용하게 하거나 우리의 관심을 이용하여 당신은 수익을 창출할 수 있게 되었다.

하지만 한 사람의 고객만으로 당신의 비즈니스를 계속 운영하거나 당신에게 투자한 사람들을 만족시킬 수는 없다. 사용자층을 넓히기 위해서는 앞으로 두 개의 쉽지 않은 병목을 통과하여 살아남아야 한다. 이 두 개의 병목은 그 특성상 사회적인 성격을 띤다. 당신의 밈은 사용자에 의해 다른 사람에게 추천될 수 있어야 하고 추천을 받은 사람은 그것을 받아들일 마음의 자세가 되어야 한다는 점에서 그렇다. 심리학은 이 마지막 두 단계에 대해 당신에게 도움이 될 만한 내용을 가르쳐 줄 수 있다.

■ **핵심 포인트_** 입소문이 퍼지게 하려면 사용자들이 당신의 밈을 지인들에게 추천해 주어야 한다. 하지만 당신의 성공이 우리에게 아무런 유익이 없다면 왜 굳이 그런 행동을 해야 할까?

그렇다면 당신의 밈을 우리가 지인에게 추천하도록 할 수 있을까? 당신의 밈이 성공한다고 우리가 어떤 종류의 금전적 혜택을 입는 것도 아니다. 인터넷 대기업들이나 실리콘 밸리에 기부하고 싶은 것도 아니다. 이런 상황에서 왜 우리는 그런 행동을 하는 것일까?

사용자들의 지인에 대한 추천이 당신의 사업 성공에 매우 중요하다는 사실을 증명하는 증거들은 도처에 있다. 휴대폰에 설치한 많은 앱은 설치 후 며칠이 지나면 앱 스토어에 자신들의 제품을 추천할 것을 요청하는 알림을 보낸다. 점점 더 많은 웹 사이트, 앱, 그리고 심지어 윈도우 10까지도 팝업창을 띄워 사용자들이 자신들의 경험을 공유하고 제품을 추천할 것인지 물어본다. 아마존의 많은 판매자도 구매 후 추천을 독려했다. 세계에서 가장 큰 회사들에서 사용하고 있는 고객 만족 설문 조사 방식은 NPS(Net Promoter Score, 순추천 고객 지수)라는 상표 등록까지 된 설문 방식이다. NPS는 다음과 같은 문구로 시작되는 질문을 통해 점수를 매긴다. "당신의 친구나 동료에게 ____을 추천할 가능성은 어느 정도인가?"

    개발 과정에서 사용자의 심리를 참고해서 제품을 만드는 것에 열중했다면 이제는 당신의 노력이 얼마나 효과를 발휘하는지 알고 싶을 것이다. 따라서 빠른 시일 내에 NPS와 비슷한 질문으로 자체 설문 조사하게 된다. 이것은 글로벌하게 보편화된 중요한 고객 만족 서비스 활동의 하나이다. 상표 등록된 NPS와 유사한 방식을 따른다면 아마 설문 대상자에게 다음과 같은 방식으로 질문에 점수를 매길 것을 요청하게 될 것이다. (0) "전혀 그렇지 않다(Not at all likely)" (5) "보통이다(Neutral)" (10) "매우 그렇다(Extremely likely)"

    NPS 창안자는 9나 10점을 준 사람을 추천자(promoter)로 분류한다. 0에서 6점까지의 점수를 준 사람들은 비추천자(detractor)이다. 이 사람들은 추천을 하지 않을 뿐만 아니라 제품에 대해 부정적으로 이야기할 가능성이 있다. 7과 8점을 준 사람들은 수동적(passive)인 사람들로 분류가 된다. 이런 사람들은 질문에 대해 예의 바른 답을 했을 뿐 제품에 대해 어떤 종류의 강한 인상도 받지 못했다고 볼 수 있다.

    NPS 점수를 계산하기 위해서는 추천자 비율에서 비추천자 비율을 뺀다(그림 19-1). 그러면 NPS라는 이름이 의미하는 Net Promoter Score, 즉 순 추천 고객 지수가 산출된다. 점수는 -100%에서 +100%까지 분포할 수 있다. 예를 들어 2003년 AOL의 설문 조사 결과 사용자들은 32%의 추천자와 42%의 비추천자로 분류되었고 그 차이는 -10%였다. 같은 시기에 MSN은 41%의 추천자와 32%의 비추천자로 구성되어 있음이 밝혀졌고 그 차이는 +9%였다.

당신의 친구나 동료에게 ___을 추천할 가능성은 어느 정도인가?

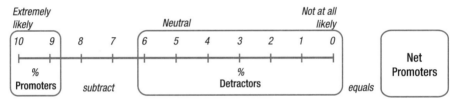

그림 19-1. 순 추천 고객 지수 계산 방식

NPS 질문은 그 자체가 밈으로서 아주 성공한 경우라고 할 수 있다. 따라서 그 기원을 거슬러 올라가 어떻게 추천이 그렇게 중요한 주제가 되었는지 알아보는 것도 흥미로운 일이다. 이를 위해 2003년으로 가자. NPS의 상표 보유권자 중 하나인 프레드릭 라이히헬드(Frederick Reichheld)는 하버드 출신의 시장 조사 전문가로서 고객 만족도를 측정하는 좋은 방법을 찾고 있었다. 그는 같은 하버드 출신의 제임스 헤스켓(James Heskett)과 미국의 다국적 컴퓨터 정보 기술업체인 휴렛 팩커드 출신의 로스 굿윈(Ross Goodwin)과 함께 단순히 고객의 만족도뿐만 아니라 기업의 이윤 예측으로 이어질 지표를 찾는 활동을 하던 학자 중 하나였다. 물론 많은 사람이 고객의 만족을 원한다. 하지만 특히 기업의 고위 임원들의 경우에는 확실한 현금 수입을 가져다줄 수 있는 어떤 것을 원한다.

라이히헬드의 연구 과정에 참여한 그는 시장 조사 회사인 베인앤컴퍼니(Bain&Company)의 일원으로서 실리콘밸리 소재의 CustomerSat(후에 Satmetrix Systems으로 바뀜)과 긴밀하게 공조했다. 그 과정에서 Satmetrix를 이끌고 있던 안드레 슈와거(André Schwager)와 로잘리 부오나우로(Rosalie Buonauro)를 만나게 된다. 그들은 시장 조사 요원인 더그 도일(Doug Doyle)과 헨리 에반스를 통해 주식이 공개되어 미국 증권 거래 위원회에 보고 의무가 있는 회사들의 핵심 비즈니스 성과를 부분적으로나마 예측할 수 있는 설문 조사 방식이 존재한다는 사실을 새롭게 알게 되었다. 어떤 종류의 질문일까? 그것은 바로 "친구나 동료에게 추천할 가능성"이라는 질문이었다. 라이히헬드는 이런 발견을 근거로 〈성장이 필요한 단 하나의 숫자〉라는 제목의 논문을 발표하였다. 계속해서 같은 주제로 2006년에 라이히헬드는 〈궁극적인 질문(The Ultimate Question)〉이라는 제목의 책을 출간하였다.

라이히헬드는 다음과 같이 말했다. "단 하나의 설문 조사 질문이 기업의 성장을 예측할 수 있는 지표로 사용될 수 있음이 드러났다. 그 질문은 흔히 이야기하는 고객의 만족도나 충성도가 아니었다. 그것은 바로 본인들이 사용해 본 제품이나 서비스를 다른 사람에게 추천해 줄 의향이 있는지였다."

　　이 질문의 어떤 점이 전 세계에서 이 질문을 사용하도록 만든 마술을 부린 것일까? 그 답은 바로 질문에 숨겨진 사회적 요인에 있다. 다시 말해 당신의 밈을 사용해 본 우리가 밈의 가치에 대해 확고한 신념을 가지게 되었고, 가장 중요하고 가까운 사람들에게 제품을 소개함으로써 당신의 마케팅 활동에 동참하기로 한 사실이다. 당신이 온라인 벤처를 시작한다면 추천이야말로 수익과 직접 관련된 활동이 된다. 당신의 밈이 입소문을 타고 퍼져 나가야 하기 때문이다. 그렇다면 사용자들은 왜 그런 행동을 하게 되는 것일까?

　　사실 사용자들의 동기는 개발자들과 같다. 이 동기를 중심으로 개발자와 사용자들이 하나가 되는 것이다. 정보의 시대에 개발자와 사용자는 같은 기본 목적을 공유하고 있다. "양쪽 모두 자신들의 아이덴티티가 반영된 밈을 퍼트리려고 했다." 우리는 모두 다른 사람들이 내 이름을 알아주기를 원한다. 그리고 사용자로서 대단한 킬러 앱(출시와 동시에 다른 경쟁 상품을 몰아내고 시장을 장악하는 새로운 서비스나 상품)을 발견하고 감탄하거나 새로운 TV 시리즈물을 보거나 혹은 정말 뛰어난 오픈 소스 코드를 발견할 경우, 당신의 창작물에 우리의 아이덴티티를 연결한다. 그리고 타인에게 그것을 추천하게 된다. 이런 행위는 양쪽 모두의 밈 적합성을 높이는 결과로 나타난다. 그 결과 당신의 창작물이 입소문을 타게 되고 주가가 급상승하게 되는 보상이 밈 개발자인 당신에게 주어진다. 사용자인 우리에게 주어지는 보상은 우리의 사회적 자산이 증가하는 것이다. 다시 말해 우리의 사회적 신뢰도가 상승하게 된다는 뜻이다. 이로 인해 우리는 인적 관계망 자원에 대한 접근 가능성이 생기고 그로 인해 예상되는 보상도 늘어난다.

이런 이유로 뉴밀레니엄 시대에 사는 많은 사람은 아이튠즈를 통해 플레이 리스트를 추천하고, 테드(TED) 강연을 페이스북에서 공유할 뿐만 아니라 친구들과 온라인 대화상이나 직접 만났을 때 요즘 넷플릭스에서 무엇을 시청하고 있는지에 대해 이야기를 나누게 된다. 우리가 어떤 것을 추천해 줬던 친구가 며칠 혹은 몇 달 후 돌아와서 글로벌한 밈적 적합도의 바다에 멋진 문화의 한 부분으로 자신을 인도해 줌에 감사할 때, 우리가 추천해 주었던 밈과 함께 나의 존재를 기억에서 잊어버리지 않고 그들이 떠올려 주었다는 사실에 뿌듯한 만족감을 느낀다. 우리가 타인에게 영향력을 미치는 사람이 된 것이다. 이런 경험은 그 자체로 보상이기도 하고 미래에 우리가 그 사람에게 어떤 부탁을 할 수 있는 근거가 되기도 한다.

이것이 2015년 여름, 슬랙(Slack)이 지금까지 발표된 생산성 앱 중 가장 빨리 확산되는 앱이 된 이유였다. 실리콘 밸리의 모든 영역에 걸쳐 중간 관리자들은 팀원들에게 슬랙을 사용할 것을 권장했다. 슬랙은 그룹 메시지 발송과 파일 공유 기능을 갖춘 협업 플랫폼이다. 그 결과 매달 1억 5천만 명의 사용자들이 슬랙을 사용하고 있고 처음 출시된 지 2년이 되지 않은 시점에 2조 원을 넘어설 정도로 가치가 폭발적으로 상승했다.

이 중간 관리자들은 1976년 사회 심리학자인 로버트 치알디니가 이야기했던 후광 효과(basking in reflected glory)를 누리고 싶어 했다. 그들은 슬랙의 성공이라는 후광 효과의 혜택을 보려 한 것이다. 즉 그들은 자신이 세상의 문화를 바꾼 이 앱을 처음으로 회사에 도입한 사람으로 기억되길 원했다. 슬랙이라는 밈을 퍼뜨리는 동시에 자기 자신이라는 밈도 함께 퍼뜨린 것이다. 치알디니는 다음과 같이 말했다. "사람들은 중요한 자원들과 그들이 밀접하게 연결되어 있다는 사실을 알리고 싶어 한다. 보통 사람들은 서로 연결된 개체들의 가치를 비슷하게 판단한다는 사실을 잘 알고 있기 때문이다. 다른 사람의 성공과 실패에 자신을 연결하는 것만으로도 스스로 성공하거나 실패한 것과 같은 효과를 나타낸다."

우리가 구매했던 훌륭한 제품을 소개함으로써 다른 사람들의 좋은 평가를 얻는 것에서만 그치는 것이 아니고 우리 스스로의 자존감도 함께 올라가게 되는 것이다. 미국 심리학계의 대부 윌리엄 제임스(William James)는 이러한 현상을 1890년에 처음 발견하였다.

한 남자의 자아는 그가 본인 소유라고 주장할 수 있는 것들의 총합으로 결정된다. 자신의 육체뿐 아니라 정신력, 옷, 주택, 아내와 아이들, 선조들과 친구들, 명성과 직장, 토지와 말, 요트와 은행 계좌 등이 모두 포함된다. 이 모든 것들은 그에게 같은 느낌을 준다. 기름칠하고 잘 가꾸게 되면 의기양양해지고 쇠퇴하고 낡아지면 의기소침하게 되는 것이다.

따라서 추천자가 당신이 개발한 밈을 지인들에게 추천하면 매우 뿌듯함을 느끼게 될 것이고 비추천자가 당신의 밈을 부정적으로 평가하면 매우 기분이 나빠질 것이다. 이런 이유로 당신의 밈이 얼마나 많은 추천을 받고 있는지 계속해서 모니터링하는 것은 매우 중요한 일이다. 그리고 그 비율을 높이기 위한 계획적인 노력이 필요하다.

NPS 분석이 옳았던 점은 비추천자들로부터 수집한 데이터를 버리지 않았던 것이었다. 이전에 많은 비즈니스 분야의 연구 결과는 만족 혹은 매우 만족하는 사람들의 비율만을 고려했었다(만족도 추천 의향 조사에서 상위 2번째까지의 점수 결과). 사실 이렇게 되면 나머지 사람들에 대해서는 더 이상의 분석을 할 수 없게 된다. 그중에는 제품에 엄청난 불만을 가진 사람들도 포함된다. (단순히 산술적으로 평균을 구하면 설문 대상자들의 모든 답을 반영하기 때문에 이러한 문제가 없다.)

비추천자들의 반응을 무시하는 것은 실수이다. 다른 사람들에게 특정 밈에 대해 경고를 하는 것 역시 자신들이 겪었던 안 좋은 경험을 다른 사람들이 반복하지 않게 도와 줌으로써 자신들의 사회적 자산을 증가시킬 수 있기 때문이다. "다른 사람들이 똑같은 경험을 하는 것을 막기 위해" 리뷰를 작성한다는 이유의 부정적인 댓글이 얼마나 많은가?

2015년 폭스바겐에서 배기가스 시험을 부정 통과하기 위해 수백만 대의 디젤 엔진을 제조했다는 사실이 드러나자 소셜 미디어에서 엄청난 분노가 일었던 것도 아마도 이런 이유에서였을 것이다. 단순히 폭스바겐 로고가 그려져 있는 범퍼 스티커를 떼 버리거나 폭스바겐 티셔츠를 버리는 등 우리의 아이덴티티와 폭스바겐 브랜드 사이의 거리를 떨어뜨려 놓는 것만으로는 충분하지 않았다. 대신 사람들은 적극적으로 트위터, 페이스북에 글을 올려 울분을 토하며 폭스바겐을 비난하는 것으로 자신들의 아이덴티티를 표현했다.

■ **핵심 포인트_** 밈을 추천하거나 사용하지 말 것을 경고하는 행위 모두 개인의 사회적 자산을 증가시킨다. 실제 어떻게 행동하는가는 행동 가능성을 점수화하여 측정하는 것만큼 중요하다.

그동안 NPS에 대해 십여 년 이상의 연구가 진행되었다. 라이히헬드가 처음에 열광적으로 주장했던 "오로지 하나의 숫자"라든가 "궁극적인 질문"과 같은 과장된 평가는 실제로 밝혀진 실험 결과로 많이 완화되었다. 모든 훌륭한 밈들은 비우호적인 생태계를 극복하고 확산하기 위해 노력한다. 이 경우는 원래의 통찰과는 다르게 사용되고 있는 상황을 극복하는 것이 문제였다. 학자들은 요즘 같은 시대에 마이크로소프트나 구글을 추천하겠냐고 물어보는 것은 우스운 일이라고 주장한다. 이런 회사들의 경우 수십 개의 제품을 가지고 있기 때문이다. 더그 도일이 말했듯이 "만약 당신이 나에게 어떤 것을

지인에게 추천할 것이냐는 질문을 던지려면, 먼저 추천하는 대상이 누구인지 분명히 할 필요가 있다." 또한 NPS 점수법이 전통적으로 사용되던 평균법보다 회사의 이윤 증가 예측에서 더 나은 결과를 내지 못했다는 점도 확실히 밝혀 둘 필요가 있다. 전체적인 회사의 성장을 예측하는 것에 있어서 오래된 단골손님의 만족도가 지표로서의 효용성이 떨어진다고 증명된 적은 한 번도 없다. 오히려 추천 의향과 마찬가지로 좋은 지표라는 점은 반복되어 증명되고 있다.

하지만 어떤 것을 다시 구매할 것인지, 유료 가입을 갱신할 것인지, 타인의 추천을 통해 당신의 사업이 입소문을 타고 성장할 수 있을지를 예측하기 위해 추천 의향은 매우 중요한 지표가 된다. NPS 결과가 어떤지, 다음 분기의 순이익을 예측할 수 있을지, 앞으로 급격히 상승할지 하락할지를 예측할 수 있는지와 무관하게 최고 경영층에서는 적어도 자신들 제품의 추천 의향이 어떤지는 알고 있어야 한다. 그리고 실제 추천이 얼마나 이루어지고 있는지도 물론 알아야 한다.

도일과 같은 많은 분석가는 추천 의향도 분석인 NPS로부터 멀어지고 있다. 대신 그들은 실제로 이루어지고 있는 유효한 추천을 측정하고 있다. 이런 현상을 측정하기 위해 그들은 "당신은 지난 몇 달 동안 친구나 동료에게 _____을 추천한 적이 있습니까?"라는 질문을 대신 사용하고 있다. 이 질문에 대해서는 "예/아니오" 같은 단순한 대답이 가능하다. 최고위 경영층에 설명하기 쉬운 가장 명확한 통계 수치인 퍼센트 결과를 얻을 수 있게 된다. 도일은 이를 마이크로소프트 조사에 사용하였다. 그의 설문 조사에서는 단순히 답변자의 제품에 대한 만족도를 반영하는 "추천 의향"을 물어보지 않았다. 대신 실제로 추천 행위가 이루어졌는지에 대한 질문만을 했다.

다음 장에서는 소셜 미디어에서 추천자와 비추천자가 어떻게 행동을 하는지에 대해 더 자세히 살펴본다. 그리고 사회적인 관계에 영향을 받지 않고 개인적으로 행동할 때 왜 소셜미디어상에서는 더 극단적으로 행동하게 되는지 알아볼 것이다.

20장
집단 극단화

Group Polarization

인터넷상에서 부정적인 생각이나 반사회적 감정을 여과 없이 표현하는 것은 인터넷 초기부터 시작되었고 그 정도는 시간이 갈수록 더 심해지고 있다.

1984년 카네기 멜론 대학교의 심리학자 사라 키슬러(Sara Kiesler)와 그녀의 동료들은 사이버상에서 이루어지는 소통은 일반적으로 사람들 간의 관계에서 중요하게 작용하는 핵심적 요소들이 빠져 있다는 사실을 발견했다. 스피어스, 레아, 리 그룹은 1990년 인터넷상 논의에서 제시되는 의견들은 항상 극단적으로 흐르는 경향이 있다고 보고했다. 당시 이 연구는 국지적으로 네트워킹된 컴퓨터만을 대상으로 한 것이었다. 하지만 지금은 지구의 반 이상에 걸쳐 컴퓨터들이 연결되어 있다. 이런 상황이 이제는 현실이 되었다.

2014년 퓨 리서치센터(Pew Research Center)의 연구 결과는 조사 대상자의 70%가 온라인 괴롭힘을 목격한 적이 있고, 그중 40%는 실제로 본인들이 그 대상이었다는 것을 보고했다. 괴롭힘의 범위는 욕을 하는 것, 일부러 누군가를 곤란하게 만들려는 시도, 심하게는 끊임없이 성희롱하거나 스토킹하는 것이다. 남자들을 대상으로는 욕을 하거나 위협을 하고 여자들을 대상으로는 성희롱이나 스토킹을 한다. 2/3는 소셜 미디어에서 이런 경험을 하고 1/5은 다른 웹 사이트의 댓글을 통해 겪게 된다. 조사 대상자의 1/4은 이런 경험이 매우 혹은 극도로 화가 나는 일이라고 답했다.

이런 종류의 공격이 아이디어와 발명품을 마케팅하려는 당신을 향해 이루어진다면 이로 인한 피해는 더는 개인적인 것이 아니다. 그 공격은 당신의 사업과 관련된 것이기 때문이다. 전 세계의 사용자들을 비공식적으로 대변하여 얘기하자면, 당신이 개발한 밈을 사용자들이 추천하려고 할 때마다 말도 안 되는 주장, 본질과 무관한 개인적인 공격, 감정을 실어 깎아 내리려는 설명할 수 없는 사례가 수백 건은 항상 있다고 할 수 있다.

■ **핵심 포인트_** 온라인상의 부정적인 코멘트나 낮은 별점은 곧바로 매출 감소와 신규 가입률 저하로 이어질 수 있다.

매우 신중하게 작성된 기사들이 독자들의 지저분한 댓글들로 상처를 입는 현상으로 인해 요즘 저널리즘은 새로운 국면에 접어들었다. 현실적으로는 이런 공격들을 막는 방법이 없다. 이로 인해 작가들은 점점 일반적이지 않은 형태의 대처 방법을 사용하고 있다. 게임 산업에 대해 글을 쓰고 있는 저널리스트인 알라나 피어스(Alanah Pearce)는 매우 위협적인 댓글을 단 사람의 페이

스북을 탐색해서 작성자의 엄마에게 연락하는 방법을 사용하기 시작했다(보통은 어린 남학생들인 경우가 많다). 한 아이의 엄마는 "세상에, 이 나쁜 놈, 죄송해요, 제가 아이랑 이야기해 볼게요!!!"라고 답장을 쓰기도 했다. 미국 시카고의 일간 신문인 〈시카고 트리뷴(Chicago Tribune)〉의 렉스 흡케(Rex Huppke)는 그를 괴롭히는 댓글 작성자들에게 2015년 다음과 같은 문구로 끝나는 연하장을 보냈다. "축복이 있길 바란다, 인터넷 트롤(Internet troll, 인터넷상에서 상습적으로 악성 댓글을 다는 사람). 그렇다고 해서 내가 어딜 가지는 않을 것이다. 물론 나도 안다. 너도 어디 가지 않는다는 않는 것을." 미국의 인터넷 매체 버즈피드(BuzzFeed)의 케이티 노토풀로스(Katie Notopoulos)는 인터넷 트롤과 상대하는 방법에 대해 "인터넷상의 유독성 쓰레기 댓글을 상대할 때 당신이 입어야 할 안전 작업복"이라는 제목의 글을 올렸다. 많은 사람의 공감을 얻은 이 글에 따르면 인터넷 트롤과 온라인상에서 말싸움하는 것은 사태를 해결하는 것에 아무런 도움이 되지 않는다. 오히려 상황을 악화시킬 뿐이다. "이런 자들을 상대할 때 자신만의 노하우라는 것은 존재하지 않는다."

음악가들도 영향권에 있기는 마찬가지이다. 캐나다 출신 밴드 메트릭(Metric)의 에밀리 하인즈와 제임스 쇼는 2015년 온라인 팬들의 댓글로 인해 정치적으로 논란이 되는 쟁점 혹은 양성평등과 같은 민감한 사안에 대해 더는 의견을 드러내 놓고 말하지 않게 되었다고 밝힌 바 있다. 이 두 가지는 그동안 록앤 펑크 뮤직의 철학과도 같은 것이었다. 에밀리는 다음과 같이 말했다.

"거의 탈진한 상태이다. 우리는 인터넷 얼리어답터로서 음악인들에게 필요한 민주화를 인터넷이 가져다줄 것이라는 생각에 열광했었다. 하지만 현실은 완전히 악몽과도 같았다. 나는 지금까지 여러 사안에 대해 매우 솔직하게 내 의견을 표현해 왔다. 하지만 이제 더는 그럴 가치를 느끼지 못한다. 단지 논란만 부추길 뿐이고 가족과 친구들을 악성 댓글에 노출할 뿐이다!"

제임스는 다음과 같은 시적 풍자에 동감한다. "왜 아무 말도 안 하는가? 인터넷상의 민주화는 인터넷을 극히 안전한 곳으로 만들었다. 누구도 이야기하지 못하는 곳이 되었다."

레스토랑을 운영하는 사람이나 요리 분야에 종사하는 사람들을 살펴보자. 이 분야는 늘 불확실성이 높은 업종이었다. 새롭게 창업한 많은 레스토랑들이 일 년 남짓 되는 기간에 문을 닫는다. 확인되지 않은 부정적인 댓글이 별점을 깎아 내리고 그로 인해 사람들의 발길이 뜸해지고 매출도 하락하여 상황은 더 악화되었다. 2011년에 이런 현상을 조사하면서 계량 경제학자인 마이클 루카(Michael Luca)는 시애틀 소재 3,500여개 레스토랑을 대상으로 워싱턴주 세무국에 신고된 매출과 옐프(Yelp, 지역 기반 소셜네트워크 서비스로, 크라우드 소싱을 통해 여러 도시의 식당, 백화점, 병원 등에 대한 평판을 모아서 제공함)에서의 별점을 비교했다. 루카는 복잡한 회귀 분석을 사용하여 갑자기 별점 점수가 떨어졌을 때 이것이 급격한 매출 감소로 이어지는 경우가 있는지 살펴보았다. 이 결과 별점이 확실히 매출에 영향이 있음이 밝혀졌다. 평균적으로 별점이 1점 내려가면 매출은 9%가 감소하는 것으로 나타났다.

이런 현상은 휴대폰 앱에서 더 뚜렷하게 나타났다. 2013년 빅 데이터 분석 회사인 센서타워(SensorTower)의 올리버 예(Oliver Yeh)에 따르면 애플 스토어에서 별점 4.5에서 5.0 사이의 앱들은 평균적으로 264,000 다운로드를 기록하는 것으로 나타났다. 하지만 사용자들의 부정적인 댓글로 인해 별점이 3.5에서 4.0사이로 떨어지면 평균 다운로드 수는 80,000으로 급감하는 것으로 밝혀졌다. 별점 1점에 매출이 70% 감소한 것이다. 많은 앱의 경우 이것은 밈이 소멸하기에 충분한 사건이다. 비슷한 결과가 2015년 시장 조사업체인 앱텐티브(Apptentive)에 의해 실시된 조사에서도 드러났다. 그림 20-1은 고객 설문 조사를 바탕으로 예측한 수치이다.

전...	후...	앱 스토어에서의 가입 증가율 예측
★	★ ★ ★ ★ ★	770%
★	★ ★ ★ ★	730%
★ ★	★ ★ ★ ★ ★	570%
★ ★	★ ★ ★ ★	540%
★	★ ★ ★	340%
★ ★	★ ★ ★	280%
★ ★ ★	★ ★ ★ ★ ★	97%
★ ★ ★	★ ★ ★ ★	89%
★	★ ★	30%
★ ★ ★ ★	★ ★ ★ ★ ★	4%

그림 20-1. 별점 변화 시 앱 스토어에서의 가입 증가율 예측, 앱텐티브 자료(2015)

온라인상에서 사람, 기업, 혁신에 대해 험담하는 것은 이제 국민적인 오락거리가 되어 버렸다. 이런 행동을 90년대에는 "격분(flaming)"이라고 불렀다. 2000년대에 들어서서는 "사이버 괴롭힘(cyber-bullying)"으로 불렀고 오늘날에는 트롤링(trolling)이라고 부르고 있다. 60년대 선보였던 심리학 용어로는 집단 극단화(group polarization)에 해당한다.

극단화라는 단어의 의미를 이해한다면 그에 대한 대처도 가능할 것으로 생각된다. 겉으로 드러난 것과는 달리 사실 아직은 이런 혐오주의자들이 인터넷을 장악한 것은 아니다. 잊지 말라. 같은 인터넷이 진실(위키피디아), 신뢰(우버, 에어비앤비), 이타주의(루게릭병을 위한 아이스버킷 챌린지)를 탄생시키기도 했다. 언급한 2014년 퓨 리서치센터의 연구에서도, 대부분의 사람은 온라인 환경에서 오프라인 환경보다 다른 사람들을 더 지지할 수 있다는 것에 동의했다. 심지어 온라인 환경이 더 중요하다고 생각했다. 이런 결과는 집단 극단화 이론상으로 볼 때 자연스러운 현상이다. 집단적인 논의를 거쳐 도출되는 결론은 항상 긍정적이거나 부정적인 양극단으로 치우치는 경향이 있다.

하지만, 이 책에서 대상에 대한 혐오가 발생하는 것은 사용자 인터페이스의 잘못된 디자인으로부터 비롯된다는 것을 말한다. 만약 현실 세계에서는 그렇지 않은데 온라인에서만 심각한 문제가 나타나고 있다면 UX 디자인에 변화를 줌으로써 충분히 통제할 수 있다. 그리고 그렇게 해야만 한다. 당신이 개발한 밈이 사회적 극단화 병목 구간을 통과하여 살아남으려면 어쩔 수 없다. 또 한때 인터넷이 출범하며 약속했던 생산적이고 민주적인 글로벌 대화에 대한 꿈을 아직은 포기할 수 없기 때문이기도 하다.

■ **핵심 포인트_** 집단 극단화는 온라인에서 이루어지는 논쟁을 통해 의견들이 점점 극단적으로 변해가는 현상을 일컫는 말이다. 이런 현상은 심리적으로 약간의 자극만 있어도 쉽게 나타난다. 하지만 인터페이스 디자인을 개선하면 충분히 통제 가능하다.

1969년 프랑스의 사회심리학자 모스코비치와 자발로니(Moscovici & Zavalloni)에 의해 진행된 집단 극단화 연구 결과에 대해 살펴보도록 하자. 일반적인 연구 패러다임에 따르면 집단 극단화는 3단계를 거친다. 첫 번째는 각각의 개인이 독립적으로 어떤 이슈에 대해 자신들의 태도를 드러내는 단계이다. 두 번째는 같은 이슈에 대해 집단 토론 과정을 거치는 단계이다. 세 번째는 같은 이슈에 대해 자신들의 태도를 다시 표현하는 단계를 거쳤다.

이런 과정을 거치면 집단 토론 이후 사람들의 태도가 토론 전과 비교해 훨씬 더 극단적이고 한쪽 편에 치우치는 것으로 드러났다(그림 20-2). 이런 현상은 매우 분명하고 일관되게 나타났다. 1999년 시카고 대학교의 캐스 선스타인(Cass Sunstein) 교수는 이런 현상을 하나의 법칙으로 요약하여 발표했다. 그는 이를 "시연 가능 신뢰도(demonstrative reliability)"라고 불렀다. 공개적으로 실시간 시연을 해도 좋을 만큼 결과에 대한 신뢰도가 높다는 뜻이다. 실제로 수십 년간 심리학과 교수들은 이 실험을 강의실이나 강당에서 실시해 왔다.

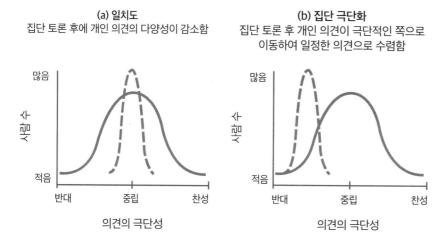

그림 20-2. (a) 일치도, (b) 집단 극단화의 측면에서 집단 토론 후에 어떻게 의견(점선)이 변화하고 극단적인 방향으로 이동하는지를 표현한 그래프

집단 극단화라는 용어에서 "집단(group)"은 사회적 집단이 아니라 토론의 형태를 의미한다. 그리고 "극단화(polarization)"는 집단이 두 개로 분리된다는 뜻이 아니라 태도가 극단적으로 변한다는 의미이다. 이 용어들을 이렇게 조심스럽게 분해하여 설명하는 이유가 있다. 오늘날 "집단 극단화"라는 단어를 들으면 흔히 미국 정치에서 좌파와 우파로 사람들이 나뉘어 사이가 벌어지고 급진적인 관점을 드러내는 장면을 떠올리기 때문이다. 물론 이런 일은 현실에서 엄연히 일어나고 있다. 2010년 미국의 사리타 야디와 다나 보이드(Sarita Yardi & Danah Boyd)는 트위터에서 사람들이 극단화되고 있다는 것을 증명해 보였다. 그리고 이런 극단화 현상은 문화적으로 그 존재가 공인된

집단이 있을 때 더 극심하게 발생한다. 하지만 이런 공식 집단들이 극단적 의견을 명시적으로 표현해야만 극단화가 발생하는 것은 아니다. 당신이 개발한 밈을 리뷰하기 위해 단지 일정한 수의 사람들이 댓글을 달 수 있는 공간만 주어지면 된다.

좀 더 극단적이고 과격한 반사회적 방법으로 우리 자신을 표현하도록 만드는 데는 몇몇 단순한 사회 상황적 요소들만 있으면 된다. 불행히도 이런 것들이 조합되면 자연스럽게 극단적인 방향으로 흐르게 된다. 장점과 단점 사이에 완벽하게 균형을 잡고 있지 못하는 이슈 하나만 있으면 된다(이런 균형을 완벽하게 잡는 이슈는 현실적으로 많지 않다). 그런 다음에는 이런 이슈에 관한 집단 토론이 진행되면 된다. 거의 모든 경우 이 과정을 거치면 사람들의 의견은 극단적인 방향으로 치우치게 된다. 매우 걱정되는 현상이다. 블로그를 운영하는 저널리스트, 앱을 새롭게 출시한 사업가, 음원을 새롭게 올린 음악가, 레스토랑을 개업한 요리사, 어떤 경우든 무관하게 당신이 선보이는 밈이 좋고 나쁨 중 어느 한쪽으로 약간만 기울어져 있으면 이런 일이 일어나기 때문이다. 온라인에서 논쟁 과정을 거치는 동안 대중들의 의견은 증폭되며 틀림없이 한쪽으로 쏠리게 된다.

불행히도 이런 상황은 습관적으로 인터넷에서 악플을 다는 몇몇 "트롤"들만 피한다고 해결될 일이 아니다. 단순히 인터넷상에서 벌어지는 이런 식의 집단 논쟁에 참여하는 것만으로도 우리 중 누구도 트롤이 될 수 있다. 이런 사실은 참으로 비극적인 일이다.

수십 년에 걸친 집단 극단화 현상의 연구로 어떤 상황적 위험 요소들이 문제를 더 악화시키는지 밝혀져 있다. 다음과 같은 경우에 우리가 온라인상에 남기는 댓글은 더 과격해진다.

직접성이 감소할 때 - 물리적 혹은 심리적으로 구성원들끼리 멀어져 있다.

편견에 사로잡혀 있을 때 - 이미 어떤 이슈에 대해 한 방향으로 기울어져 있다.

하나의 주제로 오랜 논쟁을 할 때 - 온라인에서의 논쟁이 길어질수록 그 결론은 더 극단적으로 됐다.

사회 계층이 뚜렷하게 구분될 때 - 어떤 집단에 소속되는 것과 그렇지 않은 것이 뚜렷하게 드러났다.

논쟁이 균형을 이루지 못할 때 - 편향적인 의견만 들리고 균형 잡힌 의견은 들리지 않는다.

경쟁하는 분위기가 장려될 때 - 집단을 대표하는 전형성을 보이거나 극단적인 것이 장려된다.

개인성이 없어질 때 - 개인적 정체성을 드러내기 어렵다.

위에 열거된 리스트들을 보면 아마 온라인 환경처럼 이런 요건들이 잘 갖춰진 곳이 없다는 생각이 들 것이다. 무엇보다도 직접성(immediacy)의 결여가 두드러진다. 즉 물리적인 거리로 볼 때 당신과 트롤 사이가 가까울 확률은 전혀 없다. 이런 상황은 컴퓨터를 매개로 대화가 이루어지는 모든 상황에 해당한다. 기술 수준이 낮았던 60년대 심리학자들은 의견을 개진하는 사람들 사이에 칸막이를 치거나 음성 대화 방식을 필담 대화 방식으로 바꾸는 것만으로도 이런 극단화를 강화할 수 있었다. 과거 이런 방식의 근접성 저하는 오늘날 지구 반대쪽에서 같은 아마존 제품 후기를 작성하고 있는 두 사람 간에 놓인 물리적 거리와는 비교할 수 없다. 온라인에서 경험하는 이런 직접성 결여는 해결 방법이 없는 집단 극단화의 위험 요소이다. 따라서 다른 요소들을 이해하고 전념하는 것이 필요하다.

경향(predisposition)과 관련해서는 구글과 같은 검색 엔진이 주는 영향이 크다. 구글을 통해 사람들은 자신이 원하는 주제를 스스로 선택해서 자신의 견해와 일치하는 결과만을 찾는 것이 가능하게 되었기 때문이다. 예를 들면 2015년 당시 사람들은 도널드 트럼프라는 키워드로 검색했을 때 보이는 많은 기사 중에서 그가 대통령 후보로 적합한지 아닌지 논조에 따라 어느 한쪽만 선택하여 읽을 수 있었다. 그 시점에 많은 미국인은 CNN이나 폭스 뉴스(Fox News)와 같은 미디어 그룹도 편향성을 가지고 있다는 사실을 알고 있었다. NPR이나 많은 AM 라디오 방송국은 말할 것도 없다. 사람들은 자신들이 가지고 있는 편향성에 가장 부합하다고 느껴지는 방송국을 골라서 듣는 것에 익숙해져 있다. 트위터를 대상으로 진행된 두 편의 연구 결과는 사람들이 스스로 편을 가르고 있음을 분명하게 보여 주었다. 사람들은 자기와 같은 진영에 있고 극단적인 정치적 의견이 일치하는 사람들에게만 리트윗을 하거나(Conover and colleagues, 2011) 답장을 보내는 것(Yardi and Boyd, 2010)
으로 드러났다.

하지만 단순히 사람들이 어떤 쪽으로 기울어져 있다는 사실만 알아도 집
단 극단화가 유발된다는 사실이 밝혀졌다. 2006년 미국의 사회학자 살가닉
(Salganik), 도즈(Dodds), 왓츠(Watts)는 음악 공유 사이트를 만들어 이러한 사
실을 증명했다. 어떤 곡의 다운로드 숫자를 사용자들이 볼 수 있도록 하는 경
우 볼 수 없는 경우에 비해 곡에 대한 평가가 더 극단적으로 되었다. 즉 좋은
평점을 받은 곡과 나쁜 평점을 받은 곡 사이의 차이가 더 많이 벌어진 것이었
다. 이 연구 결과는 극단화가 사람들 간의 네트워크 효과(network effect) 때
문에 일어난다는 것을 증명하였다. 다자간 정보 공유의 결과 발생하는 현상
이라는 의미이다. 단순히 사람들이 내린 평점이 어떤 분포를 이루고 있는지
만 보여 주어도 극단화 현상이 강화될 것이다.

온라인상에서 어떤 이슈로 논쟁이 시작되는 초기에는 이런 극단적 견해를
보기 어렵다. 대신 이런 현상은 논쟁이 계속 진행되면서 뒤늦게 등장하는 경
향을 보인다. 대화가 진행될수록 극단적 표현들이 점점 많아지게 되는 것이
다. 60년대와 70년대에 실시된 관련 연구들은 실험 참가자들에게 공통된 결
론에 이를 때까지 어떤 이슈의 토론을 계속할 것을 요청했다. 그 연구 결과 이
것만으로도 의견 극단화가 일정 수준까지 진행됨을 발견했다. 2013년 오바

마 케어에 관한 타운홀 미팅(town hall meetings, 미국의 비공식적 공개 회의)의 경우처럼 더 오래 지속될수록 사람들은 더 거칠어지게 된다.

　공식적인 사회 계급이 극단화를 위해 꼭 필요한 것은 아니다. 하지만 "그들과 우리"라는 개념이 대화로 들어오게 되면 트롤이 반드시 등장하게 된다. 이런 현상은 축구팀, 종교 집단뿐만 아니라 정당과 인종에 이르기까지 다양한 범위에서 나타난다. 이렇게 되면 어떤 진영도 비난에서 벗어날 수 없다. 이런 종류의 극단적인 댓글을 폭스 뉴스뿐만 아니라 MSN에서도 쉽게 찾아볼 수 있다. 흥미로운 것은 한쪽 편에서 다른 쪽의 불필요한 트롤링을 비난하며 자제할 것을 요구할 때도 그 원인을 "바닐라 향을 싫어하는 사람들" 혹은 "산골에 사는 지독한 시골뜨기들"처럼 상대방 진영에 속한 사람들의 나쁜 특징에서 찾으려 한다는 것이다. 이런 식으로 상대 진영의 정체성에 대해 언급하는 것은 극단화 불꽃에 기름을 붓는 것과 같다.

　시간을 가지고 온라인상의 댓글을 읽어 보면 사람들이 편향성을 가지고 있다는 사실을 깨닫게 될 것이다. 균형 잡힌 시각을 가지고 있기보다는 한쪽으로 치우쳐 있는 것이다. 정말 사람들에게 어떤 것에 대한 확신을 주고 싶다면 그에 대한 반대를 예상하고 스스로 반론을 제기해 볼 필요가 있다. 그래야 반대되는 의견을 합리적으로 반박하거나 공통점을 찾아 설득할 수 있기 때문이다. 이것이 균형 잡힌 논의이다. 하지만 온라인상에서 이런 일은 거의 일어나

지 않는다. 대신 편향적인 논쟁이 대세를 이루고 있다. 이로 인해 모든 사람의
논의는 점점 더 극단적인 쪽으로 몰리게 된다.

  앞서 열거한 리스트에서 다음으로 살펴볼 것은 "경쟁하는 분위기가 장려"
될 때이다. 극단적인 의견을 갖는 것이 어떤 면으로든 유리하거나 더 높은 지
위를 상징하게 될 때 이런 일이 일어난다. 한 가지 사례는 가장 많은 사람이
답을 단 온라인 댓글이 순위상 가장 상단에 오르거나 눈에 띄게 배치될 때이
다. 이런 식의 디자인은 쉽게 인터넷 트롤이 등장하도록 하는 원인이 된다. 터
무니없고 멍청하거나 인종 차별적 발언은 합리적인 많은 사람을 자극하여 답
변을 달게 만들었다. 따라서 극단적인 발언이 유명해지게 되는 의외의 결과
가 나타나게 되는 것이다. 이런 사례를 통해 악플을 다는 사람들의 숨겨진 동
기를 엿볼 수 있다. 그들이 작성한 밈이(그렇다, 악플도 밈의 일부이다) 과격할
수록 사람들의 주의 병목을 통과할 가능성이 있기 때문이다. 그들도 이런 사
실을 잘 알고 있다(물론 사람들의 추천 병목을 통과할 가능성은 매우 낮다). 이것이
바로 버즈피드의 기자 케이티 노토풀로스(Katie Notopoulos)가 다음과 같은
글을 썼을 때 의미한 바이다.

"우리가 쉽게 간과하는 진짜 악플의 핵심 요소는 그것을 작성하는 사람도 정말 자신이
쓴 대로 생각하지 않는다는 점이다. 어떤 사람이 댓글로, '사실, 히틀러는 멋있다.'라고 쓸
때 정말 히틀러가 멋있다고 생각하지는 않는다는 뜻이다. 그들의 의도는 단순히 사람들

을 화나게 만들고 싶은 것이다. 우리 모두가 알고 있듯이 히틀러가 멋있는 사람은 아니기 때문이다. 하지만 그 덫에 걸려 '사실, 히틀러는 전혀 멋지지 않아!'라고 소리 지르는 순간 당신은 이미 그 싸움에서 진 것이다."

리스트에서 극단화를 조장하는 마지막 요소는 탈개인화(deindividuation)이다. 단어 그대로 사람들의 개인적 정체성이 드러나지 않는 상황을 의미한다. 가장 직접 이런 상황을 조장하는 방법은 익명화(anonymity)이다. 다시 말하면 실명이 드러나지 않는 상황을 만드는 것이다. 페이스북의 거대 기업으로의 발전에서 가장 가치 있는 결정 중 하나는 실명을 요구한 것이었다. 실명 사용은 AOL이나 마이스페이스와 같은 초기 채팅방에서는 익숙하지 않은 일이었다. 하지만 이런 결정은 결과적으로 페이스북에 엄청난 자산을 안겨 주었다. 이런 사실은 2012년 페이스북이 증권 감독원에 낸 보고서에서 8천3백만 명의 이름이 실명이 아닌 다른 사람의 이름, 애완동물, 스팸성 이름일 가능성이 있다고 발표하자 주가가 급락했다는 사실만 보더라도 알 수 있다. 이런 페이스북의 결정을 발판 삼아 언론에서도 2008년부터 댓글을 작성하려면 페이스북 계정을 연결해 실명을 공개하도록 했다. 이런 결정은 페이스북의 입장에서 비즈니스적으로 엄청난 행운이었다. 다른 인터넷 기반 회사들이 매우 힘들게 확보한 가입자와 트래픽을 힘들이지 않고 끌어올 수 있었기 때문이다. 인터넷에서의 민주적 논의라는 주제에 있어서 역사적 전환점이 된 사건이었다. 2012년에 작성된 블로그 기사에서 뉴욕타임스가 이런 결정을 내리기까지 얼마나 힘든 과정을 겪었는지 다음의 글을 보면 알 수 있다.

"우리는 댓글 작성자에게 실명을 요구했지만 익명을 허용할 때 장점도 분명히 있다. 실명을 사용하는 (혹은 실명으로 보이는) 사람들은 댓글을 작성할 때 훨씬 논리적이고 공손한 문체로 잘 정리된 글을 올린다. 하지만 사용자 네임이나 필명으로 댓글을 작성할 때도 그만의 장점이 있다는 의견도 동시에 많은 독자에게 듣고 있다. 예를 들면 자신이 속한 회사의 사업적 행태의 기사에 댓글을 작성하는 경우 보복이 두려워 공개적으로 신분을 밝히고 싶어 하지 않을 수 있다. 가족이나 친구들에게 자신이 치료를 받고 있다는 사실을 알리고 싶지 않은 사람들이 자신의 병에 대한 소중한 경험을 다른 사람들과 공유하는 글을 올리려 할 때도 마찬가지이다. 그럴 때 자신의 신분을 노출하지 않는 것은 충분히 이해가 가는 일이다."

뉴욕타임스의 편집자는 탈개인화가 극단적인 의견을 양산하게 될 것을 잘 알고 있었던 것으로 보인다. 하지만 어떤 경우에는 "극단적" 의견이 남을 험담하는 것이 아니라 가치 있는 일이 될 수도 있다. 반사회적이라기보다 시민적 저항에 가까울 수도 있기 때문이다. 처음에 뉴욕타임스는 댓글 작성을 위해 페이스북으로 로그인을 하도록 했다. 하지만 후에는 "신뢰 댓글" 시스템을 운영하면서 실명 확인 방법 중 하나로 사용했다. 이 사례에서 우리가 배울 수 있는 교훈은 다른 변화를 통해 원하는 개선 효과를 얻을 수 없을 때만 익명성을 포기해야 한다는 것이다.

밈과 관련된 사람들의 극단화를 막고 건전한 공개 담론이 가능한 환경을 조성하기 위해서는 어떤 구체적인 방법들이 있을까? 다음은 이를 위한 몇 가지 아이디어다.

다음의 조건이 갖추어지면 온라인상의 댓글이 과격화되는 양상이 있음을 이미 다룬 바 있다. 그 경우의 대응책은 다음과 같다.

직접성이 부족한 경우 - 댓글을 작성하는 사람들이 거주하고 있는 주와 도시를 표시하라(예, 아이오와주 코랄빌). 페이스북의 정보나 휴대폰 위치 정보를 이용하면 된다. 특히 당신의 밈이 어느 지역에서 사용되느냐가 중요할 경우 이런 방법이 효과적이다. 뉴스 포탈이나 옐프 혹은 우버 같은 서비스가 이에 해당한다.

이미 취향이 정해져 있는 경우 - 검색 엔진 사이트 광고를 중단하라. 사람들은 검색 엔진을 통해 본인의 의견과 일치하는 결과나 편향성에 부합하는 것만 고르게 된다. 다양한 의견을 전략적으로 유인할 수 있도록 각종 웹 사이트에 광고를 게재하라. 해시태그도 다양한 의견을 포집할 수 있도록 선정하라. 이미 의견이 고정된 사람들을 끌어들이는 #문제 경찰과 같은 구체적 제목이 아니라 #공권력 사용과 같이 넓은 범위의 주제를 선택하라.

논쟁이 길어질 때 - 댓글을 작성한 후 일정 시간, 댓글의 수, 댓글의 품질에 기준을 정하고 그것에서 벗어나면 이후에 새로운 댓글을 작성하는 것을 허용하지 마라. 뉴욕타임스의 경우 기사가 게재되고 난 후 24시간 내에는 댓글을 달지 못하도록 하고 있다. 이미 기사에 대한 논쟁이 충분히 진행되어 더는 중요한 의견이 댓글을 통해 나올 수 없다고 판단되는 경우에도 추가 댓글 작성을 막고 있다.

집단이 뚜렷하게 구분될 때 – 극단화가 촉발되는 것을 방지하기 위해 대화나 브랜드 광고 또는 마케팅 시에 국적, 정당, 성별, 인종을 밝히지 못하도록 하라. 처음 시작하여 가입자 수가 얼마 되지 않을 때는 좋아하는 축구팀의 응원 정도는 허용할 수 있다. 하지만 사용자 수가 증가하면 더는 허용하면 안 된다.

논의에 균형이 맞지 않을 때 – 가장 높은 평가를 받은 댓글과 가장 낮은 평가를 받은 댓글을 표시하라. 관리자가 반론을 제기하거나 반박하도록 하라.

경쟁적인 분위기가 될 때 – 합리적인 논의가 되도록 유도하라. '좋아요'를 많이 받은 댓글이 관심을 받는 대신 좋은 댓글이 평가받는 분위기를 만들어라. 가장 댓글이 많이 달린 의견이 관심을 받도록 하는 시스템보다는 편집장이나 작가가 선택한 댓글이 관심 대상이 되도록 하라.

개인성이 사라질 때 – 직접성을 높이고 합리적인 의견이 관심을 받도록 하는 등 다른 모든 방법을 시도해 보았음에도 효과가 없는 경우, 마지막 수단으로 댓글 작성 시 페이스북의 개인 정보가 함께 표시되도록 하라. 당신의 밈이 민감한 주제와 관련되어 있거나, 질병 혹은 비난의 대상이 되는 사회 집단 등의 특수 집단을 대상으로 하는 것이라면 익명성을 강화하라. 일반적인 대중을 상대로 한 것이라면 익명성을 줄여라.

악성 댓글을 다는 사람들에게 일일이 대응하는 것이 좋은 것인가 하는 질문에 대한 답은 무엇일까? 특히 당신의 고객이나 사용자들이 제기한 합리적인 비판에는 어떻게 대응해야 할 것인가? 대응하는 것이 좋은가? 혹은 무대응이 나은가?

워싱턴 대학교 커뮤니케이션학과에서 실시된 실험 결과에 의하면 결론적으로는 대응하는 편이 낫다. 하지만 올바른 대응법이 있고 그렇지 못한 경우가 있다. 옐프 사이트에 멕시코 음식점 프로필을 올린 후 이 음식점을 대상으로 일어나는 여러 가지 상황을 실험하였다. 손님들이 남긴 댓글과 그에 대한 주인의 반응에 대한 실험이었다. 상황 자체는 꾸며낸 것이었으나 사용한 손님들의 댓글은 실제 옐프에 남겨져 있는 다른 댓글을 가져와서 사용하였다.

실험에 사용한 부정적인 댓글은 두 단락이었다. "내 취향은 아님" "특징 없고 그저 그렇다." 이 댓글은 그 음식점이 멕시코 음식을 제대로 만들고 다양한 메뉴를 가진 음식점으로 분류되기에는 턱없이 부족함을 말하는 것이었다. 루카의 연구를 뒷받침하듯, 부정적인 댓글이 달리자 음식점 프로필을 방문하는 사용자들의 수가 급격히 줄었다(그림 20-3).

음식점 주인이 댓글에 대해 매우 과격하고 감정적인 답변을 하면 어떤 일이 일어나는지에 대한 실험을 했다. 그리고 옐프 사이트에서 다음과 같은 실제 음식점 주인의 답변을 발견하였다.

다시는 우리 음식점에 오지 마세요. 당신이 오는 것이 반갑지 않습니다. 이 사이트도 우리 음식점의 가치를 높이 평가하는 손님들의 의견을 더 중요하게 다루어야 제대로 된 사이트가 될 것입니다. 당신이 후기를 올린 첫날 두 멕시코 음식점을 평가하면서 하나는 별 5개를 주고 다른 하나는 별 1개를 주었군요. 여보세요, 당신 친구 음식점이나 계속 도와주시고, 괜히 나가서 다른 사람들에게 상처 주지 마세요. 우리는 당신 같은 손님은 필요 없습니다.

극단적인 비평, 개인에 대한 공격, 같은 편에 대한 충성 강요와 같은 여러 요소가 보인다. 극단화 냄새가 난다. 이런 식의 답변은 음식점을 방문하고 싶다거나 음식의 수준이 높을 것이라는 생각을 하게 만드는 데 전혀 도움이 되지 않는다. 음식점 주인에 대해 매우 안 좋은 인상만 남겼을 뿐이다.

이번에는 옐프에서 실험에 사용할 가장 훌륭한 답변을 찾아보았다. 그들은 2009년 정치 스캔들과 국가적 재난을 돕기 위해 정기적으로 소환되는 뉴욕 위험 커뮤니케이션 센터의 책임자 빈센트 코벨로(Vincent Covello)의 위기 커뮤니케이션 전략을 잘 반영한 답변을 찾았다. 코벨로가 창안한 CAP 대응법은 가장 이상적인 답변이 갖추어야 할 요소로서 caring(걱정, 동감), action(행동, 발생한 상황에 대해 이미 했던 혹은 할 예정인 대응), perspective(당신의 견해, 향후 전망)가 순서대로 배열되어야 함을 강조했다. 다음은 그들이 실험에 사용한 답변이다.

솔직하고 유익한 의견을 남겨 주신 것에 감사드립니다. 그리고 좋지 않은 경험을 하시게 된 점 사과드립니다. 고객님께서 작성한 후기는 저희가 발전하고 좀 더 나은 서비스를 제공하는 것에 도움이 되는 의견입니다. 이와 같은 의견을 참고하여 오랫동안 살아남을 수 있는 음식점이 되도록 노력하겠습니다. 새롭게 시작한 음식점으로서 여러 가지 부족한 점을 바로 잡고 어떻게 하면 고객들에게 더 좋은 서비스를 제공할 수 있을지에 대해 직원들을 교육하는 중입니다. 저희의 숙련도가 올라가고 이로 인해 더 다양한 메뉴를 개발할 수 있도록 인내를 가지고 지켜봐 주십시오. 매운 음식을 좋아하시는 손님도 있다는 것을 알게 된 것은 저희에게는 매우 중요한 일입니다. 조금 매운 메뉴를 추가하여 손님들의 취향에 맞출 수 있도록 하겠습니다. 손님을 다시 초대하여 저희 음식점의 개선된 맛을 경험하실 수 있도록 해 드리고 싶습니다. 다시 방문하신다면 무료로 음식을 대접하겠습니다. 다시 감사의 말씀 드리며 곧 다시 뵙게 되길 기다리고 있겠습니다. [음식점 주인의 실명과 자필 서명]

부정적인 댓글로 인해 남겨진 나쁜 인상은 이 답변으로 인해 상당히 회복되었다. 음식점에 대한 느낌과 사용자들의 방문 가능성도 음식점 프로필만

접했을 때의 수준으로 거의 돌아왔다(그림 20-3). 이 실험 결과에 따르면 밈
개발자로서 당신은 악플을 다는 사람들에게 악플로 응수해서는 안 된다는 것
을 배웠을 것이다. 무응답으로 일관해서도 안 된다. 험담하게 되는 환경을 조
성하지 않도록 가능한 모든 디자인 기법을 동원하라. 아주 드문 일이겠지만
설사 그런 논쟁에 직접 참여하게 되더라도 자신의 답변으로 인해 극단화 현
상이 촉발되지 않도록 조심해야 한다. 우선 친절한 답변을 통해 부정적인 인
상을 해소하고 돈을 환불해 주도록 하라. 절대 그전에 고객의 비난에 반론을
제기해서는 안 된다.

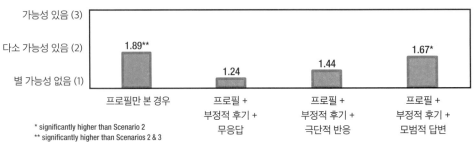

그림 20-3. 부정적인 고객의 후기에 대해 무응답으로 일관할 경우 사람들이 이 음식점을 방문할 가능성은 없어진
다. 고객의 후기에 대해 극단적인 응대를 한 경우에도 별로 도움이 되지 않는다. 하지만 모범적인 답변을 한 경우 매
우 긍정적인 효과를 보였다.

21장
사회적 영향력

Social Influence

　당신이 어떤 디지털 혁신을 만들어 냈는지, 사용자가 어떻게 심리적으로 그것을 처리하는지 그리고 누군가가 사용자에게 왜 그것을 추천했는지에 대한 고려가 끝난 상태이다. 다음 단계로 "누가" 우리에게 추천하게 되며 그로 인해 사용자의 수용성(receptivity)에 어떤 영향을 미치는지 살펴보려 한다. 사용자들이 추천된 모든 밈을 받아들여 사용할 것이라는 생각은 하지 않는 것이 좋다. 다른 사람에게 추천되는 밈들도 또 다른 사회적 병목을 통과해야 하기 때문이다. 밈은 우리의 행동에 실제로 영향을 미치는 사람이나 집단에 의해 추천되어야 하는 것이다.

　이미 잘 정립된 사회적 영향력 이론(social influence theory)에 따르면, 당신이 만든 밈이 다음과 같은 추천 과정을 거치는 경우 훨씬 더 받아들여질 가능성이 있다고 했다.

- 세 명의 친구(세 명보다 적으면 불충분하고 그보다 많은 것도 불필요하다)
- 개인적 이익을 추구한다는 이유로 추천 동기가 훼손되지 않아야 한다
- 친구의 친구이거나 적의 적이 추천할 경우

추천된 밈에 대해 우리가 가지게 되는 수용성은 스스로 호의적인 경험을 한 친구의 숫자에 의해 결정된다. 당신이 개발한 밈을 친구들이 매우 적극적으로 추천할 수도 있고 단지 친구들이 밈을 사용하고 있다는 사실을 우리가 알게 될 때도 있다. 하지만 이런 경험을 할 때마다 우리 자신이 밈을 직접 사용하게 되는 것에 조금씩 가까워지게 된다. 가장 최근에 첨단 기기를 구매했을 때를 떠올려 보라. 휴대폰, 태블릿, 하이브리드 자동차, 웨어러블 기기 등이 그런 예가 될 것이다. 한 친구가 이런 것들을 구매했다는 사실을 알게 되는 것만으로 당신도 같은 행동을 할 가능성은 별로 없다. 하지만 또 다른 친구가 구매했다는 것을 알게 되면 구매에 필요한 심리적 저지선에 조금 더 가깝게 다가가게 된다. 그리고 3명이라는 마법의 숫자에 다다르면 당신도 구매할 준비가 되어 있음을 깨닫게 될 것이다.

사람의 인지 체계와 사회적 진화 결과, 우리는 주변의 세 사람이 같은 행동을 할 때 그에 따르게 된다. 이것은 인간의 사회적 행동에 있어서 핵심적인 의미를 지닌다. 이 숫자가 종에 따라서 다를 것임은 쉽게 짐작할 수 있다. 새 떼나 연어 무리의 경우 한 마리나 두 마리로 같은 행동을 유발할 수 있고, 북극

곰의 경우에는 5마리나 7마리가 필요할 수 있을 것이다.

　1955년 심리학자 솔로몬 애쉬(Solomon Asch)에 의해 실시된 일련의 실험에서 그는 세 명의 주변 사람들이 우리의 행동에 미치는 강력한 힘을 입증했다. 여러 명의 연기자를 심어 놓고 시각적으로 답이 보이는 매우 단순한 질문에 의도적으로 틀린 답을 말하게 하는 실험이었다. 여러 개의 짧은 막대 선을 보여 주고 보기와 길이가 같은 것을 고르게 하는 실험이었다(그림 21-1a). 이 실험에서 연기자로 투입된 사람들에게 일부러 틀린 답을 말하게 했다. 애쉬는 이러한 상황에서 피실험 대상자가 얼마나 정확히 정답을 이야기하는지를 조사했다.

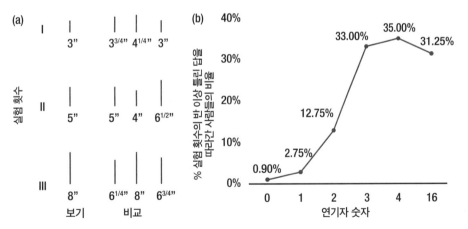

그림 21-1. 애쉬에 의해 실시된 실험(1955). (a) 길이가 표시되지 않은 막대 선을 보여 준 후 피실험 대상자들에게 보기와 같은 것을 고르게 하는 방식이다. (b)에 표시된 결과는 잘못된 답을 이야기한 연기자를 따라 실험 횟수 중 적어도 반 이상 틀린 답을 이야기한 사람들의 비율을 나타낸 것이다.

우리를 헷갈리게 하여 올바른 답을 말하는 것에 영향을 줄 연기자가 없는 경우 오답을 이야기할 확률은 1%밖에 되지 않는다. 하지만 연기자가 오답을 고를 때 따라서 오답을 고를 확률은 35%까지 높아진다(그림 21-1b). 이 실험 결과에서 발견할 수 있는 흥미로운 사실은 다음과 같다. 방안에 연기자가 한 명만 있을 때 피실험 대상자의 결정은 거의 영향을 받지 않았다. 두 명이 있었을 경우 오답률은 다소 상승했으나 여전히 큰 영향은 아니었다. 하지만 세 명이 되자 오답률은 최댓값을 보이며 순응(conformity)에 필요한 심리적 저항선을 넘어갔다. 하지만 이런 현상에는 최대치가 존재하는 것으로 드러났다. 이 실험에서 오답을 유도하기 위해 연기하는 사람의 숫자를 4~5명에서 16명까지 늘려 보았으나 세 명일 때 보였던 오답률보다 더 높아지지는 않았기 때문이다.

심리학자 해롤드 켈리(Harold Kelley)는 1973년 사람들이 사고하는 방식을 설명하기 위하여 귀인 이론(theory of attribution)을 발표했다. 애쉬의 연구에서 보인 것과 같은 사람들의 이해하기 힘든 사회적 행동의 원인을 밝히기 위한 이론이다. 애쉬의 실험에서 한 사람만이 실수하는 경우 우리는 그 실수가 그 사람의 성향에 기인한 결과라고 인식하게 된다. 즉 개인마다 다른 시력, 지적 능력 혹은 특이성이 원인이라고 판단하게 되는 것이다. 원인을 외부 세계에서 찾지 않고 그 사람의 내부 세계의 어떤 요인에서 찾게 된다. 따라서 우리의 판단에 변화를 줄 어떤 이유도 없는 것이다. 두 사람이 같은 실수를 하게 될 때, 우리는 외부 세계의 무언가가 그들의 행동의 원인이라고 생각하게 된다. 하지만 이때도 여전히 우리는 그런 현상이 일시적일 뿐이라는 판단을 내린다. 즉 시간이 흐르면 변할 논리적이지 않은 어떤 일시적 원인에 의해 일어나는 일이라고 생각하는 것이다. 마치 빔 프로젝터에 슬라이드 한 장이 잘못 보여지는 것과 같은 현상으로 인식하게 된다. 이때도 역시 우리가 이런 경향을 따라가야 한다는 생각은 하지 않는다. 하지만 예상치 못했던 행동을 세 사람이 반복적으로 보이게 될 경우, 뭔가 외부 세계에 존재하는 어떤 원인에 의해 일어나는 일이라는 결론을 내리게 된다. 그 결과 다른 사람들의 행동을 따라 하게 되는 것이다.

　애쉬의 실험에서 3이라는 숫자가 가진 힘은 매우 강력하고 일관성 있게 보인다. 따라서 이를 검증하기 위해 정반대의 방식으로도 실험해 보았다. 연기자들이 의도적으로 오답을 말하는 상황에서 정답을 이야기하는 한 사람을 투입해 보았다(정답을 말하는 사람이 총 두 명이 됨). 이때 연기자들을 따라 피실험자가 오답을 이야기하는 확률이 매우 급격하게 줄었다(그림 21-2). 계속해서 같은 정답을 이야기하는 연기자를 두 명 투입했을 경우(정답자가 총 세 명이 됨) 피실험자는 더는 오답을 말하지 않았다.

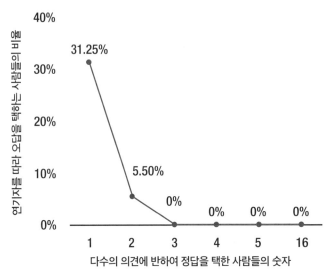

그림 21-2. 애쉬의 순응성 실험(1955년)에서 피실험자를 포함한 총 세 명이 정답을 이야기할 경우 다수가 오답을 말하더라도 그에 따르지 않게 되는 최대 비순응성이 나타나는 것으로 밝혀졌다.

기하학에서 3개의 점이 있으면 하나의 평면이 형성되듯이 심리학에서는 세 명의 사람들이 모이면 사회적 진실을 만들어 낼 수 있게 된다. 그 사실이 참이든 거짓이든 무관하게 사람들은 이에 순응하게 된다. 이런 이유로 사람들이 마음을 정하는 데는 옐프 사이트의 음식점 후기 3개와 기업에 대한 정식 분석 보고서를 게재하는 앤지스 리스트(Angie's List)의 기업 리뷰 3개만 있으면 된다. 2011년에 실시된 라이트스피드 리서치(Lightspeed Research)의 설문 조사와 2013년에 실시된 브라이트로컬(BrightLocal)의 설문 조사 모두 3개의 리뷰를 읽는 경우가 가장 흔한 것으로 나타났다(그림 21-3).

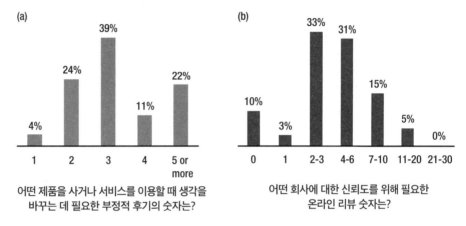

그림 21-3. (a) 라이트스피드 리서치(2011) 및 (b) 브라이트로컬(2013)의 독립된 연구 결과, 소비자에게 영향을 미치는 데 약 3개의 리뷰만 필요한 것으로 나타났다.

　하나의 부정적인 리뷰만 있을 때는 음식점에 대한 평가가 고객의 까다로움 때문이라고 생각할 수도 있다. 혹은 디지털 시대에 적응하지 못하기 때문에 앱에 대해 나쁜 평가를 한다고도 생각할 수 있다. 다시 말해 개인적 이유에서 그 원인을 찾게 된다. 부정적 리뷰가 두 개가 되면 음식점의 주방에서 그날 무슨 일이 있었을 수도 있고 초기 버전의 앱에서 일시적으로 발생하는 현상일 수도 있다고 생각하게 된다. 하지만 일정 기간에 3개의 부정적인 리뷰가 쌓이게 되면 우리가 방문했을 때 경험할 수 있는 어떤 일이 실제로 음식점에서 일상적으로 일어나고 있거나 혹은 내가 해당 앱을 설치하더라도 같은 일이 일어나게 된다고 생각한다. 3개 이상의 리뷰가 있을 때는 더 이상 읽지 않거나 설사 읽는다고 해도 우리의 수용성에 큰 영향을 주지 않게 된다.

■ **핵심 포인트**_ 순응성은 같은 의견을 가진 사람의 수가 3에 달한 이후에는 큰 영향을 미치지
않는다. 따라서 온라인 리뷰도 3개 이상은 사람들이 잘 읽지 않게 된다.

특정 집단이 남긴 리뷰가 사람들에게 별다른 영향력을 미치지 못하는 이
유도 켈리의 귀인 이론으로 설명이 된다. 리뷰를 남긴 사람이 제품의 품질을
평가하는 것 외의 특정한 목적을 갖고 있는 것이 보일 경우, 사람들은 판단
을 내릴 때 그런 의견들은 고려하지 않게 된다. 개인의 목적을 가지고 어떤
밈에 대해 긍정적인 평가를 하고 있다고 판단되면 그 리뷰의 신뢰성에 의문
을 가지게 되는 것이다. 같은 이유로 자신과 경쟁 관계에 있는 밈을 비난하
기 위해 남겨진 리뷰는 그 밈의 신뢰도에 큰 영향을 주지 않는다.

이런 이유로 밈을 개발한 사람이 남긴 평가는 일반 대중들에게는 가장 영
향력이 적고 설득에 도움이 되지 않는 리뷰가 된다. 밈 개발자로서 당신이
해당 사이트, 앱, 블로그에 남긴 평가는 그 신뢰도가 높지 않게 된다. 밈을 선
전하거나 관심을 유도하여 경제적 이익을 추구하려는 의도를 가진 것으로
판단하기 때문이다. 물론 애플의 최고 경영자 팀 쿡(Tim Cook)이 정말 애플
워치를 좋아할 수도 있겠지만 사람들은 그가 애플 주식을 가졌기 때문에 긍
정적인 평가를 한다고 생각하게 된다. 애플 워치가 실제로는 그가 평가한 만
큼 좋지 않을 수 있다고 보게 되는 것이다. 이는 신뢰도 하락의 한 사례이다.

모든 것이 같다고 했을 때 당신이 밈 개발자로서 남긴 트윗보다는 다른 사람들이 리트윗한 것에 더 영향을 받게 된다. 당신이 남긴 트윗에는 개발자로 성공하고자 하는 개인적 의도가 반영되어 있다고 보기 때문이다. 반면 당신이 남긴 트윗을 다른 사람들이 리트윗할 때는 제품 자체에 대한 순수한 평가를 반영한다고 생각하게 된다. 전 세계에서 가장 큰 요리 사이트인 AllRecipes.com은 2011년 사이트를 방문한 621명을 대상으로 한 설문 조사에서 이러한 사실을 확인했다. 조사 결과 사람들은 원래 트윗보다는 리트윗을 더 신뢰하는 것으로 나타났다. 그리고 리트윗을 광고로 인식하지 않는 것으로 드러났다(그림 21-4). 가장 중요한 것은 사람들이 원래 트윗에 포함된 링크보다는 리트윗에 포함된 링크를 더 많이 클릭한다는 사실이다. 이 링크들은 Allrecipe.com 또는 파트너 광고사로 주의를 가져왔기 때문에, 사용자의 수용성 차이가 그들의 수익에 직접적인 영향을 미쳤다.

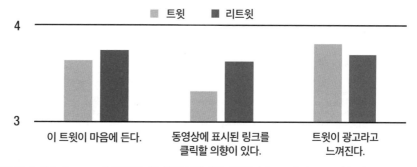

그림 21-4. AllRecipes.com과 관련된 트윗과 리트윗에 대한 사람들의 태도. 5점 기준으로 했을 때 평균 평점

신뢰도 하락 문제는 아마존이나 옐프에서도 큰 골칫덩어리이다. 두 사이트 모두 음식점 주인이나 작가들이 사람들을 고용하여 부정하게 좋은 리뷰를 작성하거나, 경쟁 제품에 대해 부정적인 글을 올리게 하는 사례들 때문에 골머리를 앓고 있다. 수년 동안 불만이 이어져 온 끝에 옐프에서는 의심스러운 리뷰를 삭제하기 시작했다. 하지만 이것으로 문제가 해결되지는 않았다. 급기야 2015년에는 부정 리뷰에 대해 경고문을 올림과 동시에 그 증거로 화면 캡처를 보여 주게 되었다(그림 21-5). 옐프는 "이런 행위가 고객들에게 해가 될 뿐만 아니라 공정하게 경쟁하고 있는 다른 정직한 레스토랑에 피해가 되기 때문에 그 사례를 공개했다."라고 밝혔다. 이러한 리뷰의 신뢰도 하락과 사용자들이 더는 레스토랑이나 책에 대한 리뷰를 믿지 않게 되는 현상은 결국 옐프에도 좋지 않다는 점을 추가로 밝혔어야 한다고 생각한다. 대중들에 의해 작성되는 후기야말로 옐프와 사이트들이 보유하고 있는 가장 중요한 콘텐츠이기 때문이다.

그림 21-5. 2016년경 돈을 주고 부정적으로 리뷰를 작성한 업체에 대한 경고문

　　결론적으로 신뢰성 저하 문제로 인해 소셜 미디어는 더 이상 구매나 사이트 방문을 권유하는 광고를 게재하기에 적당하지 않은 곳이 됐다. 트위터, 인스타그램, 페이스북과 같은 사이트는 실제 존재하는 사람들 간에 유기적인 대화가 이루어지는 사회적 공간으로 여겨지기 때문에 이곳에서는 브랜드나 제품에 대한 논의가 많을 수밖에 없다. 하지만 대부분의 소셜 미디어 마케팅 전문가들은 트위터로 제품 할인 광고를 하는 것보다 사람들에게 진짜 도움이 되는 정보나 고객 서비스 관련 공지를 하는 것이 훨씬 낫다고 충고한다. 2013년 시장 조사 기관인 닐슨이 실시한 글로벌 설문 조사에서 응답자의 84%는 "지인의 추천"을, 68%는 "온라인에 올라온 고객들의 후기"를 그리고 48%만이 "소셜 네트워크에 포스팅된 광고"를 신뢰하는 것으로 나타났다.

■**핵심 포인트**_ 개인적인 목적이 있는 것으로 보이는 추천의 경우 그 신뢰도는 낮아진다. 사람들이 원래 트윗보다 리트윗에 더 설득을 당하는 이유가 바로 여기에 있다.

　　모든 추천이 우리의 결정에 영향을 미치는 것은 아니다. 그리고 모든 추천에 동일한 비중을 두고 판단하는 것도 아니다. 사회적 영향력 이론에 의하면 이 과정에서 관계 친밀도와 심리적 직접성(18장)이 중요한 역할을 한다. 따라서 친구들보다 배우자가 당신의 수용성에 더 많은 영향을 미친다. 그리고 배우자가 밖에서 문자 메시지를 보낼 때보다는 당신의 집안에 있을 때 더 영향을 받게 될 것이다.

이런 점을 잘 이용한 사례가 2010년 다소 도발적인 미국의 남성 화장품 브랜드 올드 스파이스(Old Spice)의 광고이다. 이 광고에서 아주 매력적인 남자 모델이 등장하여 다음과 같이 말한다. "당신 남자에게서도 나와 같은 향이 날 수 있다." 이 광고 문구는 미묘하지만 강력한 뉘앙스를 풍기고 있다. 여자들이 자신의 남자들에게 제품을 추천하도록 권유하는 것이다. 배우자는 갈수록 우리 행동에 강하고 즉각적인 영향력을 미친다. 이 광고로 2010년 말 올드 스파이스 바디 워시 제품의 전년 대비 매출은 125% 증가하였다.

우리에게 어떤 밈이 추천되는 과정에는 세 개의 객체가 관여된다. 나 자신과 추천자 그리고 추천되는 밈이다. 1946년경 심리학자 프리츠 하이더(Fritz Heider)는 이 삼자 관계에 대한 연구를 통해 결론적으로 이들 사이에는 네 가지의 균형 관계가 존재한다는 사실을 도출하였다. 밈의 관점에서 볼 때 하이더의 균형 이론은 다음과 같다.

> 내가 좋아하는 사람(+)에 의해 추천(+)된 밈을 나도 좋아한다(+)
> 내가 싫어하는 사람(-)에 의해 비추천(-)된 밈을 나는 좋아한다(+)
> 내가 싫어하는 사람(-)에 의해 추천(+)된 밈을 나는 싫어한다(-)
> 내가 좋아하는 사람(+)에 의해 비추천(-)된 밈을 나는 싫어한다(-)

여기서 부호는 사람과 사물 사이에 형성된 긍정적이거나 부정적인 감정을 표현한다. 하이더에 의하면 이 세 부호를 곱했을 때 그 결과값이 양수일 경우 사람과 사물 사이에는 균형적인 관계가 형성된다. 이런 관계는 시간이 흘러도 변하지 않고 안정적인 상태를 유지한다. 2016년 미국 대통령 선거의 사례를 살펴보자. 만약 버니 샌더스와 같이 우리가 좋아하는 후보(+)가 대마초를 합법화하는 안을 제안(+)하고 우리도 그 안이 마음에 드는 경우(+) 세 부호의 곱은 (+)가 되므로 균형 잡힌 관계가 형성된다(그림 21-6).

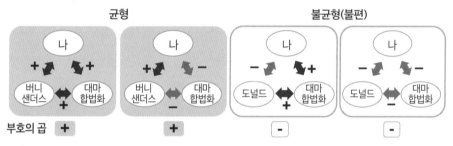

그림 21-6. 하이더 균형 이론의 예시

만약 부호의 곱이 음수가 되어 삼자 간에 균형 관계가 형성되지 않을 때 어떤 일이 일어날까? 예를 들면 갑자기 우리가 싫어하는 도널드 트럼프(−)가 대마초를 합법화하는 안을 제안(+)하고 우리도 그 안이 마음에 드는 경우(+) 세 부호의 곱은 최종적으로 (−)가 된다. 이럴 경우 어떻게 될까? 이런 상태에서는 삼자 간에 매우 불편한 관계가 형성되어 안정적이지 못하게 된다. 즉 균형 잡힌 관계가 형성되지 못하는 것이다. 이럴 때 어떤 일이 일어나게 될까? 하이더의 답은 간단했다. 삼자 중 어떤 것이 변하여 균형 관계로 변하고자 하는 움직임이 나타나게 된다는 것이다. 그가 발견한 중요한 사실은 이 관계 중에서 가장 변화하기 쉬운 것은 바로 밈에 대한 우리의 태도라는 점이다. 따라서 결국 바뀌는 것은, 대마초 합법화에 대한 우리의 생각이다. 사람들은 긍정적인 관계를 최대한 유지하려고 노력한다. 부정적인 관계는 바꿀 필요가 생길 때 천천히 바뀌게 된다. 사람이나 사물에 대해 긍정적이거나 부정적인 의견을 공개적으로 밝힌 상황에는 이런 의견을 뒤집기는 매우 힘들다. 따라서 가장 쉬운 것이 우리 스스로가 가졌던 의견을 바꾸는 것이다. 타인의 영향력에 의해 바뀌는 부분이 바로 이것이다. 다르게 얘기하자면 친구에 대한 호감, 애착, 조화로운 관계를 계속 유지하겠다는 의도를 표현하는 방법으로 밈에 대한 호불호를 바꾸는 결정을 하게 된다는 것이다.

하이더의 균형 이론(balance theory)은 사람들 간의 삼각관계에도 다음과 같이 적용할 수 있다.

내가 좋아하는 사람(+)에 의해 추천(+)된 사람을 나도 좋아한다(+)

내가 싫어하는 사람(-)에 의해 비난(-)받은 사람을 나는 좋아한다(+)

내가 싫어하는 사람(-)에 의해 추천(+)된 사람을 나는 싫어한다(-)

내가 좋아하는 사람(+)에 의해 비난(-)받은 사람을 나는 싫어한다(-)

이와 같은 관계를 보면 기원전 4세기경의 문구가 떠오른다. "내 친구의 친구는 나에게도 친구이고, 내 적의 적도 나에게는 친구이다." 시간을 빨리 돌려 2010년으로 돌아오면, 시대를 앞서간 하이더의 이 이론은 현재 유행하고 있는 다자간 온라인 비디오 게임 환경에 완벽하게 적용 가능함을 알 수 있다.

2004년에 출시된 파르두스라는 게임에서는 사람들이 "가상 현실의 미래 우주를 탐험하며 각자의 목표를 달성하기 위해 다양한 방법으로 사람들과 소통"하며 살 수 있다(그림 21-7). 하이더 연구 결과의 핵심은 이 게임에서 다른 플레이어가 "친구"인지 "적"인지 알아내게 된다는 점이다.

그림 21-7. 대규모 다자간 온라인 브라우저 게임(MMOG) 파르두스

■ **핵심 포인트_** 대규모 다자간 온라인 게임은 삼각관계에 대한 반세기 전의 연구 결과가 옳았음을 증명하였다.

마이클 스젤 연구팀은 이런 온라인 게임이 하이더의 이론을 테스트하는 데 완벽한 환경을 제공함을 발견하였다. 스젤 연구팀은 거의 30만 명에 달하는 파르두스 게임 사용자들의 모든 관계와 소통 방식을 게임이 출시되었을 때부터 분석했다(그림 21-8). 그들이 이로부터 발견한 것은 예측되었던 대로 (+)(+)(+)=(+)와 (+)(-)(-)=(+)처럼 균형 잡힌 삼각관계는 흔했고 (+)(+)(-)=(-)와 (-)(-)(-)=(-)와 같은 불균형 삼각관계에서 일어나는 소통은 드물었다는 점이다. 더 깊이 있는 연구를 통해 연구팀은 사람들이 긍정적인 관계를 부정적으로 바꾸는 경우는 거의 없다는 사실을 발견했다. 관계를 바꾸는 것은 어렵고 우리의 태도를 바꾸는 것은 쉽다는 하이더의 이론이 다시 확인되는 사례가 되겠다. 즉 사람들은 균형 잡히지 않고 불안정한 삼각관계를 통해 소통하는 것을 피하게 되는 것이다.

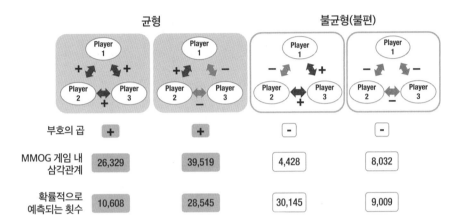

그림 21-8. 대규모 다자간 온라인 브라우저 게임 파르두스(Szell, Lambiotte and Thurner, 2010 변형).

　하이더의 이론은 또 다른 의미를 내포하고 있다. 삼각관계에서는 균형을 만들 수 있지만 사각 관계가 되면 그 균형이 깨진다는 점이다. 링크드인은 자사가 가진 인적 네트워크를 십분 활용하기 위하여 사람들에게 자신이 아는 사람을 다른 사람에게 소개하도록 권장하는 과정에 이런 사실을 발견했다.

　몇 년 동안 링크드인이 파악한 통계에 따르면 나와 직접적으로 연결된 사람은 몇백 명 정도에 불과하지만 그 사람들을 통해 연결 가능한 사람의 수는 수천 명으로 늘어나고 한 번 더 이 과정을 거치면 연결 가능한 사람의 수는 수백만 명으로 늘어나게 된다(그림 21-9). 따라서 링크드인이 보유한 네트워크를 통하게 되면 누군가가 나를 고용할 확률이나 새로운 비즈니스 기회가 생길 가능성은 매우 커지게 된다. 나를 아는 사람들이 가진 인맥을 통해 새로운 사람들을 알 수 있게 된다는 것은 실제로 세상에 엄청난 영향을 미치는 의미 있는 일이다. 이것은 다음과 같은 하이더 이론이 직접 적용된 사례이다. 나는 내가 좋아하는 사람들(+)이 추천(+)한 사람들을 좋아하게 된다(+).

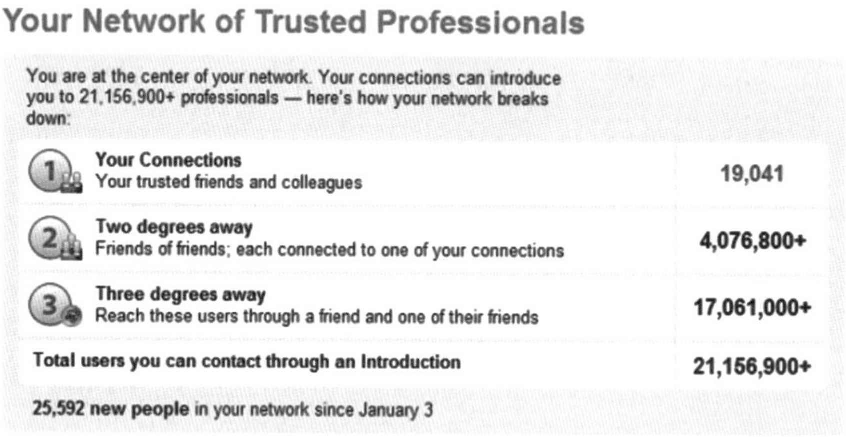

Your Network of Trusted Professionals

You are at the center of your network. Your connections can introduce you to 21,156,900+ professionals — here's how your network breaks down:

1	**Your Connections** Your trusted friends and colleagues	19,041
2	**Two degrees away** Friends of friends; each connected to one of your connections	4,076,800+
3	**Three degrees away** Reach these users through a friend and one of their friends	17,061,000+
	Total users you can contact through an Introduction	21,156,900+

25,592 new people in your network since January 3

그림 21-9. 링크드인에 게재되었던, 지금은 사라진 광고

　하지만 이 이론은 총 3명의 사람에게만 적용된다. 다시 말해 링크드인은 내가 아는 지인이 자신이 알고 있는 사람들에게 나를 소개해 줄 때만 효과가 있다. 다음 단계로 넘어가면 효과가 없다. 하이더가 사용한 용어를 빌려 표현하자면 내가 좋아하는 사람들(+)은 자신들이 개인적으로 모르는 사람들(?)을 나에게 추천할 수는 없다. 설사 자신들이 좋아하는 사람(+)을 그들도 좋아하더라도(+) 가능하지 않다. 2013년 캐롤 로스는 〈포브스〉에 다음과 같이 기고했다. "분명한 사실이 있다. 내 지인이 잘 알지 못하는 사람에게 내 소개를 부

탁하는 것은 권장할 만한 일이 아니다. 지인이 잘 아는 사람들에게만 소개를 부탁하라. 즉 당신과 소개받고자 하는 사람 사이에 함께 잘 아는 누군가가 끼어 있어야 한다."

2014년, 링크드인은 사회적 영향력에 이런 한계가 있음을 인정하고 사이트를 개편하였다. 해당 사이트의 고객 만족 팀은 다음과 같이 말했다. "우리는 최근 3단계 이상의 관계망에 소개를 부탁하는 기능을 사이트에서 제거하였다. 이 기능은 나를 잘 알지 못하는 두 사람이 중간에 참여하게 되는 다중 소개 구조를 만들게 되었고 그 결과는 그리 좋지 않았다. 3단계 이상의 관계망까지 접촉 범위를 넓히길 원할 때는 InMail 기능을 사용하기를 권장한다."

■ **핵심 포인트_** 링크드인을 통해 지인이 당신을 다른 사람에게 소개해 줄 수는 있다. 하지만 당신을 소개받은 사람이 먼저 당신을 아는 단계를 거치지 않는 한 그 사람이 다시 다른 사람에게 당신을 소개할 수는 없다.

이를 통해 얻을 수 있는 교훈이라면 당신이 보유한 소셜 미디어의 팔로워를 이용하여 그들의 친구나 가족들에게까지 추천 범위를 넓히기는 어렵다는 것이다. 물론 당신의 친구는 당신을 좋아하고(+) 따라서 당신의 밈을 좋아하므로(+) 자신들의 친구들에게 당신의 밈을 추천(+)하게 될 것이다. 하지만 이 단계를 넘어서면 그들의 친구들은 당신에 대한 평판만으로 당신의 밈을 받아

들이지 않는다.

이런 식의 연쇄 반응이 계속해서 이어지기 위해서는 이 과정에 누군가 자신의 신뢰도를 걸어야 한다. 그렇다고 너무 걱정하지는 말라. 얼마든지 가능한 일이기 때문이다. 당신이 충분히 조심스럽고 세심하며 부지런하고 솜씨가 좋을 뿐만 아니라 당신이 가진 아이디어가 사용자의 심리를 충분히 고려하고 그들의 인생 목표와 일치할 경우, 우리는 기꺼이 당신 밈을 추천할 것이다. 훌륭한 밈적 적합도와 아이디어를 누군가에게 추천하기 위해 돈을 지불할 필요는 없다. 그런 행위는 추천의 진실성만 훼손할 뿐이다. 우리의 친구들(+)은 우리가 추천(+)한 밈을 좋아할 것이다(+). 이런 추천 과정이 3번 반복되면 그들은 당신의 밈을 받아들일 준비가 되는 것이다. 일단 우리 밈을 받아들인 그들은 다시 다른 사람들에게 당신의 밈을 추천하기 시작할 것이다.

Receptivity

7부

수용성

22장
수용성의 한계

Receptivity Thresholds

지난 장에서 수용성(receptivity)이라는 개념을 소개했다. 당신이 제시한 디지털 혁신 아이디어에 대해 사용자들의 수용성은 낮기도 하고 높기도 하다. 친한 친구가 당신의 밈을 추천한다고 해서 항상 "비용을 지불"하는 단계까지 가는 것은 아니다. 즉 친한 친구의 추천으로 인해 가입하고, 다운로드를 하고, 사용하고, 추천하고, 결제하는 일이 항상 일어나는 것은 아니다. 이런 모든 행위를 사용자가 당신의 밈에 대해 수용적인지 보여 주는 지표로 간주할 수 있다. 이런 행위들이 보이지 않는다면 당신의 밈도 인터넷에 존재하는 수많은 다른 밈과 마찬가지로 사용자의 병목 구간을 뚫지 못한 것이다.

■ **핵심 포인트**_ 심리적 병목 현상에 의해 저지당하고 있는 밈의 반대는 수용적인 사용자를 확보한 밈이다.

지난 장에서 살펴본 바에 의하면 아무리 훌륭한 밈이라 할지라도 누가 추천을 하는지에 따라 우리의 수용성이 달라진다. 즉 이 과정에 사회적 영향력이 개입하게 되는 것이다. 한 사람이 추천하는 것보다는 세 사람이 추천할 경우 우리는 훨씬 더 수용적이다. 추천인이 우리와 가깝고 긍정적인 관계를 유

지하고 있는 경우 이런 면에서는 더 효과적이다. 그리고 추천자가 원거리에 있는 것보다는 내 눈앞에 있거나 근거리에 있을 때 우리의 수용성은 더 높다.

이런 모든 요인이 개인의 수용성 결정에 중요한 역할을 한다. 두뇌 속에 있는 심리적 요인들에 영향을 미치는 것이다. 하지만 네트워크 레벨에서의 수용성은 어떻게 결정되는지에 대해 생각해 봐야 한다. 네트워크상에서 수용성은 다른 요인들과 함께 밈의 바이럴 확산을 결정하게 되는 중요한 인자이다. 이 과정에 네트워크의 크기(사람들의 수), 구조(수직적인 조직인지 일반적인 이웃 관계인지), 연결성(모든 사람끼리 잘 알고 있는지 몇 사람만 알고 있는지), 동질 집단(네트워크 속 일부 사람들이 고립된 상태로 다른 그룹에 속한 사람들을 알지 못하는지) 등의 요인들이 함께 작용한다.

이번 장에서는 성공적인 디지털 관련 사업을 시작하려 할 때 가장 먼저 고려해야 할 사항이 사용자들의 수용성이라는 최근 연구 결과들에 대해 살펴보려 한다. 수십 년간 마케팅 컨설턴트들은 많은 사람과 연결고리가 있는 "인플루언서"를 대상으로 새로운 제품을 론칭하라는 조언을 해 왔다. 그러나 최근 연구들은 바이럴 확산을 촉발하는 데 있어서 소수의 연관성보다 다수 대중의 수용성이 더 중요하다는 점을 시사하고 있다.

지금까지 우리를 이끌어 왔던 심리학은 150년간의 발전 과정에서 주된 연구 대상을 독립적인 유기체로 한정했다. 물론 몇몇 연구들은 가족을 포함한 소규모의 그룹을 대상으로 했던 경우도 있지만, 사회적 네트워크나 소속 집단을 대상으로 한 연구는 많지 않다. 이런 연구 결과들은 당신이 개발한 밈이 한 사람의 두뇌로 들어가서 다음 사람의 두뇌로 어떻게 전달되는지에 대해서 많은 가르침을 줄 수 있다. 그 과정에서 발생하는 인지, 기억, 동기와 같은 드라마틱한 일들은 인류 전체로 시각을 확장할 때 네트워크상 하나의 노드 (node, 교점)에서만 일어나는 일이다. 의심할 필요 없이 인류라는 전체 집단은 그에 속해 있는 한 개인과는 완전히 다른 대상이다.

인류와 같이 각각의 개인들이 모여 복잡한 네트워크를 형성하는 경우에는 어김없이 각 구성 요소와는 전혀 다른 특성을 갖는 또 다른 독립적 실체가 등장하게 된다. 눈송이는 물 분자와는 전혀 다른 성질을 가지고 있다. 악어도 역시 자신을 이루고 있는 진핵 세포와는 전혀 다른 특성을 가지게 된다. 마찬가지로 사람으로 구성된 네트워크는 구성 요소인 각 개인과는 완전히 다른 형태와 특징을 가지게 된다. 따라서 이에 대한 깊이 있는 이해가 필요하다.

어떻게 회사를 운영하여 혼란스러운 사용자 네트워크의 세계를 헤쳐 나갈 것인가? 데이터 과학자를 고용하여 고객들의 소셜 그래프(social graph)를 구성하는 것에서 시작하라. 당신이 밈을 새로 출시할 때 직면하게 될 어려움을 이해하기 위해서는 고객들이 어떤 네트워크를 형성하고 있는지 시각화해 보는 것만으로도 엄청난 도움이 된다.

워싱턴 D.C.의 데이터 과학자들이 2015년 창안한 데이터 시각화 기법은 이런 목적에 사용할 수 있는 매우 강력한 틀이다(그림 22-1). 이 그림을 보면 1983년과 비교할 때 2011년에 미국 하원의 민주당과 공화당 의원들이 상대 당에서 발의한 법안에 얼마나 찬성표를 던졌는지 한눈에 파악할 수 있다. 이것은 완전히 단절된 두 네트워크가 소수의 연결고리를 통해 서로 이어짐을 보여 주는 전형적인 예이다. 이 그림을 보기 전까지는 한 집단이 다른 집단이 제시한 밈을 어떻게 수용하는가는 단순히 개인적 차원의 문제라고 생각했을 것이다. 하지만 이 그림을 통해 개인이 아닌 네트워크 차원의 문제라는 점을 알 수 있다. 이런 현상은 각 입법 의원들의 개인적 가치에 의해 결정되는 문제라기보다는 해당 선거구가 의원들을 뽑는 여러 시스템적 요인들에 의해 결정된다. 이로 인해 양당제의 특성이 희석되는 것은 아니다. 오히려 시간이 갈수록 두 집단은 서로에게서 완전히 단절되는 듯한 모양을 보인다. 이 그림을 이용하면 두 집단 간의 통로를 건너서 상대방에게까지 다가가는 사람들이 몇 명이나 되는지 세어 볼 수도 있다.

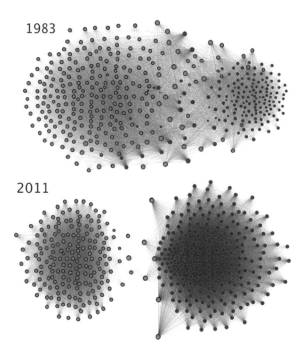

그림 22-1. 1983년과 2011년 미국 하원의 투표 패턴. 파란색 점은 민주당, 빨간색 점은 공화당을 의미한다. 점과 점을 잇는 선은 어디에 투표했는지를 표시하고 있다.

■ **핵심 포인트_** 당신의 밈이 확산해야 할 사용자 네트워크의 특성에 대해 파악하는 것은 매우 중요하다. 수용성은 개인적 차원뿐만 아니라 네트워크 차원에서도 파악되어야 한다.

당신의 밈이 헤쳐 나가야 할 사용자 네트워크를 한눈에 파악하는 것만으로도 중요한 전략적 의사 결정을 할 때 도움이 된다. 하지만 경영자로서 네트워크에 대한 생산적인 사고를 통해 당신이 고용한 데이터 과학자들에게 날카로운 질문을 던질 수 있는 또 다른 방법이 있다. 메타패터닝(metapatterning)이라고 불리는 가설 제기 프로세스를 잘 활용하는 것이다.

메타패터닝은 관심 있는 유사한 시스템에 대한 가설을 세우기 위해 잘 알려진 시스템을 비유로 사용한다. 생물진화론을 창시한 영국의 생물학자 찰스 다윈(Charles Darwin)은 그의 자연 선택 이론을 명확하게 설명하기 위해 비둘기 교배를 비유로 사용했다. 리처드 도킨스는 밈의 적응 방산(adaptive radiation, 생물의 한 분류군이 형태적·기능적으로 다양하게 분화하는 현상)을 설명하기 위해 유전자를 비유로 사용했다. 제프리 레이포트(Jeffrey Rayport)는 바이럴 마케팅 전략을 설명하기 위해 바이러스 비유를 처음 사용한 것으로 알려져 있지만, 그 시점에 바이러스는 이미 컴퓨터 악성 프로그램을 설명하는 데 사용되고 있었다.

미국 하원의 투표 성향과 관련된 그림 22-1의 그래프는 항공사 네트워크, 에볼라 바이러스의 확산, 두뇌의 신경 세포를 표현하는 것에 유용하게 사용될 수 있다. 네트워크는 생명체뿐만 아니라 생명이 없는 시스템에서도 발견된다. 한 시스템에 대해 정확히 이해하게 되면 회사에 수익을 가져다줄 다른 시스템을 이해하는 것에도 많은 도움이 된다. 이것이 메타패터닝이다.

미국의 IT 전문지 〈와이어드(Wired)〉의 편집 위원인 케빈 켈리(Kevin Kelly)

는 메타패터닝이 기술 발전을 위한 핵심 요소라고 믿고 있다.

"우리의 환경을 더 기계적인 것에 가깝게 하면 이것이 제대로 작동하기 위해서는 역설적이게도 더 생물학적으로 되어야 한다. 우리가 인위적으로 만든 세상은 너무도 복잡해서 이것을 제대로 운영하기 위해서는 자연적으로 생겨난 세상을 보고 배워야 한다. 유기체를 기계로 보거나 기계를 유기체로 보는 것은 처음 기계가 탄생했던 것만큼 오래된 비유이다. 이런 비유는 더 이상 시적 표현이 아니다. 그것들은 이미 현실이 되고 있다. 생각보다 훨씬 우리 가까이에 와 있다."

만약 고객들의 네트워크에 대해 어떤 선제적인 행동을 하고 싶다면 이미 잘 알려진 다른 네트워크의 사례를 적용하는 것으로부터 시작하라. 당신이 잘 알고 있는 사례나 제일 관심을 끄는 사례를 골라서 충분히 공부하는 것이 필요하다. 항공사, 전력망, 전염병 혹은 우리가 선호하는 사례인 신경망 시스템에 이르기까지 어떤 것이라도 좋다. 이런 유사한 사례를 생각하면서 당신이 고용한 데이터 과학자에게 질문한다면 훨씬 수준 높은 질문이 될 것이다.

모든 네트워크에는 다음과 같은 요소들이 있다.

노드(Node)는 서로 연결된 것이다. 흔히 꼭짓점(vertex)이라고 부르지만, 노드라는 표현이 훨씬 의미가 명확하다.

링크(Link)는 연결이다(사람들에 대해 이야기할 경우 엣지(edge)보다는 링크를 더 많이 쓰지만, 채널도 즐겨 쓴다).

신호(Signal)는 네트워크를 통해 확산된다(당신의 경우 밈).

이러한 것들은 다음과 같이 강한 것부터 약한 것까지 다르게 존재한다.

허브 노드(Hub node)는 많은 링크와 고도로 연결된다.

브리지 혹은 메이븐 노드(Bridge or maven node)는 고립된 동질 집단을 연결한다.

저 역치 노드(Low threshold node)는 쉽게 밈을 전달한다.

강한 연결(Strong link)은 쉽게 인접 노드의 역치에 도달한다.

강한 신호(Strong signal)는 약한 신호보다 더 멀리 그리고 더 빨리 확산된다.

위에 열거한 네트워크의 특징들과 메타패터닝에 대해 잘 이해하면 2007년에 네트워크 학자인 듄칸 왓츠(Duncan Watts)와 피터 도즈(Peter Dodds)가 전통적 마케팅의 대가인 에드 켈러(Ed Keller)와 조나단 베리(Jonathan

Berry)와 유력자(influentials)라는 주제를 놓고 벌어졌던 논쟁이 가지는 의미를 파악하기 쉬워질까?

고도로 연결된 유력자가 당신의 밈을 추천할 경우, 그렇지 않을 때에 비해 더 많이 확산될 것이라는 아이디어는 켈러와 베리가 주장했던 이론의 핵심이었다. 유력자를 타깃으로 한 마케팅을 할 때 모든 사람을 대상으로 한 마케팅처럼 많은 돈을 지불하지 않고도 소문이 퍼져 나갈 수 있다는 점에서 매우 전략적인 방법이다. 2003년에 켈러와 베리는 다음과 같이 말했다. "입소문에 의한 마케팅은 전국을 대상으로 한 라디오 신호에 비유할 수 있다. 여기서 유력자는 전략적으로 배치된 송신 장치로서 신호를 증폭시키는 역할을 한다. 그 결과 방송을 듣는 사람들의 숫자가 급격히 늘어나는 효과가 나타난다." 켈러와 베리는 유력자를 오피니언 리더(집단 내에서 타인의 사고방식이나 행동에 강한 영향을 주는 사람)로서 박식하고 냉정하며 정치적인 성향을 띤 사람으로 정의했다. 그리고 이런 사람들이 추천할 경우 대중들이 받아들일 확률이 높아진다고 주장하였다.

글로벌 기업인 나이키의 경우 스포츠 스타나 유명인을 홍보 모델로 사용하여 큰 성공을 거두었다. 따라서 어느 정도는 유력자 가설이 사실이라고 보아야 할 것이다. 18장에서도 보았듯이 매력적인 대변인은 설득의 주변 경로를 자극하는 데 효과적인 것으로 알려져 있다. 특히 당신의 가치 제안이 약하거나 티셔츠나 테니스화처럼 제품 간에 특별하게 구분되는 특징이 없는 경우에 더 효과적이다. 이 논쟁을 이끄는 오피니언 리더들은 1955년 카츠(Katz)와 라자스펠트(Lazarsfeld)가 주장한 2단계 흐름(two-step flow) 마케팅 이론에 동의한다. 이 이론에 의하면 TV는 그 자체만으로는 매출을 창출할 수 없다. 대신 광고를 통해 추천을 유도하고, 이 추천을 통해 소비자를 계산대로 유인해야 한다.

유력자의 강점은 입소문을 내는 데 그 어떤 것보다 효과가 있다는 점이다.

왓츠와 도즈가 2007년 실시한 모델링 연구 결과에서 도출된 이 블록버스터 급 결론의 영향은 실로 엄청났다. 유력자의 가장 핵심적인 특징은 엄청나게 많은 사람과 연결된다는 점이다. 누구도 이점을 부인할 수는 없다. 대부분의 유기적 네트워크는 네트워크 학자들의 표현에 의하면 그 규모를 한정할 수 없다. 각 노드들의 연결성은 수백만 명과 연결되는 거대한 허브(애쉬튼 커쳐나 킴 카다시안)로부터 몇 명 안되는 사람과 연결된 노드(아이패드 미니로 당신에게 이메일을 보내는 81세의 이웃 노인)에 이르기까지 다양하다. 따라서 유력자가 허브가 되면 그들의 추천은 다른 사람들보다 더 많은 1차적 관계에 도달할 수 있다. 하지만 왓츠와 도즈가 유력자들이 추천하는 밈을 2차 혹은 3차까지 따라가 본 결과, 일반인에 비해 더 많은 사람에게 퍼지는 것으로 보이지는 않았다. 왓츠와 도즈는 다음과 같이 말했다. "몇몇 파워 유력자로 모든 사람에게 영향을 미치려 할 경우 밈의 다단계 확산은 불가능하다. 그보다는 다른 사람들의 영향을 쉽게 받는 개인들이 또 다른 쉽게 영향을 받는 사람들에게 영향을 미치는 숫자가 중요하다."

네트워크 용어로 표현하자면, 초기 연구 결과 바이럴 확산의 정도를 결정하는 데 고도로 연결된 허브의 숫자보다는 저 역치 노드의 숫자가 더 정확한 예측 인자라는 것이 밝혀졌다. 즉 수용성이 핵심 인자라는 것이다. 켈러와 베리가 집필한 책의 부제에 따르면 "한 명의 미국인이 다른 아홉 명에게 어떻게 투표하고, 어느 음식점을 가고, 무엇을 살 것인지 알려 준다." 왓츠와 도즈는 본질적으로 그러한 사실을 발견했지만, 중요한 것은 그 아홉 명이 한 명의 말을 따른다는 사실이다."

■ **핵심 포인트**_ 최근 연구 결과에 따르면 바이럴 확산을 촉발하려면 몇몇 사람의 연결성보다는 다수의 대중이 얼마나 새로운 제안에 수용적인 태도를 지니느냐 하는 것이 중요하다.

이것을 설명하기 위해 어떤 비유를 사용하는 것이 좋을까? 항공사를 예로 들어 보자. 켈러와 베리는 기본적으로 히드로나 애틀란타 공항과 같은 대형 허브에서 여행을 시작하라고 주장한다. 하지만 왓츠와 도즈는 정시에 연결편이 출발하는 솔트레이크 시티나 로널드 레이건 공항을 통해 여행을 계획하는 것이 좋다고 말한다. 더 합리적인 이야기로 들리지만 왓츠와 도즈는 다음과

같이 훨씬 더 시적으로 메타패터닝을 사용했다.

" 새로운 주장이 기존에 알고 있는 상식으로는 잘 이해되지 않을 수도 있다. 하지만 자연계에는 수많은 비유가 존재한다. 예를 들면 어떤 산불의 경우 평균적인 산불보다 훨씬 크게 일어날 수 있다. 하지만 산불의 크기가 처음 불을 일으킨 불꽃의 크기에 비례한다든지 혹은 가장 먼저 불에 탄 나무의 크기에 비례한다는 주장을 하는 사람은 없을 것이다. 보통 대규모 산불은 바람, 온도, 낮은 습도, 광범위한 지역에 퍼져 있는 가연성 재료와 같은 요인이 복합적으로 작용한 결과이다. 사회적 영향 네트워크의 대규모 확산처럼, 적절하고 광범위한 조건의 조합이 존재할 때는 어떠한 불꽃도 효과가 있지만, 그렇지 않을 때는 어느 불꽃도 충분하지 않다."

수용성이라는 것은 주의, 인지, 기억, 취향, 동기 부여, 사회적 영향이 종합적으로 합쳐진 것이다. 적절한 심리적 조건이 조합될 경우 어떤 밈이라도 가능성을 가진다. 그렇지 않을 경우 어떤 밈도 살아남지 못했다.

유력자들이 실제로 다른 사람에게 영향을 미치고 있는가에 관한 깊이 있는 연구를 통해 트위터, 클라우트, 링크드인과 같은 인터넷 기업들이 VIP 고객들을 위한 서비스를 개선하기 시작했다. 인터넷 기업들이 깨달은 것은 많은 팔로워에게 당신의 의견을 트윗할 수는 있으나 그 트윗이 입소문을 타고 퍼져나가기 위해서는 그 트윗을 리트윗하려는 대중적 의지가 필요하다는 점이었다. 소셜 네트워크에서의 영향도를 측정하는 척도로 고안된 클라우트 스코어의 제작자는 사용자들이 얼마나 많은 사람과 연결되어 있느냐를 헤아리는 것을 중단하였다. 대신 실제로 나의 추천을 받아서 얼마나 많은 사람에게 전달해 주었는지를 중요한 척도로 점수에 반영하는 시스템을 도입하였다. 링크드인도 얼마나 많은 사람과 연결되어 있는지를 기준으로 유력자를 정의하던 종래의 시스템을 중단했다. 대신 500명의 인플루언서(리처드 브랜슨, 빌 게이츠, 아리아나 허핑턴 등)를 신중하게 뽑은 후 그들과 함께 네트워크에 긴 포스트를 작성하는 프로젝트를 함께 진행하였다.

이것은 하나의 큰 발전이었다. 수용할 마음이 없는 사람들에게 밈을 추천하는 사람을 스패머(spammer)라고 할 수 있다. 또 덮어놓고 어떤 밈에 대해 비판을 하는 사람은 트롤(troll)이라고 할 수 있다. 듣는 사람이 없는 상태에서는 누구도 승자나 패자가 될 수 없는 것은 당연하다. 수용적이지 않은 네트워크에 추천된 밈은 퍼지지 않는다.

그렇지만 유력자는 중요하다. 켈러와 베리의 가설은 폐기되지 않고 더 분명해졌다. 그들의 이론은 회사나 군대와 같이 하향식 명령 체계에 의해 움직이는 수직적 네트워크에서는 여전히 잘 적용되고 있다. 이런 수직적 네트워크에서는 관리자와 보고자 간의 연결 강도가 척도 없는 유기적 네트워크보다 훨씬 강하다. 유기적 네트워크에서는 사람들 간의 영향력이 훨씬 약하다.

유기적 네트워크에서는 매일 사람들이 어떤 밈에 자신들의 관심을 투자해야 할지 결정해야 한다. 그리고 이런 과정에서 유일하게 영향을 미치는 것은 심리적/사회적 요인들이다. 시장에서 우리는 수용성의 역치에 도달하지 못하고, 밈이 심리적 병목 구간을 통과하도록 허락하지 않는다. 그것은 우리가 원할 때에만 일어난다.

수직적 회사 네트워크와 소비자 네트워크가 다르다는 사실은 메타패터닝에 있어 중요한 교훈이다. 비유는 적용 가능한 경우에만 도움이 된다. 네트워크 과학은 네트워크 이론으로부터 시작하여 어떻게 시스템 간의 유사성을 측정하고 정량화할 수 있을지에 대해 보여 주기 시작했다. 이런 연구가 무르익으면 한 네트워크에 대한 이해를 바탕으로 다른 네트워크를 파악할 때 도움이 될 수 있을 것이다. 다음 장에서는 제대로 된 조건을 갖추었을 때 당신의 밈이 얼마나 멀리 전파될 수 있을지 고려하는 데 필요한 네트워크 과학 이론의 기원들을 살펴보도록 하겠다.

23장
6단계 추천

Six Degrees of Recommendation

자, 이제 당신이 개발한 디지털 혁신 제품의 디자인이 사용자들의 심리적 병목과 완벽하게 일치되어 사용자들의 수용성이 최대치에 이르렀다고 가정해 보자. 그렇다면 네트워크상에 존재하는 모든 사람에게 밈이 다 전파되기 위해서는 몇 번의 추천이 필요할까?

모든 사람에게 전파된다고 했던가? 그렇다. 네트워크에 존재하는 모든 사람을 의미한다. 지구상에 있는 모든 사람이 되겠다.

2015년 마이크로소프트 오피스는 107개 언어로 12억 명, 구글 검색은 130개 언어로 12억 명, 페이스북은 142개 언어로 16억 명의 사람들에 의해 사용되고 있다. 이 회사들은 다른 회사에 비해 매우 빠른 속도로 확산해 나간 경우이다. 그렇지만 여전히 전체 인구의 1/7~2/7만이 사용하고 있다. 당신의 (완벽한) 밈이 모든 사람에게 도달하는 데는 얼마나 걸릴까? 마이크로소프트의 CEO 사티아 나델라(Satya Nadella)는 지구상의 모든 사람이 마이크로소프트 제품을 통해 더 나은 성과를 거둘 수 있도록 하자는 도전적인 목표를 제시했다. 상식적으로 가능한 시간 내에 이런 목표를 이룰 수 있을까?

　이런 질문에 대답하기 위해서는 최고의 밈적 적합도를 갖춘 밈이 글로벌한 밈 풀을 뚫고 어느 정도의 속도로 확산할 수 있을까에 관한 연구가 선행되어야 한다. 그와 함께 이런 속도를 측정할 수 있는 과학적 발전도 필요하다. 밈이 네트워크 내의 모든 사람에게 닿기 위해서는 얼마나 오랜 시간이 소요될 것인가 하는 질문에 답하려면 과학자들은 인간의 특성과 함께 글로벌 휴먼 네트워크의 구조를 잘 이해해야만 하는 것이다.

■ **핵심 포인트_** 당신의 밈이 지구상에 존재하는 모든 사람에게 도달하려면 몇 단계의 추천 과정을 거쳐야 할까?

　그렇다. 당신의 밈이 모든 사람에게 도달하기 위해 몇 단계의 추천 과정을 거쳐야 할지 생각하라는 것이 마지막 질문이 되겠다. 우리가 누군가에게 이야기하고 그 사람은 또 다른 누군가에게 이야기한다. 이 과정에 관련된 사람의 수는 3명이다. 모든 사람에게 전부 도달하기 위해서는 평생 걸려도 모자랄 만큼 너무 많은 단계의 추천을 거쳐야 하는 것은 아닐까? 아니면 여전히 거대하지만 타당하게 노력할 만큼의 숫자일까? 아니면 여섯 단계일까?

　지구상의 모든 인구에 도달하기 위해서는 완벽한 밈적 적합도를 갖추고 여섯 단계의 추천을 거치면 되는 것일까? 이런 과정은 이론적으로는 다음 커피 타임까지의 시간 동안에도 충분히 일어날 수 있다. 밈을 출시하고 출시를 기념하는 파티가 끝나기도 전에 가능할 수도 있다. 강남 스타일을 능가할 수도 있다. 한국의 유명 가수 싸이는 2013년 부자 동네를 조롱하는 풍자적인 노래를 선보인 후 3년도 안 되는 시간에 유튜브에서 24억 뷰를 달성했다. 그렇다면 한 시간 내에 70억 사용자에게 전파되는 것이 실제로 가능할까? 그것도 6단계의 추천만으로?

이것이 실제로 어느 정도의 신뢰도 내에서 가능한지 측정하려면 새로운 종류의 과학이 필요하다. 지난 장에서 언급되었던 이 새로운 영역의 학문을 네트워크 과학이라고 부른다. 이 학문은 응용 분야만큼이나 다양한 기원이 존재하나 1960년대 말 사회 심리학자인 스탠리 밀그램(Stanley Milgram)이 네트워크의 중요성을 역설한 것이 시초라고 이야기해도 틀린 말은 아니다. 그는 사고 실험을 통해 오늘날 6단계 분리(six degrees of separation)라고 불리는 아이디어에 이르게 되었다. 이것은 수십 년간 문헌에서만 이야기되고 있던 개념으로서 현실적으로 제대로 테스트해 보는 것은 불가능했다. 이러한 역사를 이해함으로써 과연 6단계의 추천을 통해 당신의 밈을 모든 사람에게 전파할 수 있을지, 완전히 새로운 과학이나 인터넷과 같은 대규모 밈을 퍼트리기 위해 어떤 종류의 용기가 필요할지도 알 수 있게 됐다.

6단계 분리. 이 밈에 대해 들어본 적이 있을지도 모르겠다. 혹은 이미 인정된 공리로 받아들이고 있을지도 모르겠다. 이것은 지구상에 존재하는 임의로 고른 두 사람을 6명의 지인 관계(혹은 5번의 연결)를 통해 서로 연결할 수 있다는 주장이다. 이때 어떤 두 사람이란 미국의 영화배우 케빈 베이컨(Kevin Bacon)과 같은 명사들이 아니라 임의의 모든 사람을 의미한다. 지구의 가장 멀리 떨어진 구석에 존재하는 서로 알지 못하는 평범한 두 사람을 골라서 중간에 4명의 친한 지인을 통하면 어떤 아이디어든 그 사람에게 전달할 수 있다는 것이 이 이론의 주장이었다.

하지만 문제는 모든 사람에게 도달할 수 있도록 해 주는 통신망은 존재하지 않는다는 것이다. 인터넷, 전기공급망, 항공망은 물론이고 AIDS, SARS와 같은 최악의 질병 역시도 해낼 수 없는 일이다. 여기서 우리가 이야기하고 있는 네트워크는 사람들의 지인 네트워크이다. 사람들 간의 관계인 것이다. "페기를 아느냐고? 왜 그러는데? 물론 잘 알지. 나에게 처음 스시를 소개해 준 사람이 그녀야."와 같은 네트워크, 즉 소셜 미디어에 의존하지 않는 사회적 네트워크를 이야기하는 것이다.

6단계 주장은 매우 자극적이다. 그 단계가 충격적으로 짧기 때문이다. 6이라는 숫자가 지구에 존재하는 두 사람을 잇는 가장 긴 경로(네트워크 과학 용어로는 지름), 가장 짧은 경로(반경), 평균 경로 길이, 경로 길이의 중간값 중 어떤 것에 해당하든 이 아이디어가 처음 탄생했을 즈음 지구의 인구는 20억이었다. 지금은 인구가 70억으로 늘었으므로 6이라는 것은 얼토당토 않은 숫자처럼 보인다. 이것이 사실이라면 인도네시아 자카르타에 사는 사람이 당신이 발명한 스마트폰 앱을 먼 곳의 친구에게 추천할 경우, 와이오밍주 잭슨, 인도 자발푸르, 세네갈 조알파디우트, 페루 줄리아카, 폴란드 야스트솁비에 즈드루이를 비롯한 지구 곳곳에 있는 사람에게 닿기 위해서는 중간에 4명의 추천만 있으면 된다는 뜻이다.

과연 사실일까? 가능한 것인가?

이 주장의 사실 여부를 검증하는 일은 100년 가까이 절대 닿을 수 없는 지적 마약처럼 남아 있다. 과학자들은 그동안 이 질문을 수식화할 수학적 이론도, 실험적으로 테스트할 어떤 토대도 마련하지 못했다.

처음으로 6단계 질문을 던진 사람은 헝가리의 작가 프리제스 카린시(Frigyes Karinthy)로, 그는 1929년 출간된 〈체인 링크(Chain-Links)〉라는 책의 한 부분에서 그것에 대해 썼다. 카린시는 체스터톤이라는 인물을 통해 소크라테스식 대화법을 빌려 다음과 같이 썼다.

"우리 중 누군가가 그 어느 때보다 지구에 사는 사람들이 더 가까워졌다는 것을 증명하기 위해 다음과 같은 실험을 수행할 것을 제안했다. 먼저 지구상의 15억의 인구 중 아무나,

사는 곳과 상관없이 한 사람을 고른다. 그는 다른 수단은 전혀 사용하지 않고 단지 개인적 친분으로 이루어진 사람들 간의 네트워크를 통해 다섯 번 만에 지정된 사람과 연결할 수 있다고 장담했다. 예를 들면 "이봐, Mr. X.Y. 알지? 그 사람 친구 Mr. Q.Z.한테 연락 좀 해 보라고 해."와 같은 식인 것이다.

카린시는 자신의 친분 네트워크를 통해 노벨 경과 연결될 수 있는지 시험하기도 했다. 그리고 심지어 "포드 자동차 회사에 근무하는 어떤 리벳공"과 4번만에 연결될 수 있다고 믿기까지 했다.

이때로부터 6단계 밈 이야기는 두 갈래로 나뉘어져 각자 다른 길을 갔다. 하나는 수학이고 또 다른 하나는 문학이었다. 양쪽 모두 느리고 명확하지 않은 길이었다. 어떤 사람과 지인 관계를 통해 연결됨을 발견할 때 흔히 "와! 세상 참 좁다."라는 말을 하는 것에 착안하여 수학에서는 이것을 "좁은 세상 문제(the small world problem)"라고 명명하였다. 문학에서는 1990년 미국의 극작가 존 궤어(John Guare)의 연극 제목인 〈6단계 분리〉에서 훨씬 더 예술적인 구절이 다음과 같이 탄생했다.

어딘가에서 읽었는데 지구상에 있는 모든 사람은 서로 간에 6명이 끼어 있을 정도의 거리만큼 떨어져 있다고 해. 6단계 분리. 나와 지구상 모든 사람 간의 거리. 미국 대통령. 베니스의 곤돌라 뱃사공. 사이에 이름만 끼워 넣으면 돼. 내가 느끼는 감정은, a) 우리 사이가 그렇게 가깝다는 사실에서 형언할 수 없는 안도감 b) 그만큼 가깝다는 것이 오히려 중국식 물고문처럼 느껴지기도 해. 나랑 연결되려면 제대로 된 6명을 찾아야 하기 때문이지… 이 지구상에서 나는 6명의 사람을 사슬처럼 매달고 다녀야 한다는 뜻이기도 해. 의미심장한 이야기지.

이 지구상에서는 6명의 사람을 사슬처럼 매달고 다녀야 한다. 참으로 의미심장한 이야기다. 궤어의 연극에 영감을 받아 영화, SixDegrees.com이라는 새로운 온라인 소셜 네트워크 그리고 J.J. 아브람스가 제작한 TV 드라마 등이 만들어졌다. 하지만 궤어는 자신이 아이디어를 어디에서 얻었는지에 대해 엉뚱한 곳을 지목하였다. 그래서 네트워크 이론 분야의 과학자들은 내쳐진 셈이 되었다. 인도적인 관점에서 본다면 마땅히 카린시를 비롯한 그 분야의 연구를 진행한 사람들이 되어야 했다. 하지만 그는 엉뚱하게도 무선통신 분야의 업적으로 1909년 카를 브라운(Karl Braun)과 노벨상을 공동 수상한 굴리엘모 마르코니(Guglielmo Marconi)에게 그 공을 돌렸다. 하지만 마르코니는 노벨상 수락 연설을 비롯하여 어느 곳에서도 이 네트워크 이론에 대해 언급한 적이 없다. 2010년이 되어서야 자신의 아이디어에 영향을 준 사람으로 스탠리 밀그램을 언급함으로써 사실에 조금 가까워지기는 했다.

어떤 의미에서 궤어가 이해되기도 한다. 6단계 분리에 있어서 수학자들의 예측 모델 연구는 놀랍게도 20년 이상을 베일에 가려진 채 진행되었기 때문이다. 그중 파리 대학교의 이딜 드 솔라 풀과 만프레드 코헨(Ithiel de Sola Pool & Manfred Kochen)이 있었는데, 1958년경 이 문제에 대한 해답보다는 추가적인 질문이 주를 이루는 원고를 집필하기 시작했다. 그리고 그들의 작업은 출판되지 않은 채로 서랍 속에 남겨지게 되었다. 그러던 중 드 솔라 풀이 MIT로 옮겨 1961년 마이클 구레비치(Michael Gurevich)에게 이 주제로 학위 논문을 작성해 볼 것을 권유하게 되었다. 1978년이 되어서야 〈소셜 네트워크(Social Networks)〉라는 학술지의 창간호에 〈접촉과 영향력(Contacts and Influence)〉이라는 제목의 논문을 게재함으로써 이 이론은 세상에 선보이게 되었다. 하지만 그때 역시 많은 부분은 여전히 감춰져 있었다.

다음은 그들이 주장한 수학적 이론의 핵심이다. 지구상의 모든 인간이 6단계만 거치면 다 연결된다는 생각의 근거는 매우 쉽게 설명할 수 있다. 만약 개개의 사람들에게 1,000명의 친구가 있다고 가정하면 "3단계 인적 네트워크"만 거쳐도 그 숫자가 수백만 명, 수십억 명, 수십조 명으로 확대된다. 따라서 전체 인류는 아직 여러 단계의 인적 네트워크가 남아 있는 상태에서도 충분히 여유 있게 모든 사람과 연결될 수 있어야 한다.

하지만 드 솔라 풀 연구팀은 사람들이 실제로 얼마나 많은 수의 지인들과 연결되어 있는지에 대해 실제 데이터를 확보하고 있지 못했다. 그 당시 유일하게 사용할 수 있었던 계량 사회학적 연구 결과는 유치원생들을 대상으로 한 것일 만큼 데이터가 미비했다. 그들은 우선 구레비치가 사용했던 200이라는 숫자로부터 계산을 시작했다(시간이 지나면서 이 숫자가 실제와 그렇게 동떨어진 것은 아니라는 것이 밝혀졌다). 그리고 6단계를 거치면 모두 연결된다는 이론은 그대로 유지했다. 하지만 그들은 자신들이 세운 가정에 너무 큰 오차가 있다고 생각했다.

다음 단계에서 그들은 자신들이 수립한 모델에 사회 계급이나 집단이 어떤 영향을 줄지 전혀 파악하지 못하고 있다는 것을 깨달았다. 이 연구에서 계급의 영향을 무시하기는 매우 힘들다. 궤어의 연극에 등장하는 오위사를 포함한 많은 사람에게 6단계 이론은 충격적이었다. 6이라는 숫자가 생각보다 너무 적었기 때문이다. 6단계 이론은 그때까지 실시된 계급 차별 정책에도 불구하고 최하층 계급들이 맺고 있는 사회관계의 숫자가 최상층 계급들에 비해 그렇게 적지 않다는 것을 의미한다. 빈곤층과 부유층 간의 연결고리가 완전히 끊어져 있지는 않았지만, 계층과 계층 사이를 연결하려면 그 고리가 적어도 빈곤층끼리 혹은 부유층끼리의 연결고리보다는 길 것으로 여겨졌다. 어쨌든 드 솔라 풀의 모델은 이런 요인들을 고려해야 했다. 뿐만 아니라 인종, 민족, 이웃, 직장, 학교 등 경기장 내에 섞여 있는 스포츠팀의 팬 같은 다양한 집단들의 영향도 함께 고려해야 했다. 이제 왜 드 솔라 풀이 다음과 같이 쓴 이유를 알 것이다. "6단계 이론과 관련해서 완전히 만족스러운 모델을 내놓기 어려운 가장 큰 이유는 인구의 구조성(structuredness)을 어떻게 다루어야 할지 모르는 데 있다."

  그들은 인구 구조성의 영향을 최대한 참고할 수 있도록 자신들의 모델을 수정하였다. 하지만 이 과정에서 계급이나 집단의 숫자, 크기, 특성에 대해서 정확하지 않은 가정이 들어갈 수밖에 없었다. 그중에서도 가장 부정확한 가정은 모든 사회적 집단들을 똑같이 취급한 것이었다. 이 문제에 대한 고민은 그 후로도 오랫동안 이어졌다.

  이 문제는 우연한 기회에 해결되었다. 1950년대 말 심리학자 스탠리 밀그램은 파리의 드 솔라 풀과 코헨을 방문했다. 그 만남에서 밀그램은 6단계 이론을 실험해 보기 위한 하나의 방법으로 편지 발송을 제안했다.

  1960년대 천재적 실험 과학자였던 밀그램은 또 다른 홀로코스트가 발생하는 것을 막으려는 의도에서 출발하여 대담한 방법론으로 모든 사회 심리학 방면에 영향을 미쳤다. 그는 그 시점에 "분실 편지 기법(lost letter technique)"이라는 주제의 연구를 진행하고 있었다. 사람들이 가진 선입견을 사용한 이 연구 기법으로 우체국이 거의 사라질 뻔하기도 했다. 이 이야기에 대해서는 다음에 기회가 있으면 다루겠다. 밀그램은 6단계 이론을 시험하기 위해 과감하게 실제로 편지를 보내는 방법을 사용하였다. 그는 "6단계 분리"라는 용어를 사용한 적은 없다. 대신 오늘날까지 수학자나 네트워크 과학자들이 사용하고 있는 "좁은 세상 문제"라는 용어를 선호했다. 밀그램의 아이디어는 우체국을 통해 편지를 보내는 대신 디지털화되지 않은 사회적 네트워크를 통해 편지를 전달하는 것이었다.

1969년 제프리 트래버스(Jeffrey Travers)와 밀그램은 296통의 편지를 작성했다. 그들은 실험 목적을 상세하게 봉투에 적었다. 그들의 목적은 무작위로 고른 특정인에게 편지가 실제로 도착하는지 그리고 그 과정에 몇 단계의 사회적 네트워크를 거치는지를 보기 위한 것이었다. 이 편지를 받은 사람들에게는 "목표로 정해진 특정인을 만난 적이 있고 서로 이름을 부를 정도로 친한 경우에만 해당인에게 직접 편지를 보내세요."라는 지침이 전달되었다. 그렇지 않을 때 그 특정인과 가까울 것으로 생각되는 "친구, 친척, 지인"에게 편지를 보내면 된다. "편지를 받을 사람들은 당신이 개인적으로 직접 알고 있는 사람이어야 한다."라는 원칙만 지키면 되는 것이었다.

편지가 전달되어야 할 타깃은 매사추세츠주 샤론에 거주하고 있는 주식 중개인이었다. 그의 이름, 주소, 직장, 출신 대학, 복무했던 군 경력, 배우자의 결혼 전 성, 고향 등이 편지 속에 공개되어 있었다. 네트워크 과학의 측면에서 보자면 이런 정보들을 제공하는 것은 특정인을 하나의 노드로 보는 것이 아니라 사회적 네트워크에 속한 또 하나의 작은 네트워크로 간주하는 것이다.

트래버스와 밀그램은 타깃이 된 사람과 같은 직업을 가진 100명의 네브래스카주에 거주하는 주식 중개인과 신문을 통해 모집한 96명의 네브래스카 주민, 역시 신문을 통해 모집한 100명의 보스턴 주민에게 편지를 보냈다. 여기서 여러분들은 밀그램의 의도를 알아차릴 수 있을 것이다. 그의 실험 목적은 계급과 지역적 특성이 어떻게 네트워크의 길이에 영향을 주는지 테스트해 보려는 것이었다. 하지만 그와 트래버스는 실험에 참여하는 사람들의 수용성이 어떤 영향을 미칠지에 대한 우려를 처음부터 가지고 있었다. 발송된 편지 중 많은 수가 무관심으로 인해 어떤 과학적 결과를 도출하는 데 사용되지 못하고 사라져 버릴 운명에 처해 있었다. 서랍 속에 방치되거나 쓰레기통을 거쳐 매립장으로 가게 될 수도 있었다. 수신자의 심리적 병목을 통과하지 못하고 잊혀지게 되는 것이다. 이를 방지하기 위해 편지를 받는 모든 이들에게 동봉된 엽서를 밀그램의 연구실로 반송하도록 부탁했다. 하지만 여전히 연결이 중간에 끊어질 때 이를 어떻게 해석해야 할지 불분명하다는 문제는 남아 있었다. 그것이 특정인에게 연결되는 네트워크가 없음을 뜻하는 것일까? 밈이 전달되기에는 네트워크가 약하기 때문일까? 실제로는 특정인에게 연결될 수 있는 네트워크가 있었음에도 그에 해당하는 사람들이 그 사실을 몰랐기 때문일까?

이 과감한 첫 번째 연구는 불완전한 실험 결과와 밀그램의 좌절에도 불구하고 그럭저럭 연구 결과가 발표되는 데까지는 성공했다. 79통의 편지는 시작도 하지 못했고 232통의 편지는 목표로 하는 사람에게 결국 전달되지 못하고 끝났다. 하지만 목표에 도달하는 데 성공한 편지들의 경우 "평균적으로 5.2 단계"가 걸렸다고 밀그램은 말했다.

5.2 단계. 놀라울 정도로 짧다. 무엇보다 6단계보다 낮았다. 목표하는 지점에 도달한 편지 중 가장 단계가 길었던 것은 11단계였다. 이것조차도 생각했던 것보다는 매우 짧은 것이었다. 그리고 도달하지 못하고 중간에 끊어진 편지의 경우도 너무 긴 연결 단계를 거쳤거나 끊임없는 무한 루프를 돌고 있어서 그런 것이 아니라 편지 실험에 관심이 없어서 사라진 것으로 보였다. 끊어진 편지들의 평균 연결 단계는 2.6단계였고 가장 길었던 것은 14단계였다. 이 실험에서 나타난 결과에 의하면, 세상이 좁지 않다고 결론 내릴 수 있는 데이터는 없었다. 적어도 미국 인구를 대상으로 그런 이야기를 하기는 어렵다는 것이 증명되었다. 카린시가 틀린 것은 아니었다. 하지만 밀그램의 실험은 카린시가 옳았다는 것을 증명하기에도 충분하지 않았다. 다음 후속 연구가 바로 이어졌을까? 아니다. 그 후 30년간 누구도 새로운 수학적 모델을 발표하거나 유사한 실험을 반복하지 않았다.

하지만 그로부터 30년이 지날 때쯤 우리는 한 통의 이메일을 받았다. 1998년 뉴욕주 코넬 대학교에 근무하던 던컨 왓츠와 스티브 스트로가츠(Duncan Watts and Steven Strogatz, 그림 23-1)가 6단계 이론에 대한 수학적 모델과 이를 온라인에서 테스트할 수 있는 방법을 찾았다고 알려온 것이었다. 이 두 학자가 갖고 있던 완전히 다른 출신 배경은 사람들 간의 네트워크와관련된 이 이야기에 완벽하게 부합하는 사례로 볼 수 있겠다. 스트로가츠는 코네티컷 출신으로 부드러운 성품을 지닌 뛰어난 수학과 학생이었다. 그는 자라는 동안 여학생보다 미적분학 선생님과 더 많은 시간을 보내며 성장기를 거쳤음을 인정했다. 왓츠를 만났을 때 스트로가츠는 코넬 대학교의 종신직 교수로 재직 중이었다. 알고리즘 모델을 구축하고 있던 왓츠는 전직 호주 해군 사관 후보생으로서, 명사수였고, 암벽 등반, 익스트림 스키를 즐기는 사람이었다. 왓츠는 후에 야후와 마이크로소프트에서 일하기도 했다. 스트로가츠는 이렇게 다른 두 사람이 서로 만나게 되었다는 사실만으로도 글로벌 네트워크가 가져다준 우연성에 감탄을 표하기도 했다.

그림 23-1. 네트워크 과학의 기초를 확립한 스티븐 스트로가츠(좌)와 던컨 왓츠(우)

두 사람은 사람들 사이의 관계에서 구조성(지인 관계는 물리적 및 사회 계층적 근접성이 높은 사람들 간에 형성될 가능성이 많다)뿐만 아니라 복잡한 세상사를 살면서 전혀 연관성이 없는 사람들 간에 맺어지는 관계도 동시에 고려할 수 있는 훌륭한 방법을 공동으로 고안해 냈다. 그들이 제안한 모델은 가능한 가장 구조적인 네트워크로부터 시작했다. 사람들이 아주 가까운 몇몇 이웃들과만 소통하고 있는 극단적으로 폐쇄된 지역이 그 예이다. 이런 격자형 네트워크(lattice network)는 그림으로 표시했을 때 명확히 이해하기 쉽다(그림 23-2). 하지만 이 시스템에서 어떤 밈을 한 점으로부터 다른 점으로 전달하려고 할 때 어떤 일이 일어날지 생각해 보라. 두 점 사이의 모든 노드와 연결을 지나는 길고 힘든 전달 경로를 통해야만 한다. 이럴 때 세상은 더는 좁지 않은 곳이 된다. 오히려 그 반대가 되는 것이다. 국지적인 연결만 가능할 경우 세상의 다른 부분과는 훨씬 더 멀어진다.

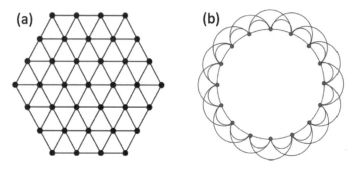

그림 23-2. 각 노드가 주변에 존재하는 이웃들과만 연결된 격자형 네트워크. (a) 가장 먼 노드와 연결되기 위해서는 6번의 연결이 필요 (b) 4번의 연결이 필요

왓츠와 스트로가츠는 다음 단계로 지역적으로만 연결된 네트워크에 몇몇 장거리 연결이 무작위로 가능한 경우를 포함해서 어떤 일이 일어나는지 살펴 보았다. 일상생활에서 대학 기숙사, 업무 출장, 콘서트장, 축구 경기, 스키장 리프트와 같은 곳에서 우연히 사람들을 만나게 되는 경우를 수학적 모델에 포함해 프로그래밍해 본 셈이다(그림 23-3).

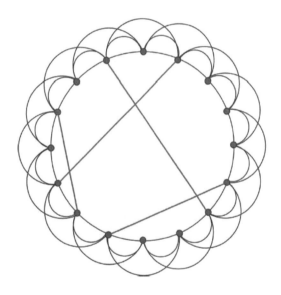

그림 23-3. 노드 간에 몇몇 "좁은 세상" 연결이 추가된 격자형 네트워크. 가장 먼 노드까지 도달을 위해 필요한 연결이 3번으로 줄었다.

사실상 전 세계가 연결되어 있고 폐쇄적인 집단은 예외적으로 존재한다고 가정했던 드 솔라 풀과 코헨과는 정반대의 접근 방법을 택한 셈이다. 왓츠와 스트로가츠는 기본적으로 세상은 폐쇄적인 집단으로 이루어져 있고 글로벌하게 이루어지는 관계는 예외적이라고 가정했다.

그들은 이런 아이디어를 마크 그라노베터(Mark Granovetter)로부터 얻었다. 그는 1973년 "약한 유대관계의 힘(the strength of weak ties)"이라는 용어를 만든 사람이다. 그라노베터는 어떤 아이디어가 "약한 유대 관계를 통해 전달될 때 훨씬 먼 사회 네트워크(연결 경로의 길이)까지 도달할 수 있다."라고 주장했다. 강한 유대 관계를 맺고 있는 폐쇄적 집단들의 경우 같은 생각만 끝없이 공유하게 된다(심지어 농담까지). 어떤 밈이 먼 거리까지 확산하려면 약하면서도 멀리 떨어진 더 큰 네트워크로 건너가는 다리 역할을 할 수 있는 순간적으로만 존재하는 연결이 필요하다. 무작위로 발생하는 관계가 충분해야 실제 생활과 유사해 보이는 네트워크를 만들 수 있는 것이다. 이런 네트워크가 바로 지난 장에서 다루었던 척도 없는 네트워크(scale-free network)이다. 이런 네트워크 속에서는 개인들 사이에 무한히 많은 연결점이 존재하게 된다(그림 23-4). 이 네트워크상의 일부 사람들은 국지적으로 몇몇 사람들과만 연결된 반면, 어떤 사람들은 가까운 곳뿐만 아니라 먼 곳까지 수백 명의 사람들과 연결되어 허브 역할을 하는 경우도 있었다.

그림 23-4. 규모에 한계가 없는 네트워크

　왓츠와 스트로가츠는 격자형 네트워크에 임의의 약한 연결 고리를 도입하자마자 극적인 변화가 발생하는 것을 발견했다. 이전에 두 노드를 연결했던 긴 연결 경로는 이러한 대인관계의 지름길로 인해 크게 짧아졌다. 이러한 현상은 수십억의 노드를 가진 인류 네트워크에서도 동일하게 일어난다. 이런 지름길 다리를 몇 개만 만들어 주면 6단계 이론도 수학적으로 얼마든지 성립 가능함을 확인할 수 있었다.

이런 무작위적인 연결고리가 세상을 좀 더 좁게 만든다. 만약 입소문을 이용하여 마케팅하고 싶으면 당신이 출시하고자 하는 밈을 어떻게 하면 먼 곳의 중요 지점으로 보낼지에 대해 고민해야 한다는 뜻이다. 비행기에서 옆 좌석에 앉은 사람에게 당신의 밈에 대해 말하라. 멀리 떨어진 국가에서 열린 컨퍼런스나 다소 관련성이 없는 다른 분야에서 발표하라. 전 지구상 곳곳에 분산된 형태의 헤드쿼터(본부)를 운영하라. 그 결과는 엄청날 것이다. 예를 들면 브라질은 마이크로소프트의 핫메일과 구글의 소셜 네트워크 오르컷(Orkut)에 있어서 가장 큰 허브 역할을 하는 것으로 드러났다. 이러한 결과는 예견된 것일까 단순한 우연일까?

■핵심 포인트_ 당신의 밈을 사회적 네트워크상 멀리 떨어진 임의의 누군가에게 추천함으로써 바이럴 확산 가능성을 크게 증가시킬 수 있다.

6단계 신화는 왓츠가 동료 피터 도즈와 로비 무하마드와 함께 이메일을 통한 테스트를 진행함으로써 바야흐로 글로벌 디지털 시대로 돌입했다고 할 수 있다. 이 실험의 참가자들은 웹 사이트를 방문하여 글로벌하게 무작위로 뽑힌 13개국의 18명을 대상으로 테스트를 진행했다. 눈에 띄는 대상자로는 "아이비리그 대학교의 교수, 에스토니아의 고문서 검사원, 인도의 기술 컨설턴트, 호주의 경찰관, 노르웨이 군대의 수의사" 등이 있었다. 참가자들은 이메일을 이용하여 대상자와 가까울 것으로 생각되는 누군가에게 이메일을 보내도

록 지시받았다.

　국제적으로 진행된 실험이었지만 목표했던 대상에 도달한 경우 평균 연결 단계는 4.05였다. 그리고 목표 도달에 실패한 경우의 평균 연결 단계는 7이었다. 카린시와 궤어가 옳았다고 이야기할 수 있을 만큼에 근접하는 숫자이다. 우리는 실제로 지구상에 사는 6명의 사람과 사슬로 묶여 있는 것이다.

　이 실험을 기점으로 다양한 소셜 미디어 네트워크를 대상으로 한 분석이 이루어졌다. 2007년 윈도우 메신저 네트워크(이후 마이크로소프트가 스카이프로 브랜드를 바꿈)에 대한 분석을 진행하면서 쥬어 레스코벡(Jure Leskovec)과 에릭 호로비츠(Eric Horvitz)는 "메신저 네트워크상의 임의의 두 노드를 연결하는 데는 평균 6.6번의 단계가 필요하다."라는 것을 발견했다.

　2011년에는 페이스북 데이터 과학자가 7억 2천1백만 명에 달하는 사용자를 대상으로 한 분석에서 다음과 같이 말했다. "수년 동안 페이스북의 성장으로 전 지구상의 인구 중 많은 사람이 사용하게 됨에 따라 꾸준히 그들 간의 연결이 늘어나고 있다. 그에 따라 2008년 임의의 두 사람 간의 평균 연결 단계는 5.28이었고 현재는 4.74로 줄었다."
　이제 지구상에 있는 모든 사람을 연결함에 있어 6단계 이상이 필요할 가능성은 별로 없다고 확실하게 말할 수 있게 되었다. 전 세계적으로 가장 저명한

수학자들과 가장 큰 디지털 소셜 네트워크들이 같은 결론에 이르렀다. 지구
상의 모든 사람을 연결하는 데는 생각보다 많은 단계가 필요하지 않다는 것
이다.

■ **핵심 포인트_** 당신의 밈은 온라인이든 오프라인이든 6단계 이하의 추천을 거치면 지구상
의 누구에게라도 전달될 수 있다.

의욕적인 개발자에게 잠들기 전에 듣는 동화 같은 가장 행복한 이야기를
들려주겠다. 당신이 개발한 디지털 밈은 6단계 만에 온라인에 접속한 모든 인
구에게 100% 전달될 수 있다. 수학적으로는 물론 사회학적으로도 확인된 사
실이다. 그리고 이것이 일어나는 데 걸리는 시간은 한 시간도 채 되지 않는다.

그렇다면 이런 질문이 가능할 것이다. 기술 발전 역사를 통틀어 가장 빨리
확산된 밈의 경우에는 왜 70억 중 20억에게 전파되는 데 1년에서 2년의 시간
이 소요되었을까? 밈을 추천하는 행위와 추천된 밈을 받아들이는 행위에 있
어서 심리적 수용성이 큰 영향을 미치기 때문이다. 밈은 항상 있었다. 하지만
이미 살펴봤듯이 심리적 병목에 의해 대부분 걸러진다. 우리가 살펴본 페이
스북과 윈도우 메신저를 통한 연구 결과는 밈이 추천될 가능성이 있는 관심
채널 네트워크만을 대상으로 한 것이었다. 하지만 이를 통해 실제로 밈이 추
천된 경우의 연구는 아니었다.

페이스북이 세계를 6단계 분리에서 5단계 혹은 4단계로 줄였다는 사실을 받아들이기 전에 실제 밈을 퍼뜨리기 위해 서로 영향을 준 사람들의 네트워크 연구 결과들을 좀 더 살펴보도록 하자. 밀그램은 분명히 밝혔다. 그의 실험에서 연구에 참여한 사람들은 실제로 다음 사람에게 편지를 전달한 사람들이었다. 그리고 지인 연결망은, 아무리 이상해 보여도 우편으로 편지를 받고, 읽은 다음, 같은 행위를 할 누군가에게 보내는 사람으로 이루어져 있다. 밀그램의 연구에서는 참여한 네트워크의 22%만이 그런 역할을 맡았다. 밀그램은 이 숫자를 근거로 그의 실험이 실패라고 결론 내렸다. 하지만 왓츠의 이메일 연구에서는 2%의 네트워크만이 최종 목표까지 연결되었다. 페이스북 사용자 네트워크에서는 얼마나 많은 추천 연결이 최종 목표까지 도달했을까?

우리는 앞으로 6단계 분리를 확인하는 연구보다는 6단계 추천의 연구를 더 보게 되길 바란다. 사람들이 서로 영향을 미치는 기준을 떨어뜨리는 것은 비유하자면, 영화배우 케빈 베이컨과 같은 영화에 나오는 배우들이 "케빈 베이컨의 6단계" 게임(할리우드 배우들이 케빈 베이컨에 연결되는 가장 빠른 경로를 찾는 것)에 나오는 기준을 떨어뜨리는 것과 마찬가지이다. 할리우드에 있는 그의 집을 지나치는 것은 중요하지 않다. 그것은 관광객이라면 누구나 할 수 있기 때문이다. 네트워크 분야의 용어로 표현하자면 모델은 단순히 연결이 있다는 것만 알려주는 데 그쳐서는 안 된다. 연결의 강도, 노드의 수용성 역치, 궁극적으로는 신호가 지나간 네트워크가 어디인지까지 설명할 수 있어야

한다. 결론적으로, 지인을 정의하는 기준을 완화하는 것은 오히려 세상을 좀
더 연결된 곳으로 만들었다. 실제로 사람들 간의 연결은 그와 같이 느슨하다.
밀그램과 왓츠의 연구가 지금까지 우리가 발견한 최선의 결과라면 좀 더 발
전하도록 노력하자.

지구상에 존재하는 모든 사람과 연결될 수 있는 가능성은 존재하고 있다.
이것을 충분히 활용하느냐 마느냐는 여러분에게 달려 있다. 트렌드가 되는
밈이 되는 데까지 걸리는 시간은 무어의 법칙(Moore's law, 마이크로칩의 성능
이 매 2년마다 두 배로 증가한다는 경험적 예측)에 따라 감소한다. 저스틴 비버의
"Sorry"는 싸이의 "강남스타일"보다 훨씬 적은 시간에 20억 뷰를 달성했다.
포켓몬 고는 2016년에 큰 성공을 거뒀다. 하지만 언젠가는 그 모든 것들도
아주 오래된 일이 될 것이다. 앞으로 두 개의 상을 제정해야 할지도 모르겠다.
하나는 도킨스 어워드로서 가장 빨리 그리고 가장 멀리 퍼지는 밈에게 주어
지는 상이다. 그리고 매슬로 어워드는 가장 크게 유행했던 밈 중에 사람들이
정말 필요로 하는 밈에게 주어지는 상이 될 것이다(13장).

그곳에 도달하기 위해서는 열심히 당신의 혁신적 아이디어를 사용자들의
심리와 잘 일치시키고, 밈적 적합도를 키우고 사용자의 수용성을 향상해야
한다. 그러려면 아마도 밈 엔지니어를 고용해야 할 것이다. 전 지구상의 사람
들과 연결될 수 있다는 좁은 세상 이야기는 실제로는 이론적으로나 가능한

일이고 현실적으로는 여전히 쉽지 않다. 네트워크 과학이 무대를 마련했지만, 이 연극이 어떻게 끝나는지 알려면 심리학의 도움이 여전히 필요하다.

에필로그

당신이 개발한 밈이 입소문을 타고 전 세계로 퍼져 나가기를 원한다면 가장 중요한 요인 중 하나는 당신이 심혈을 기울여 만든 작품에 대한 사용자들의 수용성이라는 점을 이제는 이해하게 되었을 것이다. 이 점을 분명하게 인식하고 있다면 이 책에서 독자들에게 전달하고자 하는 핵심이 무엇인지 파악할 수 있을 것이다. 어떤 점이 사용자의 수용성을 높이는가? 그 질문에 대한 답은, 밈이 사용자의 주의, 인지, 기억, 취향, 동기 부여, 사회적 영향력과 관련된 심리적 병목 현상에 얼마나 잘 부합되게 개발되었는가 하는 것이다. 밈이라는 단어를 최초로 만들어 낸 사회 생물학자 리처드 도킨스(프롤로그를 보라)가 얘기했듯이, "밈 풀에 속한 밈의 생존 가치는 엄청난 심리적 매력에서 비롯된다."

이 책은 확산될 가치가 있는 많은 좋은 밈이 실패하고 있다는 생각에서 시작되었다. 네트워크 용어로 표현하자면 당신이 보내는 신호는 충분히 강하지만 사용자들이 가지고 있는 수용성 문턱을 넘는 데 실패하는 것이다. 그 이유는 지금까지 살펴봤던 여러 병목을 통과하지 못했기 때문이다. 당신이 굳이 시간을 들여 이 책을 읽는 이유는 훌륭한 밈을 제작하는 방법을 배우기 위해 서가 아니다. 이미 상당한 수준에 오른 당신의 밈을 어떻게 사용자들이 수용 적으로 받아들이게 할 수 있을 것인가를 이해하기 위해서일 것이다.

밈 엔지니어링은 사용자들의 심리적 병목을 통과하여 살아남을 확률을 높 이기 위해 밈을 개선하는 전문적인 분야다. 그리고 이 책에서 소개된 여러 아 이디어를 실제로 실행에 옮기는 것이다. 이론을 바탕으로 사용성을 개선하고 제품을 디자인하는 일은 시간이 꽤 걸리는 일이지만 실제로 현실적인 변화를 만드는 데 있어 중요한 일이기도 하다.

어떻게 하면 밈 엔지니어가 될 수 있을까? 만약 당신이 사용자, 사용성, 디 자인, 시장 조사 분야에서의 애널리스트로 일하고 있다면 먼저 밈적 적합도 분석 보고서를 작성하는 일부터 시작해 보라. 아마도 이미지와 텍스트가 비 슷한 분량으로 들어가 있는 4장 정도의 보고서가 될 것이다.

1. 밈의 현재 상태 - 인터페이스, 마켓 포지셔닝 또는 광고 메시지
2. 심리적 병목 구간 - 사용자의 밈 수용성에 영향을 미치는 관련 심리 과정에 대한 이 미지와 인용이 포함된 간략한 요약. 이 책의 많은 구절을 복사해서 프리젠테이션에 붙여 넣을 수 있음
3. 변경 권장 사항 - 밈을 변화시켜 밈적 적합도를 높일 수 있는 방법

4. 예측된 비즈니스 결과와 그것을 테스트하는 방법 - 당신이 예측한 적합도의 증가를
측정하는 방법으로, 이상적으로는 행동의 실험적 분석을 포함

이런 종류의 보고서를 성공적으로 발표하고 그것을 바탕으로 실행에 옮긴
다면 이미 당신은 밈 엔지니어가 된 것이다. 그 후로는 당당하게 이력서나 링
크드인 프로필에 이런 내용을 올려도 된다. 그 단계에서 멈추지 말고 또 다른
밈을 대상으로 계속 진행하라.

이런 분야에서 아직 일자리를 찾지 못했지만 계속해서 구직을 희망한다
면? 간단하다. 당신이 일하고 싶은 회사에서 출시한 밈을 하나 골라서 앞에
서 이야기한 4장짜리 분석 보고서를 만들어라. 그리고 이것을 슬라이드쉐어
(SlideShare)에 업로드하고 링크드인의 Bottlenecks 그룹이나 다른 커뮤니
티 사이트에도 이 보고서의 링크를 올려라. 그러면 이미 밈 엔지니어로 일하
고 있는 사람들이 당신의 분석 보고서를 검토한 후 다른 곳에 제출해도 된다
고 승인해 줄 것이다. 이런 과정을 거치면 어느새 당신은 밈 엔지니어로서 인
터뷰하는 자신을 발견하게 될 것이다.

어떤 심리적 과정에 가장 흥미를 느끼느냐에 따라서 기술 세계에서 당신의
활용 분야가 결정될 것이다. 당신의 경력을 적합한 기술 분야로 인도하기 위
해 표 1에 표시된 리스트들은 각 심리적 과정에 어떤 활동이 관련되는지 보

여 준다.

심리적 과정	관련 기술
중심와 시선	커넥티드 차량, 차량 온보드 시스템
과업 지향성	웹 사이트, 통합 관리 앱
주의 집중	온라인 광고, 푸시 알림
게슈탈트 인지	웹 사이트, 인포그래픽, 데이터 시각화
운동 인지	게임 애니메이션, 동영상, 가상 현실
작업 기억	커넥티드 차량, 다채널 광고
신호 탐지 이론	이메일, 소셜 미디어 피드
장기 기억	인증 시스템, 비밀번호 관리
부호화와 인출	크라우드소스 캠페인, 브랜드 광고, 스트리밍 미디어
성격 매칭	온라인 광고, 게임 역학
발달 단계	광고 캠페인, 제품 마케팅과 포지셔닝, 스트리밍 미디어, 장편 영화
욕구	음식 관련 출판, 세분화
재미	게임 디자인
강화 계획	소셜 미디어, 가벼운 게임, 콘텐츠 발행
몰입 상승	전환 최적화, 등록, 프리미엄 모델, 이커머스
접근과 회피	이커머스, 계산
설득의 경로	동영상 광고
사회적 자산	앱 플랫폼과 평가, 리뷰 사이트, 입소문 마케팅
집단 극단화	코멘트 시스템, 뉴스 퍼블리싱, 리뷰 사이트, 알고리즘 정확도
수용성	소셜 네트워크, 소셜 미디어
균형 이론	소셜 네트워크, 다자간 게임
요인 평가 절하	소셜 미디어

표 1. 각 심리적 과정별로 가장 관련되는 기술 분야와 비즈니스 영역

결론적으로, 당신의 밈이 심리학과 디지털 이노베이션의 네트워크 확산에 관한 학문적 연구를 바탕으로 한 밈 사이언스와 궤를 같이하는지 판단할 수 있게 됐다. 훌륭한 연구 업적들이 발표되고 있기도 하지만 아직도 해야 할 일이 많이 남아 있다. 만약 이것이 당신이 생각한 길이라면 밈적 적합도 분석 보고서에 다음과 같이 다섯 번째 슬라이드를 추가하길 권한다.

5. 이론에 대한 수정이나 경고 – 특정 디지털 환경에 이론을 적용해 보았을 때 나타난 결과를 바탕으로 이론을 어떻게 수정해야 할지 정리

새로운 분야에 이론을 적용할 경우 종종 과학의 기본적인 가정들이 더는 맞지 않는 것을 발견하게 된다. 제시된 과정이 내적으로는 유효하나 실제 세계와는 맞지 않아 외적, 생태학적 타당성을 잃게 되기 때문이다. 운전하면서 동시에 여러 가지 일을 처리할 수 있을까? 영화를 다시 보고자 하는 수요가 정말 있기는 한 것일까? 광고 타깃을 정확히 설정하는 데 있어 성격을 고려하는 것이 도움이 될까? 걱정을 없애는 목적의 광고 문구가 전환율을 높이는 것에 도움이 될까?

전문적인 밈 과학자만이 대답할 수 있는 더 심오한 질문도 있다. 스마트폰의 밈은 중독성이 있는가? 만약 그렇다면 가장 효과적인 방지책은 무엇인가? 검색 엔진을 통해 사실과 지식에 더 쉽게 접근할 수 있게 되면 모든 사람의 기억과 그 소환에 어떤 변화가 올까? 극단적인 의견을 아무 제한 없이 마음껏 표현하게 내버려 두는 경우 우리 문화가 정치적, 사회적으로 거칠어지게 될까? 인간의 행동에 대한 빅 데이터 알고리즘의 사용이 자아의식과 프라이버시 의식에 어떤 영향을 미칠까? 노령 인구가 디지털 밈에 적응하기 힘들어 하는 원인을 어디서 찾을까? 그들의 능력이 쇠퇴함과 노령 인구에 대한 밈 개발지의 무관심 중 어느 쪽일까?

디지털 미디어 사용자로서 우리는 위에서 열거한 모든 질문에 지대한 관심을 갖고 있다. 인간의 본성을 충분히 고려한 기술적 발전이 이루어지길 원했다. 따라서 이 책에서는, 기초가 되는 이론을 중심으로 우리의 경험을 향상하고, 결과적으로 밈도 개선할 수 있는 구체적인 예시를 제시하는 것을 목적으로 하였다. 이는 각각 독립된 경험(웹 사이트에서의 체크아웃 순서나 그와 관련된 광고)뿐만 아니라 가장 친밀하면서도 몰입된 경험(프라이버시, 자율성, 독립성, 삶의 각 단계에서의 핵심 목표를 달성하는 것)에 대해서도 동일하게 적용되었다.

이런 이유로 인해 밈 과학을 실생활에 적용하는 것은 당신의 일을 중요한 것으로 만들 뿐만 아니라 그것에 생명을 불어넣는 일이다. 심리학의 역사가 시작된 이래로 사회적인 이슈들은 이 학문에 생명을 불어넣는 역할을 해왔다. 심리학은 세계 1차 대전에 참전했던 군인들이 겪었던 "쉘 쇼크(shell shock, 지금은 외상 증후군이라고 불림)"를 치료하기 위해 대화 요법을 사용할 수 있다는 것을 보여 줌으로써 인정을 받았다. 산업 공학을 이용하면 기억과 인지 활동에 활력을 불어넣을 수도 있다. 나치 독일을 설명하기 위해 사회 심리학이 태동하였다. 그 이후에는 분리와 평등이 같지 않다는 주장을 펼친 시민 평등권 운동과 관련된 가정들을 검증하고 그에 대한 저항을 이해하기 위해 이용되었다.

이 글을 쓰고 있는 지금, 지구상 인구의 반은 인터넷에 접근할 수 있고, 1/3은 소셜 미디어를 통해 타인과 소통하고 있다. 우리에게는 이미 디지털 라이프라는 것이 따로 없다. 그것 자체가 우리의 삶이 되어 버린 시대에 살고 있기 때문이다. 기술 발전이 성공하려면 심리학이 필요하다. 하지만 심리학도 기술 발전은 필요하다. 심리학적 이론이 밈으로서 계속 살아남고, 훌륭한 지식체계와 심오한 인식론적 전통이 계속 살아남기 위해서는 다른 무엇보다 밈의 소멸을 이겨내야 한다. 인간의 지성과 사회생활을 디지털화하는 것이야말로 이 시대의 가장 중요한 사회적 과업이다. 심리학이라는 밈적 적합도는 학생과 학자들이 이를 인정하고 기술 혁신에 대한 연관성을 확대해 나갈 때 비로소 증가할 것이다. 지구의 진화 과정에서 상호 생존을 위해서 공생이 필요했던 시대가 지금이 처음은 아닐 것이다.

이 책에 대한 당신의 관심에 감사를 표하고 싶다. 당신의 다음 제품을 기대하고 있겠다.

참고 문헌

· 1장 ·

Jonas, J. B., Schneider, U., Naumann, G.O.H. (1992). Count and density of human retinal photoreceptors. Graefe' Archive for Clinical and Experimental Ophthalmology, 230 (6), 505-510.

Anstis, S. M. (1974). A chart demonstrating variations in acuity with retinal position. Vision Research, 14, 589.592.
Retrieved from http://anstislab.ucsd.edu/2012/11/20/peripheral-acuity/.

Rainie, L. & Zickuhr, K. (2010). Video calling and video chat. Pew Research Center's Internet & American Life Project.
Retrieved from http://www.pewinternet.org/2010/10/13/video-calling-and-video-chat/.

Poltrock, S. (2012, October 19). Why has work place video conferencing been so slow to catch on? Presentation for Psychster Labs.

Chen, M. (2002, April 20). Leveraging the asymmetric sensitivity of eye contact for videoconferencing. Presentation given at CHI, Minneapolis, MN.
Retrieved from http://dl.acm.org/citation.cfm?id=503386&CFID=86440050601798. Copyright ACM Inc.

eMarketer. (2016, January 11). US digital display ad spending to surpass search ad spending in 2016.
Retrieved from http://www.emarketer.com/Article/US-Digital-Display-Ad-Spending-Surpass-Search-Ad-/Spending-2016/1013442.

Loechner, T. (2013, Oct 30). 54% of digital ads aren't viewable, and even 'viewability' is in a black box. MediaPost.
Retrieved from http://www.mediapost.com/publications/article/212460/54-of-digital-ads-arent-viewable-and-even-view.html.

National Transportation Safety Board. (2014). NTSB most wanted list: Critical changes needed to reduce transportation accidents and save lives.
Retrieved from http://www.ntsb.gov/safety/mwl/Documents/2014/03_MWL_EliminateDistraction.pdf.

Stoll, J. D. (2016, July 22). Tesla autopilot crash shouldn' slow self-driving development, regulator says. The Wall Street Journal.
Retrieved from http://www.wsj.com/articles/tesla-autopilot-crash-shouldnt-slow-self-driving-development-regulator-says-1469200956.

· 2장 ·

Locke, E. A. & Latham, G.P. (2002). Building a practically useful theory of goal setting and task motivation. American Psychologist, 57(9), 705-717.

Levitin, D. J. (2014). The Organized Mind: Thinking Straight In The Age of Information Overload. New York: Plume. pp.38-39.

Gordon, B. A., Tse, C.Y., Gratton, G. & Fabiani, M. (2014). Spread of activation and deactivation in the brain: Does age matter? Frontiers in Aging Neuroscience, 6, 288.
Retrieved from http://journal.frontiersin.org/article/10.3389/fnagi.2014.00288/.

Lieberman, M. D. (2013). Social: Why our brains are wired to connect. Crown, New York.

Evans, D. C. (2009, August 3). Needs & navigation survey. Proprietary study commissioned by Allrecipes.com.

Krug, S. (2006). Don't Make Me Think! A Common Sense Approach to Web Usability 2nd Ed. New Riders.

Levitin, D. J. (2014). The Organized Mind: Thinking Straight In The Age of Information Overload. New York: Plume. pp.38-39.

· 3장 ·

Yarbus A. L. (1967). Eye Movements and Vision. New York: Plenum Press. Repin, I. (1888). Unexpected Visitors. Oil on canvas.

Nielsen, J. (2006). F-shaped pattern for reading web content. Image used with permission from https://www.nngroup.com/articles/f-shaped-pattern-reading-web-content/.

Marsh, G., Friedman, M., Welch, V., & Desberg, P. (1981). A cognitive-developmental theory of reading acquisition. Reading research: Advances in theory and practice, 3,199.221.

See also Spiro, R. J., Bruce, B.C., and Brewer, W.F. eds. (1980). Theoretical issues in reading comprehension: Perspectives from cognitive psychology, linguistics, artificial intelligence, and education. Routledge.

Evans, D. C, Johnson, J., Levine, J., & Duffy, R. (2011, October 24). Combined findings: Baseline and redesign usability testing. Proprietary study commissioned by the Washington State Employment Security Department. Used with permission. Eyetracking provided by Cascade

Strategies.

Chen, A. & Jain, A. (2015). New data shows losing 80% of mobile users is normal, and why the best apps do better. Blog post retrieved from http://andrewchen.co/new-data-shows-why-losing-80-of-your-mobile-users-is-normal-and-that-the-best-apps-do-much-better/.

Rodieck, R. W. (1998). The First Steps in Seeing (Vol. 1). Sunderland, MA: Sinauer Associates.

Cook, E., & Turpin, G. (1997). Differentiating orienting, startle, and defense responses: The role of affect and its implications for psychopathology. In Lang, P.J. (Ed); Simons, R. F. (Ed); Balaban, M. T. (Ed). Attention and Orienting: Sensory and Motivational Processes, (pp. 137-164). Mahwah, NJ, US: Lawrence Erlbaum Associates Publishers.

Diao, F., & Sundar, S. S. (2004). Orienting response and memory for web advertisements: Exploring effects of pop-up window and animation. Communication Research, 31(5), 537-567.

Department of Justice. Amber Alert Frequently Asked Questions. Retrieved October 29, 2016 from http://www.amberalert.gov/faqs.htm.

• 4장 •

Wagemans, J., Elder, J. H., Kubovy, M., Palmer, S. E., Peterson, M. A., Singh, M., & von der Heydt, R. (2012). A century of Gestalt psychology in visual perception: I. Perceptual grouping and figure.ground organization. Psychological Bulletin, 138(6), 1172.

Goldstein, H., Blevins, T., Brudvig, E., & Clayman, D. (2007, November, 16). Rock band review. IGN. Retrieved from http://www.ign.com/articles/2007/11/17/rock-band-review-4.

Plunkett, L. (2007, November, 1). Rock Band: Time to start worrying about availability. Kotaku. Retrieved from https://web.archive.org/web/20081216125617/http://kotaku.com/gaming/rock-band/time-to-start-worrying-about-rock-band-availability-318040.php.

Simply Measured. Retrieved January 2013 and January 2016 from http://simplymeasured..com. Adapted from Fram, A. (2013, January). Unpublished paper for course work on the Psychology of Digital Media, University of Washington.

· 5장 ·

Engber, D. (2011, September 15). Who killed 3-D?
Slate.
Retrieved from http://www.slate.com/articles/
health_and_science/science/2011/09/who_
killed_3d.html.

Thomas, A. (2011). Why '3D' will fail… again.
Blog post retrieved from https://www.dr-lex.be/
info-stuff/3dfail.html.

Ubisoft. (2005). Peter Jackson's King Kong: The
Official Game of the Movie. Discontinued game.

Oberon Media (2006). Zoo Tycoon 2 Dino Danger
Pack. Discontinued game.

· 6장 ·

Hammack, B. (2015). How a film projector
works. Retrieved September 2016 from https://
www.youtube.com/watch?v=En__V0oEJsU.
Used with permission.

Chase, R. (1974). The initiation and conduction
of action potentials in the optic nerve of Tritonia.
Journal of Experimental Biology, 60(3), 721-734.

Johansson, G. (1973). Visual perception of
biological motion and a model for its analysis.
Perception & Psychophysics, 14(2), 201-211.
See also Maas, J. (1971).

2-dimentional motion perception. Houghton
Mifflin Company.
Retrieved from https://www.youtube.com/
watch?v=1F5ICP9SYLU.

J.K. Greye Software. (1982). 3D Monster Maze
(game). Designed by Malcolm E. Evans.

Krouwel, A. (2006, April 18). The making of 3D
Monster Maze. Edge Videogame Culture blog
retrieved from https://web.archive.org/
web/20070513045033/http://www.edge-online.
co.uk/archives/2006/04/the_making_of_3_1.php.

Red.com Inc. (2016, September). Panning best
practices.
Retrieved from http://www.red.com/learn/red-
101/camera-panning-speed.

Gavil, J., Gavil, C., & Sarri M. J. (1983). Saccadic
movements: A computerized study of their
velocity and latency. Acta Oto-laryngologica,
96(5.6), 429-436.

· 7장 ·

Cowan N. (2005). Working Memory Capacity. Hove, East Sussex, UK: Psychology Press.

Bahrick, H. P., Bahrick, P. O., & Wittlinger, R. P. (1975). Fifty years of memory for names and faces: A cross-sectional approach. Journal of Experimental Psychology: General, 104(1), 54.

Simons, D. J., & Chabris, C. F. (1999). Gorillas in our midst: Sustained inattentional blindness for dynamic events. Perception, 28, 1059.1074. See also Simons, D. J. (2010). Monkeying around with the gorillas in our midst: Familiarity with an inattentional-blindness task does not improve the detection of unexpected events. i-Perception,1, 3-6.

Repov., G., & Baddeley, A. (2006). The multi-component model of working memory: explorations in experimental cognitive psychology. Neuroscience, 139(1), 5-21.

Murdock Jr, B. B. (1962). The serial position effect of free recall. Journal of Experimental Psychology, 64(5), 482.

Nielsen. (2011, October). 40% of Tablet and Smartphone Owners Use Them While Watching TV. Retrieved from http://www.nielsen.com/ us/en/insights/news/2011/40-of-tablet-and-smartphone-owners-use-them-while-watching-tv.html.

Lunden, I. (2015, January 20). 2015 Ad spend rises to $187B, digital inches closer to one third of it. TechCrunch. Retrieved from https://techcrunch.com/2015/01/20/2015-ad-spend-rises-to-187b-digital-inches-closer-to-one-third-of-it/.

Dux, P. E., Ivanoff, J., Asplund, C. L., & Marois, R. (2006). Isolation of a central bottleneck of information processing with time-resolved fMRI. Neuron, 52(6), 1109-1120. See also Tombu, M. N., Asplund, C. L., Dux, P. E., Godwin, D., Martin, J. W., & Marois, R. (2011). A unified attentional bottleneck in the human brain. Proceedings of the National Academy of Sciences, 108(33), 13426-13431. "Human information processing is characterized by bottlenecks that constrain throughput. These bottlenecks limit both what we can perceive and what we can act on in multi-task settings."

Eysenck, M. (2012). Attention and arousal: Cognition and performance. Springer Science & Business Media.

Marois, R., & Ivanoff, J. (2005). Capacity limits

of information processing in the brain. Trends in Cognitive Sciences, 9(6), 296–305.

Beede, K. E., & Kass, S. J. (2006). Engrossed in conversation: The impact of cell phones on simulated driving performance. Accident Analysis & Prevention, 38(2), 415–421.

Lin, L. (2009). Breadth-biased versus focused cognitive control in media multitasking behaviors. Proceedings of the National Academy of Sciences, 106(37), 15521–15522.

Ophir, E., Nass, C., & Wagner, A. D. (2009). Cognitive control in media multitaskers. Proceedings of the National Academy of Sciences, 106(37), 15583–15587.

Hirst, W., Spelke, E. S., Reaves, C. C., Caharack, G., & Neisser, U. (1980). Dividing attention without alternation or automaticity. Journal of Experimental Psychology: General, 109(1), 98. See also Passer, M. W. & Smith, R. E. (2008). Psychology: The Science of Mind and Behavior. Boston: McGraw Hill, p.257.

Strayer, D.L., Cooper, J.M., Turrill, J., Coleman, J., Medeiros-Ward, N., & and Biondi, F. (2013). Measuring cognitive distraction in the automobile. AAA Foundation for Traffic Safety. Retrieved from https://www.aaafoundation.org/sites/default/files/MeasuringCognitiveDistractions.

• 8장 •

Rosselli, F., Skelly, J. J., & Mackie, D. M. (1995). Processing rational and emotional messages: The cognitive and affective mediation of persuasion. Journal of Experimental Social Psychology, 31(2), 163–190.

Media Dynamics Inc. (2014). Adults Spend Almost 10 Hours Per Day With The Media, But Note Only 150 Ads. Retrieved from http://www.mediadynamicsinc.com/uploads/files/PR092214-Note-only-150-Ads-2mk.pdf.

Berger, A.A. (2004) Ads, Fads, and Consumer Culture: Advertising's Impact on American Character and Society (2nd Ed.). Rowman & Littlefield Publishers. Darwell, B. (2012). Facebook shares stats about businesses using pages and promoted posts. Adweek.com. Retrieved from http://www.adweek.com/socialtimes/facebook-shares-stats-about-businessesusing-pages-and-promoted-posts/287515.

Radicati, S., Khmartseva, M. (2009). Email Statistics Report, 2009–2013. The Radicati

Group, Inc.
Retrieved from http://www.radicati.com/wp/
wp-content/uploads/2009/05/email-stats-report-
exec-summary.pdf.

Radicati, S. (2015). Email Statistics Report,
2015–2019. The Radicati Group, Inc.
Retrieved from http://www.radicati.com/wp/
wp-content/uploads/2015/02/Email-Statistics-
Report-2015-2019-Executive-Summary.pdf.

Green, D. M., & Swets, J. A. (1966). Signal
Detection Theory and Psychophysics. New
York, John Wiley & Sons.

Simon, H. A. (1971) "Designing Organizations for
an Information-Rich World" in: M. Greenberger
(Ed.), Computers, Communication, and the
Public Interest. Baltimore MD: The Johns
Hopkins Press, pp. 40–41.

Davenport, T. H., & Beck, J. C. (2002). The
Attention Economy: Understanding the New
Currency of Business. Harvard Business Press.

· 9장 ·

Rob, R., & Waldfogel, J. (2006). Piracy on the
silver screen. NBER Working Paper Series.
Cambridge, MA: National Bureau of Economic
Research.

Bahrick, H. P., Bahrick, P. O., & Wittlinger, R.
P. (1975). Fifty years of memory for names and
faces: A cross-sectional approach. Journal of
Experimental Psychology: General, 104, 54–75.

Bahrick, H. P. (1984). Semantic memory content
in permastore: Fifty years of memory for Spanish
learned in school. Journal of Experimental
Psychology: General, 113, 1–29.

Shepard, R. N. (1967). Recognition memory for
words, sentences, and pictures. Journal of
Verbal Learning and Verbal Behavior, 6, 156–163.

Engen, T., & Ross, B. M. (1973). Long-term
memory of odors with and without verbal
descriptions. Journal of Experimental
Psychology, 100, 221.

Bentley, F., & Murray, J. (2016). Understanding
video rewatching experiences. Paper presented
at the ACM International Conference on
Interactive Experiences for Television and
Online Video, Chicago, IL. See also Taylor, R.A.
(1973). The repeat audience for movies on TV.
Journal of Broadcasting, 17, 95–100.

Pavlov, I. P., & Anrep, G. V. (2003). Conditioned
Reflexes. Courier Corporation.

Soto, M. (2001, June 14). Classmates.com: Fees are fine. The Seattle Times.
Retrieved from http://old.seattletimes.com/news/business/small/profiles_2001/classmates.html.

Schonfeld, E. (2007, November 26). Classmates IPO tries to cash in on social networking craze. TechCrunch.
Retrieved from https://techcrunch.com/2007/11/26/classmates-ipo-tries-to-cash-in-on-social-networking-craze/.

Brown, M. (2015, November 19). Classmates turns 20: How the social network missed an opportunity to be Facebook. GeekWire.
Retrieved from http://www.geekwire.com/2015/classmates/#.

Mitchell, A. & Rosenstiel, T., Christian, L. (2012). What Facebook and Twitter mean for news. The Pew Research Center's Project for Excellence in Journalism. Retrieved September 2016 from http://www.stateofthemedia.org/2012/mobile-devices-and-news-consumption-some-good-signs-for-journalism/what-facebook-and-twitter-mean-for-news/.

Classmates Media Corporation. (2007, November 23). Form S-1. United States Securities and Exchange Commission.

Retrieved from https://www.sec.gov/Archives/edgar/data/1409112/000104746907009507/a2179839zs-1a.htm.

· 10장 ·

Kawasaki, G. (2007, January 29) The top ten stupid ways to hinder market adoption.
Retrieved from http://guykawasaki.com/the_top_ten_stu/.

Good To Go! (2016, September). Online setup.
Retrieved from https://mygoodtogo.com/olcsc/home/onlineAccessAccountInfo.do.

BetterBuys. (2016, November). Estimated password-cracking times.
Retrieved from https://www.msecure.com/blog/how-strong-is-your-password/.
See also mSecure (2015). How strong is your password?
Retrieved from https://www.msecure.com/blog/how-strong-is-your-password/.

Statista. (2016, September). Number of monthly active Facebook users worldwide as of 3rd quarter 2016 (in millions).
Retrieved from https://www.statista.com/statistics/264810/number-of-monthly-activefacebook-users-worldwide/.

Drachman D.A. (2005). Do we have brain to spare? Neurology. 64 (12), 2004–5. Retrieved from http://www.neurology.org/content/64/12/2004.

Smith, A. (2014). 6 new facts about Facebook. Pew Research Center. Retrieved from http://www.pewresearch.org/fact-tank/2014/02/03/6-new-facts-about-facebook/.

Godden, D. R., & Baddeley, A. D. (1975). Context–dependent memory in two natural environments: On land and underwater. British Journal of Psychology, 66(3), 325–331.

Anderson, J. R. (1983). A spreading activation theory of memory. Journal of Verbal Learning and Verbal Behavior, 22(3), 261–295.

Craik, F. I., & Lockhart, R. S. (1972). Levels of processing: A framework for memory research. Journal of Verbal Learning and Verbal Behavior, 11(6), 671–684. See also Gardiner, J.M., Gawlik, B., & Richardson-Klavehn, A. (1994). Maintenance rehearsal affects knowing, not remembering; Elaborative rehearsal affects remembering, not knowing. Psychonomic Bulletin & Review, 1, 107–110.

Wegner, D. M. (1987). Transactive memory: A contemporary analysis of the group mind. In B. Mullen & G.R.

Goethals (Eds.), Theories of Group Behavior (pp. 185-208). New York, NY: Springer.

Sparrow, B., Liu, J., & Wegner, D. M. (2011). Google effects on memory: Cognitive consequences of having information at our fingertips. Science, 333(6043), 776–778.

Ross, L. D., Amabile, T. M., & Steinmetz, J. L. (1977). Social roles, social control, and biases in social-perception processes. Journal of Personality and Social Psychology, 35(7), 485.

• 11장 •

Gladwell, M. (1997, March 17). The Coolhunt. The New Yorker, p. 78. "The key to coolhunting, then, is to look for cool people first and cool things later, and not the other way around."

Freepik.com. Clockwise from top left designed by Teksomolika, designed by Javi_indy, designed by Photoduet, designed by Prostooleh, designed by Prostooleh, designed by Prostooleh. Retrieved from http://www.freepik.com/.

McCrae, R. R., & Costa Jr, P. T. (1999). A five-factor theory of personality. Handbook of personality: Theory and Research, 2, 139–153. Erikson, E. H. (1959). Identity and the Life Cycle. New York: International Universities Press. Maslow, A. H. (1943). A theory of human motivation. Psychological review, 50(4), pp 370–396. Petty, R. E., & Krosnick, J. A. (2014). Attitude Strength: Antecedents and Consequences. Psychology Press.

Freud, S. (1923). Das Ich und das Es. GW XII. Jung, C. G. (1939). The Integration of the Personality. Oxford, England: Farrar & Rinehart.

Tupes, E. C., & Christal, R. C. (1958). Stability of personality trait rating factors obtained under diverse conditions (No. WADC-TN-58-61). Wright Air Development Center, Wright-Patterson Air Force Base, OH.

McCrae, R. R., & Costa Jr, P. T. (1999). A five-factor theory of personality. Handbook of Personality: Theory and Research, 2, 139–153.

John, O. P., & Srivastava, S. (1999). The Big Five trait taxonomy: History, measurement, and theoretical perspectives. Handbook of Personality: Theory and Research, 2(1999), 102–138. "More could be said about the many shortcomings of the traditional labels, but better labels are hard to come by."
Adapted from John, O. P., Naumann, L. P., & Soto, C. J. (2008). Paradigm shift to the integrative big five trait taxonomy. Handbook of Personality: Theory and Research, 3, 114–158. See also John, O. P., & Srivastava, S. (1999).

Nielsen, J. (2006). Growing a Business Website: Fix the Basics First. Nielsen Norman Group. Blog post retrieved October, 2016 from https://www.nngroup.com/articles/design-priorities/ "One of usability's most hard-earned lessons is that 'you are not the user.' If you work on a development project, you're atypical by definition. Design to optimize the user experience for outsiders, not insiders." Author's emphasis.

Gosling, S. D., Rentfrow, P. J., & Swann, W. B. (2003). A very brief measure of the Big-Five personality domains. Journal of Research in Personality, 37(6), 504–528.

Easter, C., Martin, T., Thelander, D. & Evans, D.C. (2011). Predictive personalities. Unpublished manuscript submitted for course credit in User Research Methods. Human Centered Design & Engineering program, University of Washington.

Pimentel, C. E., & Donnelly, E. D. O. P. (2008). The relation between music preference and the big five personality traits. Psicologia: Ciência e Profissão, 28(4), 696–713. See Delsing, M. J., Ter Bogt, T. F., Engels, R. C., & Meeus, W. H. (2008). Adolescents' music preferences and personality characteristics. European Journal of Personality, 22(2), 109–130.

Vaidya, J. G., Gray, E. K., Haig, J., & Watson, D. (2002). On the temporal stability of personality: evidence for differential stability and the role of life experiences. Journal of Personality and Social Psychology, 83(6), 1469.

· 12장 ·

Erikson, Erik H. (1959) Identity and the Life Cycle. New York: International Universities Press.

Turkle, S. (2012). Alone together: Why we expect more from technology and less from each other. Basic books.

Unruh, J. (2016). Chicago college first in U.S. Wo offer video game scholarships to 'e-athletes'. WGNTV Chicago.
Retrieved from http://wgntv.com/2016/01/07/chicago-college-first-in-u-s-to-offer-video-gamescholarships-to-e-atheletes/.

Gladwell, M. (1997, March 17). THE COOLHUNT.

The New Yorker.
Crosariol, B. (2010). Cristal has the last laugh in bubbly brouhaha. The Globe and Mail. Retrieved from http://www.theglobeandmail.com/life/cristal-has-the-last-laugh-in-bubbly-brouhaha/article1370285/.

Sing, K. (2014, July 21). Here comes the social networking bride. Mashable & TheKnot.com. Retrieved from http://mashable.com/2014/07/21/social-media-wedding-survey/.

Smith, A., & Anderson, M. (2016, February 29). 5 facts about online dating. Pew Research Center.
Retrieved from http://www.pewresearch.org/fact-tank/2016/02/29/5-facts-about-online-dating/.

Purcell, K. (2013, October 10). Online Video 2013. Pew Research Center.
Retrieved from http://www.pewinternet.org/files/old-media//Files/Reports/2013/PIP_Online%20Video%202013.pdf.
See also Peterson, A. (2013, October 10). 25 percent of men watch online porn, and other 'facts' about Americans' online video habits. The Washington Post.
Retrieved from https://www.washingtonpost.com/news/the-switch/wp/2013/10/10/25-percent-of-men-watch-onlineporn-and-other-

facts-about-americans-onlinevideo-habits/.
Gilovich, T., & Medvec, V. H. (1995). The
experience of regret: what, when, and why.
Psychological Review, 102(2), 379.

· 13장 ·

Maslow, A. H. (1943). A theory of human
motivation. Psychological Review, 50(4), pp
370–396.

Ng, Brenda. (2011, January 20). Backwards
marketing research: Building and delivering
research to deliver market information
effectively to an internal audience. Presentation
given at the monthly meeting of the Puget
Sound Research Forum, Seattle.

Evans, D.C. (2008). Allrecipes' psychographic
segments. Proprietary study used with
permission.

Evans, D.C. (2012). People to People
psychographic segments. Proprietary study
used with permission.

Evans, D.C., Robertson, N., Lively, T., &
Jacobson, L., Llamas-Cendon, M., Isaza, H.,
Rosenbalm, S., & Voigt, J. (2012). Facebook's 8
fundamental hooks and 6 basic user types: A

psychographic segmentation. The Four Peaks
Review, 2, 36–54.

· 14장 ·

Schell, J. (2011, September 21). The pleasure
revolution. Keynote presentation at the annual
meeting of EmMeCon, the Emerging Media
Conference, San Francisco, United States.

Thorndike, E.L. (1911). Animal Intelligence. New
York: The MacMillan Company.

Passer, M. W., & Smith, R. E. (2008). Psychology:
The Science of Mind and Behavior, Fourth
Edition. McGraw-Hill.

Guthrie, E. R. & Horton, G. P. (1946). Cats in a
Puzzle Box. Oxford, England: Rinehart.

Maslow, A. H. (1970). Motivation and
Personality. New York: Harper & Row.

Garneau, P.A. (2001). Fourteen forms of fun.
Gamasutra.
Retrieved from http://www.gamasutra.com/
view/feature/227531/fourteen_forms_of_fun.
php;
http://prezi.com/7atbsiwpidrf/garneaus/.

Hunicke, R., LeBlanc, M., & Zubek, R. (2004). MDA: A formal approach to game design and game research. Game Design and Tuning Workshop at the Game Developers Conference, San Jose, 2001-2004.

Heeter, C., Chu, K.C.H., Maniar, A., Winn, B., Mishra, P., Egidio, R., & Portwood-Stacer, L. (2004). Comparing 14 Plus 2 Forms of fun In commercial versus educational space exploration digital games. Unpublished Michigan State University. See also Schreibner, I. (2009). Retrieved from http://gamedesignconcepts. wordpress.com/2009/07/23/level-8-kinds-of-fun-kinds-of-players/.

Blythe, M. A., Overbeeke, K., Monk, A. F., & Wright, P. C. (Eds.). (2004). Funology: From Usability to Enjoyment (Vol. 3). Springer Science & Business Media.

Zajonc, R. B. (1968). Attitudinal effects of mere exposure. Journal of Personality and Social Psychology, 9(2), 1.

Ross, L. D., Amabile, T. M., & Steinmetz, J. L. (1977). Social roles, social control, and biases in social-perception processes. Journal of Personality and Social Psychology, 35(7), 485.

• 15장 •

eMarketer. (2014, April 3). Digital ad spending worldwide to hit $137.53 billion in 2014. Retrieved from http://www.emarketer.com/ Article/Digital-Ad-Spending-Worldwide-Hit-3613753-Billion-2014/1010736.

Ferster, C. B., & Skinner, B. F. (1957). Schedules of Reinforcement. East Norwalk, CT, US: Appleton-Century-Crofts.

Duggan, M., Ellison, N. B., Lampe, C., Lenhart, A., & Madden, M. (2015). Social media update 2014. Pew Research Center, 9.

Cloud, J. (2006, December 25). The YouTube Gurus. Time. Retrieved from http://content.time.com/time/ magazine/article/0,9171,1570795-5,00.html.

Walker, M. B. (1989). Some problems with the concept of "gambling addiction": Should theories of addiction be generalized to include excessive gambling? Journal of Gambling Behavior, 5(3), 179–200. See also Blanco, C., Moreyra, P., Nunes, E. V., Saiz-Ruiz, J., & Ibanez, A. (2001, July). Pathological gambling: addiction or compulsion? In Seminars in Clinical Neuropsychiatry, 6(3), pp. 167–176.

American Psychiatric Association. (2000).
Diagnostic and Statistical Manual of Mental
Disorders DSM-IV-TR fourth edition (text
revision).
See also AddictionsAndRecovery.org. (2016,
May 20).
Retrieved from http://www.
addictionsandrecovery.org/what-is-addiction.
htm.
Note that this chapter contains general medical
information, but is neither complete nor
individualized. Consult a physician when making
decisions about your healthcare.

・ 16장 ・

MarketingSherpa. (2001, October 19). Case
study: How Classmates got 1.5 million paid $29
subscribers.
Retrieved from https://www.marketingsherpa.
com/article/case-study/how-classmates-got-
15-million.Emphasis added.

Smith, S. (2003, February 1). Classmates: The
power of Whatever happened to......' EContent.
Retrieved from http://www.econtentmag.
com/Articles/Column/Follow-the-Money/
Classmates-The-Power-of-Whatever-
Happened-To-883.htm.

Whyte, G. (1993). Escalating commitment
in individual and group decision making: A
prospect theory approach. Organizational
Behavior and Human Decision Processes,
54(3), 430-455. See also Aronson, E. Dissonance
theory: Progress and problems. In R. Abelson,
E. Aronson W. McGuire, T. Newcomb, M.
Rosenberg, & P. Tannenbaum (Eds.), Theories of
Cognitive Consistency. Chicago: Rand McNally,
1968.

This is an example of #23 on the forms of fun
from Chapter 14: re-encountering something
familiar. For anyone who had moved away from
their hometown and had not thought of it for a
while, a mere exposure to the name of it in print
would be rewarding. See Zajonc, R. B. (1968).
Attitudinal effects of mere exposure. Journal of
Personality and Social Psychology, 9, 1.

Meyer, Z. (2015, May 27). Michigan settles FTD,
Classmates.com fraud case. Detroit Free Press.
Retrieved from http://www.freep.com/
story/money/business/michigan/2015/05/27/
classmates-ftd
-settlement/28006479/.

・ 17장 ・

Schell, J. (2011, September 21). The pleasure

revolution. Keynote presentation at the annual meeting of EmMeCon, the Emerging Media Conference, San Francisco, United States.

Miller, N.E. (1959). Liberalization of basic S-R concepts: Extensions to conflict behavior, motivation and social learning. In S. Koch (Ed.), Psychology: A Study of a Science, Study 1, p. 407. New York: McGraw-Hill.

Knowles, E. S., & Riner, D. D. (2007). Omega approaches to persuasion: Overcoming resistance. In A. R. Pratkanis, (Ed.) The Science of Social Influence: Advances and Future Progress (pp 83–114). New York: Psychology Press. 83–114.

Mehdi, Y. (2016, June 29). Windows 10 anniversary update available August 2. Microsoft Corp.
Retrieved from
https://blogs.windows.com/
windowsexperience/2016/06/29/windows-10-anniversary-update-available-august-2/#c8bPp51VfUKAGSjg.97.

· 18장 ·

Hovland, C.I., Lumsdaine, A.A., Sheffield, F.D. (1949). Experiments on mass communication, Vol. 3. In S.A. Stouffer (Ed.) Studies in Social Psychology in World War II, p. 345. Princeton, NJ: Princeton University Press.

Festinger, L., & Maccoby, N. (1964). On resistance to persuasive communications. The Journal of Abnormal and Social Psychology, 68(4), 359. See also Miller, N., & Baron, R.S. (1973). On measuring counterarguing. Journal for the Theory of Social Behavior, 3, 101–118.

Cacioppo, J. T., Petty, R. E., Kao, C. F., & Rodriguez, R. (1986). Central and peripheral routes to persuasion: An individual difference perspective. Journal of Personality and Social Psychology, 51(5), 1032. See also Petty, R. E., & Cacioppo, J. T. (1986). The elaboration likelihood model of persuasion. In L. Berkowitz (Ed.) Advances in Experimental Social Psychology Vol 19, pp. 123–205. Springer New York.

Knowles, E. S., & Linn, J. A. (Eds.). (2004). Resistance and Persuasion. Psychology Press. **See also Knowles, E. S., & Riner, D. D. (2007).** Omega approaches to persuasion: Overcoming resistance. In A. R. Pratkanis, (Ed.) The Science of Social Influence: Advances and Future Progress (pp 83–114). New York: Psychology Press. 83–114.

Cialdini, R. B. (2006). Influence: The Psychology

of Persuasion, Revised Edition. Harper
Business.

· 19장 ·

Reichheld, F. (2003, December). The one number
you need to grow. Harvard Business Review.
Retrieved from https://hbr.org/2003/12/the-one-
number-youneed-to-grow.

Net Promoter Score, Net Promoter, and NPS
are trademarks of Satmetrix Systems, Inc., Bain
and Company, Inc., and Fred Reichheld.

Reichheld, F. (2006). The Ultimate Question.
Harvard Business School Press, Boston, MA.

**Lin, N., Cook, K. S., & Burt, R. S. (Eds.).
(2001).** Social Capital: Theory and Research.
Transaction Publishers, pp 18-19.

Okta. (2016, March). Business at work.
Retrieved from https://www.okta.com/
Businesses-At-Work/2016-03/.

**Cialdini, R. B., Borden, R. J., Thorne, A., Walker,
M. R., Freeman, S., & Sloan, L. R. (1976).** Basking
in reflected glory: Three (football) field studies.
Journal of personality and social psychology,
34(3), p 374.

Hayes, B. E. (2008). Measuring Customer
Satisfaction and Loyalty: Survey Design, Use,
and Statistical Analysis Methods. ASQ Quality
Press.

· 20장 ·

**Kiesler, S., Siegel, J., & McGuire, T. W.
(1984).** Social psychological aspects of
computer-mediated communication. American
Psychologist, 39(10), 1123.

Spears, R., Lea, M., & Lee, S. (1990).
De–individuation and group polarization in
computer–mediated communication. British
Journal of Social Psychology, 29(2), 121–134.
See also Spears, R., & Lea, M. (1994). Panacea
or panopticon? The hidden power in computer-
mediated communication. Communication
Research, 21(4), 427–459.

Duggan, M. (2014, October 22). Online
harassment. Pew Research Center: Internet,
Science & Technology.
Retrieved from http://www.pewinternet.
org/2014/10/22/online-harassment/.

True, E. (2014, November 28). The gaming
journalist who tells on her internet trolls – to
their mothers. The Guardian.

Retrieved from http://www.theguardian.com/
culture/australia-culture-blog/2014/nov/28/
alanah-pearce-tells-on-her-internettrolls-to-
their-mothers.

Huppke, R. (2015, December 14).
Happy holidays, internet trolls. The Chicago
Tribune.
Retrieved from http://www.chicagotribune.com/
news/opinion/huppke/ct-internet-trolls-huppke-
20151214-story.html.

Notopoulos, K. (2014, December 10). A user's
guide to dealing with trolls on the internet.
BuzzFeed News.
Retrieved from https://www.buzzfeed.com/
katienotopoulos/a-users-guide-to-dealing-with-
trolls-on-theinternet?
utm_term=.plK6xeBR4E#.pjpk5PQYvM.

Pollard, A. (2015, December 22). Metric on the
internet, online trolls, and feminism. Gigwise.
Retrieved from http://www.gigwise.com/
features/104691/metric-band-interview-emily-
haines-james-shawfeminism-
chvrches.

Luca, M. (2011). Reviews, reputation, and
revenue: the case of Yelp.com. Harvard
Business School Working Papers.
Retrieved from http://www.hbs.edu/research/

pdf/12-016.pdf.

SensorTower. (2016). Visualizing the iOS App
Store.
Retrieved from https://sensortower.com/
visualizing-the-ios-app-store. See also Yeh, O.
(2013, August 18). Answer to question "Does
quantity of reviews influence Apple App Store
ranking of an app?". Quora.
Retrieved from https://www.quora.com/Does-
quantity-ofreviews-influence-Apple-App-Store-
ranking-ofan-app.

Apptentive. (2015). The Mobile Marketer's
Guide to Ratings & Reviews. Retrieved from
http://info.apptentive.com/app-store-ratings-
and-reviews. See also Nanji, A. (2015, May 22).
How influential are mobile app star ratings?
MarketingProfs.
Retrieved from http://www.marketingprofs.com/
charts/2015/27665/how-influential-are-mobile-
app-star-ratings.

Moscovici, S., & Zavalloni, M. (1969). The group
as a polarizer of attitudes. Journal of Personality
and Social Psychology, 12(2), 125.

Sunstein, C. R. (2002). The law of group
polarization. Journal of Political Philosophy,
10(2), 175–195.

Yardi, S., & Boyd, D. (2010). "Dynamic debates:

An analysis of group polarization over time on Twitter." Bulletin of Science, Technology & Society 30.5, 316–327.

Conover, M., Ratkiewicz, J., Francisco, M. R., Gonçalves, B., Menczer, F., & Flammini, A. (2011). Political polarization on Twitter. ICWSM, 133, 89–96.

Salganik, M. J., Dodds, P. S., & Watts, D. J. (2006). Experimental study of inequality and unpredictability in an artificial cultural market. Science, 311(5762), 854–856.
Turner, J. C., & Oakes, P. J. (1986).
The significance of the social identity concept for social psychology with reference to individualism, interactionism and social influence.
British Journal of Social Psychology, 25(3), 237–252.

Myers, D. (1993). Social Psychology, fourth edition. New York: McGraw-Hill, pp. 275; 294–297.

Facebook Inc. (2012, June 30). Form 10-Q. United States Securities and Exchange Commission. Retrieved from https://www.sec.gov/Archives/edgar/data/1326801/000119312512325997/d371464d10q.htm#tx371464_14.

Spayd, L. (2012, October 15). Questions and answers on how the Times handles online comments from readers. The New York Times. Retrieved from http://publiceditor.blogs.nytimes.com/2012/10/15/questions-andanswers-on-how-the-times-handles-online-comments-from-readers/?_r=0>.

Sonderman, J. (2011, November 30). The New York Times overhauls comment system, grants privileges to trusted readers. Poynter. Retrieved from http://www.poynter.org/news/media-innovation/154615/new-yorktimes-overhauls-comment-system-grants-privileges-to-trusted-readers/. Note: Somewhat ironically, they opened up anonymous comments for discussion about whether to remove anonymous comments. As expected, the comments became polarized, with anonymous people accusing those who wanted to remain anonymous of being "self-confessed narcissists".

Evans, D.C., Oviatt, J., Slaymaker, J., Topado, C., Doherty, P., Ball, A., Sáenz, D., & Wiley, E. (2012). An experimental study of how restaurant-owners' responses to negative reviews affect readers' intention to visit. The Four Peaks Review, 2, 1012.

Covello, V. (2009). Basic risk communication/message mapping templates. New York Center

for Risk Communication.
Retrieved from http://knowledgecenter.csg.org/
drupal/system/files/Covello.pdf.

· 21장 ·

Asch, S. E. (1956). Studies of independence
and conformity: A minority of one against a
unanimous majority. Psychological monographs:
General and applied, 70(9), 1.

Kelley, H. H. (1973). The processes of causal
attribution. American psychologist, 28(2), 107.

**Lightspeed Research (2011, March). See
also Charlton, G. (2011, April 12).** How many
bad reviews does it take to deter shoppers?
Econsultancy.
Retrieved from
https://econsultancy.com/blog/7403-how-
manybad-reviews-does-it-take-to-deter-
shoppers.
BrightLocal. (2014). Local consumer review
survey 2014.
Retrieved from https://www.brightlocal.
com/learn/local-consumer-review-survey-
2014/#trust.
See also https://www.brightlocal.com/wp-
content/uploads/2014/07/Local-Consumer-
Review-Survey-20141.pdf.

Evans, D.C. & Epstein, E, B (2011). Can Twitter
be used to advertise 3rd party products?
Psychster Inc. Whitepaper in Collaboration with
Allrecipes.com.

The Nielsen Company. (2013, September).
Nielsen global survey of trust in advertising, Q3
2007 and Q1, 2013.
Retrieved from
http://www.nielsen.com/us/en/insights/
news/2013/under-the-influence-consumer-
trust-in-advertising.html.

D & AD. (2011). Case study: Old Spice response
campaign.
Retrieved from http://www.dandad.org/en/d-ad-
old-spice-case-study-insights/.

Heider, F. (1946). Attitudes and cognitive
organization. Journal of Psychology 21 (2),
107–112.

Szell, M., Lambiotte, R., & Thurner, S. (2010).
Multirelational organization of large-scale
social networks in an online world. Proceedings
of the National Academy of Sciences, 107(31),
13636-13641.

See also Cathey, G. (2013, April). How to find
your LinkedIn network statistics. Boolean
Black-Belt Sourcing & Recruiting.

Retrieved from http://booleanblackbelt.com/2013/04/how-to-find-your-linkedin-network-statistics/.

Ross, C. (2013, July 16). How to ask for a LinkedIn introduction—and get one. Forbes. Retrieved from http://www.forbes.com/sites/nextavenue/2013/07/16/how-to-ask-for-a-linkedin-introduction-andget-one/#377941c16f47.

Serdula, D. (2014, September 22). LinkedIn removes introduction requests to 3rd degree connections. LinkedIn. Retrieved from https://www.linkedin.com/pulse/20140922160219-4270384-linkedinremoves-introduction-requests-to-3rd-degreeconnections.

· 22장 ·

Andris C., Lee D., Hamilton M.J., Martino M., Gunning C.E., Selden J.A. (2015). The rise of partisanship and supercooperators in the U.S. House of Representatives. PLoS ONE 10(4): e0123507. doi:10.1371/journal.pone.0123507. Retrieved from http://journals.plos.org/plosone/article?id=10.1371/journal.pone.0123507. Image © 2015 Andris et al. This is an open access article distributed under the terms of the Creative Commons Attribution License (CC BY 4.0), which permits unrestricted use, distribution, and reproduction in any medium, provided the original author and source are credited.

Rayport, J. (1996). The virus of marketing. Fast Company, 6(1996), 68.

Kelley, K. (1994). Out of Control. Reading, PA: Addison-Wesley.

Keller, E., & Berry, J. (2003). The influentials: One American in ten tells the other nine how to vote, where to eat, and what to buy. Simon and Schuster.

Katz, E., & Lazarsfeld, P.F. (1955). Personal Influence; the Part Played by People in the Flow of Mass Communications. Glencoe, IL: Free Press.

Watts, D. J., & Dodds, P. S. (2007). Influentials, networks, and public opinion formation. Journal of Consumer Research, 34(4), 441–458.

Klout. (2016). Retrieved from https://klout.com/corp/score. "It's great to have lots of connections, but what really matters is how people engage with the content you create. We believe it's better to have a small and engaged audience than a large network that doesn't respond to your content......here will always be new social networks, new ways to engage with people, and more ways for us to measure real-world influence and expertise, and we will work to incorporate them all."

• 23장 •

Microsoft Corp. (2016, Dec 4). Microsoft by the numbers.
Retrieved from http://news.microsoft.com/bythenumbers/planet-office. Richter, F. (2013, February 12). 1.17 Billion People Use Google Search. Statista.
Retrieved from https://www.statista.com/chart/899/unique-users-of-search-engines-indecember-2012/. Facebook, (2016, September 30). Company info.
Retrieved from http://newsroom.fb.com/company-info/.

Karinthy, F. (1929). Chain-links. Everything is Different. Budapest: Athenaeum Press.

Guare, J. (1990). Six degrees of separation: A play. Vintage.

Gurevitch, M. (1961). The social structure of acquaintanceship networks Doctoral dissertation. Massachusetts Institute of Technology.
Retrieved from http://dspace.mit.edu/bitstream/handle/1721.1/11312/33051044-MIT.pdf?sequence=2.

de Sola Pool, I., & Kochen, M. (1978). Contacts and influence. Social Networks, 1(1), 5–51.

Milgram, S., Mann, L., & Harter, S. (1965). The lost-letter technique: A tool of social research. Public Opinion Quarterly, 29(3), 437.

Travers, J., & Milgram, S. (1969). An experimental study of the small world problem. Sociometry, 425–443.

Watts, D. J., & Strogatz, S. H. (1998). Collective dynamics of 'small-world' networks. nature, 393(6684), 440–442.

Connected: The Power of Six Degrees. (2008). TV movie.
Retrieved from https://www.youtube.com/watch?v=2rzxAyY7D7k.

Granovetter, M. S. (1973). The Strength of Weak Ties1. American Journal of Sociology, 78(6), 1360–1380.

Dodds, P. S., Muhamad, R., & Watts, D. J. (2003). An experimental study of search in global social networks. Science, 301(5634), 827–829.

Leskovec, J., & Horvitz, E. (2007).
Worldwide buzz: Planetaryscale views on an
instant-messaging network (Vol. 60). Technical
report, Microsoft Research.
Retrieved from http://research.microsoft.
com/en-us/um/people/horvitz/msn-paper.
pdf?q=network-buzz.

Backstrom, L. (2011, November 21).
Anatomy of Facebook. Facebook.
Retrieved from https://www.facebook.com/
notes/facebook-data-science/anatomy-
of-facebook/10150388519243859/. See also
Ugander, J., Karrer, B., Backstrom, L., & Marlow,
C. (2011, November 18). The Anatomy of the
Facebook Social Graph. Facebook.
Retrieved from http://arxiv.org/abs/1111.4503.
See also Backstrom, L., Boldi, P., Rosa, M.,
Ugander, J., Vigna. S. (2011, November 19). Four
Degrees of Separation. Facebook. Retrieved
from http://arxiv.org/abs/1111.4570.

**Bhagat, S., Diuk, C., Filiz, I.O., & Edunov, S.
(2016, February 4).** Three and a half degrees of
separation. Facebook Research.
Retrieved from https://research.fb.com/three-
and-a-half-degrees-of-separation/. Note:
Facebook found their network shrink from 4.74
degrees of separation in 2011 to 4.57 in 2016.
To wit, Facebook users in 2014 had an average
of 338 connections, over twice as many as is
invited to the average wedding, and far higher
than the 140 that evolutionary psychologists like
Robin Dunbar have argued our cerebral cortex
has the capacity to track in a meaningful way.
See also Dunbar, R. I. (1992). Neocortex size as
a constraint on group size in primates. Journal
of Human Evolution, 22(6), 469–493.

UX 심리학

UX 디자이너와 개발자가 알아야 할
사용자 심리의 모든 것

초판 발행 | 2021년 4월 9일
1판 2쇄 | 2022년 9월 27일
펴낸곳 | 유엑스리뷰
발행인 | 현호영
지은이 | 데이비드 에반스
옮긴이 | 김종명
주   소 | 서울시 서대문구 신촌역로 17, 207호
팩   스 | 070.8224.4322
이메일 | uxreviewkorea@gmail.com

ISBN 979-11-88314-78-2

First published in English under the title
BOTTLENECKS:
Aligning UX Design with User Psychology
by David Evans, edition: 1